コーポレート・ガバナンスの国際比較

佐久間信夫
［編著］

税務経理協会

はしがき

　2000年代に入って，日本では株式相互所有の解消，機関投資家の積極的な活動，金融庁などによる企業会計や監査法人に対する監視の強化などによりコーポレート・ガバナンスの改善に進展が見られた。1990年代からの相次いだ商法改正は会社機関を改革することによるコーポレート・ガバナンスの改善を目指したのであるが，これらの法規制が日本のコーポレート・ガバナンスの改善に大きく寄与したとは言い難い。法規制よりもむしろ機関投資家，監督官庁，一般株主，その他のステークホルダーなどコーポレート・ガバナンスに参加する主体の実際の活動が近年のコーポレート・ガバナンス改革に大きな貢献をしていると見ることができる。近年の敵対的買収の脅威の高まりは経営者に対する規律づけ効果をもたらし，機関投資家の活動は経営者の政策を株主利益重視に転換させた。

　一方，07年5月の三角合併解禁により敵対的企業買収の脅威がこれまでになく高まったとはいえ，安定株主や個人株主の動向によって，日本では敵対的買収がほとんど成功していない。東京高等裁判所は，ブルドックソースに敵対的買収をしかけたスティールパートナーズを濫用的買収者と認定し，同社の買収防衛策の差し止めを求めた仮処分申請を棄却した。この高裁の判定は関係者に大きな波紋を投げかけたが，同時にこの判定は敵対的買収や投資ファンドに対する，現在の日本社会の容認の度合を示すものということもできるであろう。経済主体の活動は，その経済主体が所属する社会の容認に依存しているのであり，社会が異なれば容認の内容や程度も異なり，「経済合理性」によってのみ説明されるわけではない。

　アメリカのコーポレート・ガバナンスは，経営者への厳しい監視および法令違反への厳罰などを特徴とするものである。2001年12月のエンロン事件を発端とするアメリカ企業の一連の企業不祥事は企業のみならず，アメリカの資本主義制度に対する不信任をもたらし，株価とドルの急落を招来した。このような

状況の中で成立したサーベンス・オクスレー法は，経営者の法令違反に対する罰則の強化，上場企業会計監視委員会（PCAOB）の設立による企業会計と監査法人に対する監視の強化，内部統制システム構築とこれに対する監視の強化などを要求するものであった。

　このようにアメリカのコーポレート・ガバナンス改革が法律や規制によって企業経営者をますます厳しく監視しようとするものであるのに対して，イギリスのそれはコーポレート・ガバナンス改革における経営者の自由裁量を大幅に認めているという点に特徴がある。イギリスでは経済活動を法律で一律に規制するよりも産業界が自主規制機関を通して活動の規制を行ってきた歴史と伝統があるが，コーポレート・ガバナンス改革もこうした歴史の中に位置づけられるものと捉えることができる。キャドバリー委員会をはじめとする民間機関が策定したコーポレート・ガバナンス規範は，イギリス企業の最善慣行規範であり，アメリカのように罰則によって遵守を強制するものではない。個々の規範を遵守するか否かは経営者の判断に委ねられており，この点においてアメリカのコーポレート・ガバナンス改革とは対極をなすものということができる。イギリスとアメリカのコーポレート・ガバナンスは株主重視という点で共通しているという立場をとる人々は，両国のコーポレート・ガバナンスのスタイルをアングロ・アメリカ型と呼ぶこともあるが，コーポレート・ガバナンスを実践する方法は大きく異なるものである。そして，このイギリス流のコーポレート・ガバナンス実践方法が効果をあげているばかりでなく，ヨーロッパ諸国にも浸透しつつあるということは注意されなければならないであろう。

　ドイツのコーポレート・ガバナンスは労資の共同決定を基本理念とした，いわゆる2層式の取締役会制度に特徴づけられる。上層の「取締役会」である監査役会は，（大企業においては）労使同数の監査役で構成され，企業の最高意思決定に労働者代表監査役が資本側とほぼ同等の権限をもって参加する。資本主義国においては特異ともいえるドイツのこの2層式取締役会制度は，労働者の権限が強すぎるため，企業の迅速な意思決定に支障を来たし，また国際競争力という観点からも支障があるとの指摘がなされてきた。EU統合の深化の中

はしがき

で，ドイツ企業は「ヨーロッパ会社」（Societas Europaea）の形態を選択することによって，この2層式取締役会制からアメリカ型の単層式取締役会制に移行することが可能になった。しかしこれまでのところ，「ヨーロッパ会社」に移行した企業はほとんどない。ドイツにおいては労資共同決定の理念が社会的合意を得ているためであり，企業や企業の構成員が「経済合理性」の基準だけで動いているのではないということを示している。

韓国におけるコーポレート・ガバナンスの問題は，韓国大企業の大半を占める財閥グループ企業のコーポレート・ガバナンス問題に置き換えることができる。財閥企業では財閥オーナーによる所有者支配が行われており，先進資本主義諸国の多くの大企業に見られる経営者支配型企業とは支配形態が異なる。韓国においては，わずか5％の持株比率で全グループ企業を支配しているといわれる，オーナー一族の不透明な企業支配がコーポレート・ガバナンスの中心的な問題となる。オーナー一族の所有する株式が分散し，専門経営者支配に移行し，先進資本主義国の大企業と同様のコーポレート・ガバナンス問題が取り上げられるようになるまでには，まだかなり長い年月を必要とするであろう。

中国では上場企業のほとんどが国有企業によって占められており，中国のコーポレート・ガバナンスは上場国有企業のコーポレート・ガバナンスが議論の中心となる。上場国有企業の株式の圧倒的な部分は中国政府によって所有されており，経営者のほとんどは共産党員が就任している。したがって政府による所有と支配が貫徹しているように見えるのであるが，経営の実態は経営者が大きな意思決定権を握る「インサイダー・コントロール」と呼ばれるものである。所有者である政府が圧倒的な株式を所有するにもかかわらず，経営者による支配が行われているという「所有と支配の分離」に似た状況がもたらされている。今後，政府が国有企業の株式の売却を進め，「資本主義化」を進展させるのか，それとも株式の所有比率を維持しながら経営者へのコントロールの回復に務めるのかは不透明であるが，広く海外からの資本を呼び寄せ，企業の国際競争力を高め，企業不祥事を減少させるためには持続的なコーポレート・ガバナンス改革が必要であることは疑いがない。

このようにひと口にコーポレート・ガバナンス改革といっても，コーポレート・ガバナンスの中心的な問題，および改革の内容と方法は各国の歴史や法体系，経済制度あるいはまた証券市場の発達水準，ステークホルダーの成熟度や社会の意識などによってさまざまである。企業の透明性を高め，ステークホルダーの利益を守るために経営者への監視を強化するという目的は同じであっても，コーポレート・ガバナンス改革の方法や仕組みは国ごとに異なっており，各国は国情にあったコーポレート・ガバナンスを模索している。

　本書は各国ごとに異なるコーポレート・ガバナンス問題を解明し，コーポレート・ガバナンス改革の進捗状況を検討しようとするものである。本書が世界のコーポレート・ガバナンス改革の動向を理解する上で何らかの示唆を提供することができれば幸いである。

2007年8月5日

佐久間信夫

目　次

はしがき

第Ⅰ部　日本のコーポレート・ガバナンス

第1章　外部監視とコーポレート・ガバナンス……3
- 第1節　企業統治改革の歴史………………………3
- 第2節　所有構造の変化と敵対的企業買収の脅威………6
- 第3節　機関投資家の監視活動……………………11
- 第4節　金融庁・証券取引等監視委員会などによる監視の強化…16
- 第5節　監査法人による監査の厳格化……………19

第2章　会社機関とコーポレート・ガバナンス……25
- 第1節　株 主 総 会…………………………………26
- 第2節　取締役会改革………………………………27
- 第3節　監査役会あるいは監査委員会……………33
- 第4節　内部統制機関の整備状況と実際の機能…36
- 第5節　企業倫理のための組織の整備状況と実効性…38

第Ⅱ部　アメリカのコーポレート・ガバナンス

第3章　外部監視とコーポレート・ガバナンス……45
- 第1節　企業統治改革の歴史…………………………47
- 第2節　株式所有構造の変化と機関投資家の行動………55
- 第3節　政府による規制…………………………………57
- 第4節　自主規制機関の規制……………………………60

第4章　会社機関とコーポレート・ガバナンス……67
- 第1節　株主総会と経営者支配論………………………68
- 第2節　株主によるコーポレート・ガバナンスに対する提案……70
- 第3節　取締役会の改革とコーポレート・ガバナンス………78

第Ⅲ部　ドイツのコーポレート・ガバナンス

第5章　外部監視とコーポレート・ガバナンス……91
- 第1節　企業統治改革の歴史……………………………92
- 第2節　ドイツの株式会社と企業形態上の特徴…………95
- 第3節　株主グループとその行動特性……………………97
- 第4節　所有主体別の株式保有構造の動向………………98
- 第5節　機関投資家の台頭と企業経営への圧力…………100
- 第6節　ドイツの伝統的な大株主の行動様式の変化………103

第6章　会社機関とコーポレート・ガバナンス……109
- 第1節　ドイツの会社機関とその問題……………………109
- 第2節　会社機関をめぐる2つのエージェンシー問題と改革……115

目　次

　　第3節　ガバナンス改革の実効性と現状……………………120

第Ⅳ部　韓国のコーポレート・ガバナンス

第7章　外部監視とコーポレート・ガバナンス …………129
　　第1節　韓国におけるコーポレート・ガバナンスの歴史的展開…130
　　第2節　韓国の資本市場………………………………………132
　　第3節　主取引銀行制度と与信管理システム………………138
　　第4節　韓国のゲート・キーパー……………………………140

第8章　会社機関とコーポレート・ガバナンス ………145
　　第1節　韓国の会社機関とガバナンス………………………146
　　第2節　株主総会改革の現状と課題…………………………151
　　第3節　取締役会改革の現状と課題…………………………154
　　第4節　監査役改革の現状と課題……………………………160

第Ⅴ部　中国のコーポレート・ガバナンス

第9章　外部監視とコーポレート・ガバナンス …………167
　　第1節　企業統治改革の歴史…………………………………169
　　第2節　上場企業の所有構造と機関投資家の役割…………172
　　第3節　証券監督管理委員会による規制……………………175
　　第4節　証券取引所による規制………………………………178
　　第5節　監査法人による規制…………………………………180

第10章　会社機関とコーポレート・ガバナンス ………185
　　第1節　会社機関の概要………………………………………185

3

第2節　株主総会［股東大会］……………………………………186

第3節　取締役会［董事会］………………………………………190

第4節　監査役会［監事会］………………………………………196

第5節　内部統制機関－共産党委員会の役割を中心に…………198

第6節　企業倫理－会計不正と関連取引を中心に………………199

第Ⅵ部　その他の国のコーポレート・ガバナンス

第11章　イギリスのコーポレート・ガバナンス …………207

第1節　株 主 総 会……………………………………………………208

第2節　取締役会改革………………………………………………210

第3節　監査委員会…………………………………………………213

第4節　内部統制の整備状況と実際の機能………………………215

第5節　企業倫理のための組織の整備状況と実効性……………216

第12章　タイのコーポレート・ガバナンス ………………227

第1節　タイにおけるコーポレート・ガバナンスの新展開……228

第2節　タイにおけるコーポレート・ガバナンスと
　　　　ＯＥＣＤコーポレート・ガバナンス原則……………232

第3節　おわりに……………………………………………………237

第 I 部

日本のコーポレート・ガバナンス

第1章

第1章　外部監視とコーポレート・ガバナンス

はじめに

　2000年以降の日本のコーポレート・ガバナンスを特徴づける動向は株式相互所有の解消，機関投資家の活動の活発化，監督官庁とくに金融庁による監査法人や企業への規制の強化などであろう。1990年代から相次いで行われた商法の改正にもかかわらず，これらの法律の改正によって日本のコーポレート・ガバナンスが顕著に改善されたということはできない。それに対して，株式相互所有の解消の結果もたらされた敵対的企業買収の脅威の増大，内外の機関投資家による株主総会での議決権行使やリレーションシップ・インベストメント，監査法人に監査の厳格化を促す金融庁の厳しい規制などは日本のコーポレート・ガバナンスの質を相当程度に向上させている。常に経済界の圧力に押し切られて十分な改革ができない法制度よりも企業監視への参加者が，その現実の活動を通して，コーポレート・ガバナンスの改善に大きな役割を果たしているということができる。本章ではこうした近年の動向について詳細に検討することにしたい。

第1節　企業統治改革の歴史

　取締役会や株主総会，監査役の形骸化，株主の権利の軽視など，日本ではコーポレート・ガバナンスの無機能の問題は古くから指摘されてきた。しかし，こうした問題への取り組みが始まったのは1990年代であった。アメリカで1970年

第I部　日本のコーポレート・ガバナンス

代に法律関係者の間でコーポレート・ガバナンス改善の必要性が議論されはじめてから約20年後のことになる。

　1990年代初頭の証券・金融不祥事をうけて1993年に行われた商法改正では、監査役の機能強化と株主の権利強化が盛り込まれることになった。監査役の機能強化は、監査役の任期を従来の2年から3年に延長するとともに大会社に監査役会の設置を義務づけることなどであったが、コーポレート・ガバナンスの観点からとくに注目されたのは、大会社に社外監査役の選任を義務づけたことである。しかし、改正商法の施行後、実際に社外から選任された監査役は同一企業集団内の企業経営者、子会社の役員、取引関係のある企業の役員などがほとんどで、独立性の高い社外監査役はきわめて少なかった。それゆえ、監査役の経営に対する監視機能強化の目的はほとんど達成されることなく、その後も企業不祥事が続発した。

　これに対し、1993年の株主の権利強化に関する商法改正のうち、株主代表訴訟制度の改正は日本のコーポレート・ガバナンス改善に相当程度の効果をもたらした。これは株主代表訴訟の訴訟手数料が、従来は損害賠償の金額に応じて決められていたものを、一律に8,200円とする改正である。この改正の結果、一般の個人株主にとっても株主代表訴訟を提起することがきわめて容易になり、不祥事を起こした企業などにおいて、次々に株主代表訴訟が提起されることになった。株主代表訴訟は経営者個人に損害賠償を求める制度であるため、この商法改正は経営者の不祥事への関与に対する大きな牽制効果を持つことになる一方で、経営者の賠償責任が重過ぎるという産業界の不満を噴出させることにもなった。

　1990年代後半には日本の会社機関を改革し、コーポレート・ガバナンスを自ら改善しようとする企業が現れた。ソニーは1997年に、取締役会の業務執行に対する監視を強化するために、執行役員制という新しい制度をわが国で初めて導入した。日本の株式会社においては業務執行の機能とこれに対する監視の機能が分離されていないとの問題が指摘されてきたが、執行役員制はコーポレート・ガバナンスにおけるこの問題を解決しようとすることを主たる目的に導入

された。また，執行役員制は取締役会の構成員を減らし迅速な意思決定と取締役会の活性化をも目的とするものであった。執行役員制は多くの企業に導入され，2002年には日本の大企業の半数以上に執行役員制が採用されることになった。

2000年代になるとコーポレート・ガバナンス改善への経営者の意識も変わり，2002年には大企業の半数以上で社外取締役が選任されるようになった。しかし，社外取締役を選任している企業でもその数は1～2名の企業がほとんどであり，取締役会の過半数に社外取締役を選任し，しかもその独立性を厳しく求めている海外先進国の水準からは大きく遅れたものであった。

こうした中で2002年にさらに商法が改正され，委員会等設置会社（05年の会社法により委員会設置会社に名称が変更された）が導入された。委員会設置会社は取締役会の中に監査委員会，報酬委員会，指名委員会の3つの委員会を設け，この3つの委員会の過半数に社外取締役を選任するものである。委員会設置会社に移行した株式会社は，最低3名の取締役から成る各委員会に最低2名の社外取締役を選任しなければならず，したがって全社的に最低2名の社外取締役の選任が義務づけられる。委員会設置会社への移行は任意であるため，2006年現在，委員会設置会社の形態をとる企業は約100社ときわめてわずかであり，社外取締役の選任も法律で最低2名に留めているため，委員会設置会社の導入によって日本のコーポレート・ガバナンス改善が前進したということはできないであろう。

他方，2002年の商法改正では監査役についての商法改正も行われ，大企業の監査役会には半数以上（最低2人）の社外監査役を選任しなければならないことになった。社外監査役の選任の義務づけが従来の1名以上から2名以上に強化されたが，独立性を持つ社外監査役が少数であることや社外監査役を事実上経営者が選任していることなどからこの改正によってコーポレート・ガバナンスの機能が大きく改善されたということはできない。

2005年には会社法が制定され，2006年5月から施行された。会社法ではいわゆる定款自治の理念の下，株式会社の組織構成や組織運営についての自由度が

大幅に高まった。定款の変更により利益処分の権限を株主総会から取締役会に移すことが可能になるなど，会社法では取締役の権限が強化される一方で株式会社は内部統制システムの構築が義務づけられ，経営への監視体制は強化された。

第2節　所有構造の変化と敵対的企業買収の脅威

わが国の大企業の間には株式相互所有が形成され，これが日本のコーポレート・ガバナンスを特徴づける大きな要因となってきた。株式相互所有はもともと，乗っ取り（敵対的企業買収）を防止するための安定株主作りを目的に始められたものである。したがって，それはコーポレート・ガバナンスの観点からは，安定株主比率を高め，いわゆる市場の規律を働かなくする作用をもつ。株式相互所有は事業会社間，あるいは事業会社と銀行の間で行われるのが普通であったが，銀行に対する株式所有の規制やメインバンク機能の低下などにより，1990年代後半以降，銀行と事業会社の間での株式相互所有の解消が進んだ。2006年6月に全国証券取引所が公表した「最近10年間の投資部門別株式保有比率推移」によれば，1996年に長銀・都銀・地銀が所有する株式は15.1%であったが，この10年間一貫して所有比率を低下させ，2005年には4.7%にまで下がった[1]。これに対してこの10年間ほぼ一貫して所有比率を高めてきたのは外国人である。外国人は96年に11.9%であった所有比率を2005年には26.7%に上昇させた。これは銀行が市場で売却した株式を外国人機関投資家が購入していることを示しているが，外国人機関投資家は活発な企業統治活動を行うため，外国人の所有比率が上昇した分だけ株主の経営監視も強まったということができる。

投資部門別株式所有におけるもう1つの特徴は，近年個人株主数が急増していることである。05年度には個人株主数は268万人増加し，10年連続で過去最高を更新した。個人株主数は04年度，05年度と2年連続で100万人を超える大幅増となったが，その理由は，株式相場の上昇を契機に新しく株式投資を始め

第1章 外部監視とコーポレート・ガバナンス

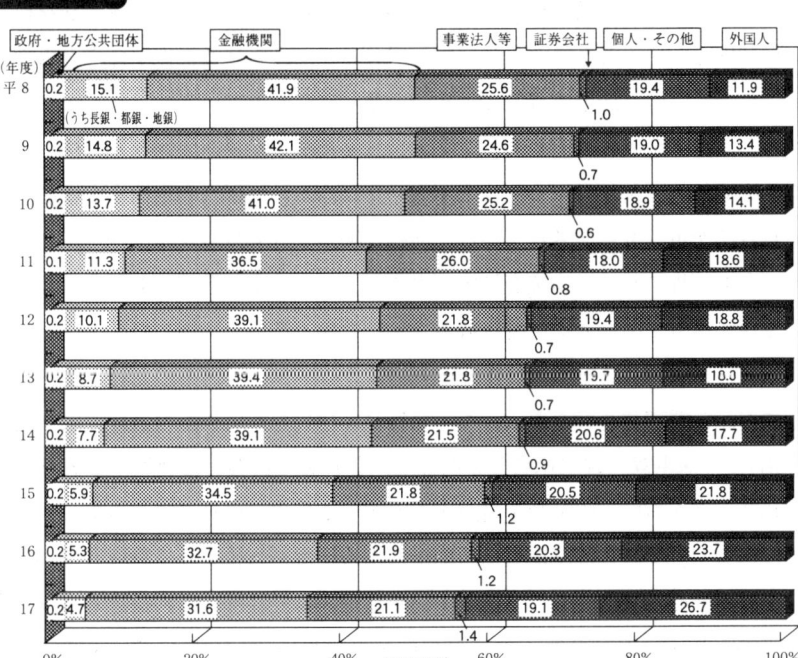

図表1-1 最近10年間の投資部門別株式保有比率推移

（出所）「平成16年度株式分布状況調査の調査結果について」東京証券取引所ホームページ, http://www.tse.or.jp/data/examination/distribute/h17/distribute_h17a.pdf。

る投資家が増加したこと，企業が個人株主を増加させる施策を実施したことなどである。企業は近年，株式の持合い解消によって市場で売却される株式の受け皿として個人株主に注目している。すなわち，株式分割や投資単位引下げによって株式の最低取引額を引き下げ，個人投資家が株式を買いやすくする一方で，株主優待制度の拡充などによって個人株主の株式長期保有を促す施策を次々に打ち出している。投資単位を引き下げた企業は04年度219社，05年度273社と2年連続で過去最高の社数を記録し，これら492社だけで179万人の株主を増加させた[2]。

日本企業は近年，個人株主を重視する姿勢を強めており，かつて配当政策や

第 I 部　日本のコーポレート・ガバナンス

株主総会での株主権行使において個人株主を軽視してきた姿勢を一転させている。株主に自社の製品やサービスを無料ないし割引価格で提供するような株主優待制度を実施する企業が近年増加しているが，さらに個人株主を安定株主として活用し，敵対的企業買収に供える企業も現れ始めている。

たとえばＤＯＷＡホールディングスは，同社株式を長期間保有した株主に，株式を低価格で割り当てる制度を導入したが，これは個人安定株主を増加させる買収防衛策とも見なされている。同社は06年9月30日時点の全株主に，1株につき0.05株の新株予約権を無償割当てし，3年後まで継続して保有した株主に1株につき1円で新株を受け取ることができる制度を実施した[3]。

また全株式の72％を個人株主が所有するカゴメは，防衛策の発動を株主の意思に委ねる買収防衛策を導入した。発行済み株式の20％以上の買収提案を受けた場合，「株主意思確認総会」を開催し，買収者の提案と会社側の提案を株主に比較してもらい，防衛策を発動するかどうかを株主の投票によって決めるものである[4]。カゴメの防衛策は新株予約権の無償割当によって買収者の持株比率を低下させるというものであるが，無償割当は既存株主に利益をもたらすものであるから，既存の個人株主の賛成を得やすい。したがって，現経営陣にとって都合のよい防衛策ということができる。

産業再生機構の企業買収・再生の成功などにより企業買収そのものに対する経営者の抵抗は小さくなっており，総合電機メーカーなどは積極的な事業買収・譲渡によって選択と集中を進めているのが現状である。日本企業が関係するM＆Aの件数も近年急増しているが，敵対的買収に対しては経営者の過大な拒否反応が見られる。経営者は配当の増額や自社株買いなどにより，従来より企業価値を高める施策を熱心に進めている。07年3月期の上場企業の配当総額は約4兆5,000億円と過去最高を記録し，配当総額はこの数年連続で増加している。また1株あたりの利益増加につながる自社株買いも活発で，過去最高額（07年3月期は5兆4,300億円）を更新し続けている。株式相互所有が長期にわたって形成されていた時期には，低位安定配当が普通であったが，相互所有の解消は経営者を配当増額による株主への利益還元と企業価値向上による買収防

| 図表1－2 | 最近10年間の投資部門別株式保有比率推移

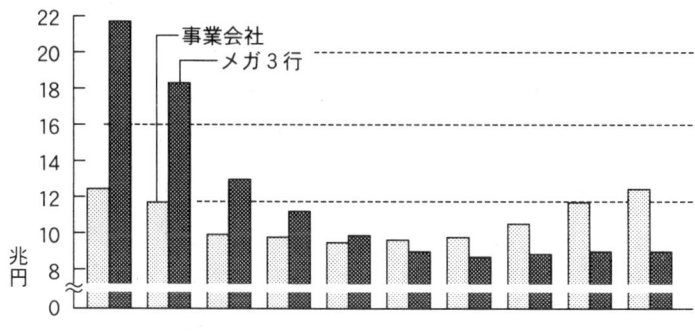

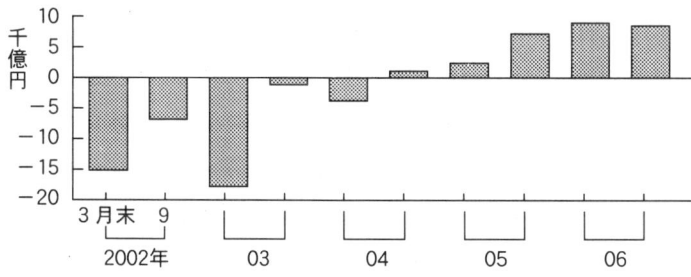

（出所）　日本経済新聞，2007年1月24日付。

衛へと向かわせている。

　このほか経営者が熱心に取り組んでいる買収防衛策としては既に述べた個人株主の安定化策や株式相互所有の復活，信託型・事前警告型ライツプラン，ＭＢＯによる非公開化などをあげることができる。大和総研の調査によると，銀行の所有する持合い株が減少する一方で，事業会社同士の持合い比率（金額ベース）は04年度の8.0％から05年度の8.7％へと上昇した[5]。

　また，日本経済新聞社の調査によると，上場企業の株式保有額は04年から06年まで「5半期連続で増加し，2年半で31％も増えた」[6]。銀行の株式相互保有額も増加に転じているが，事業会社の保有額の増加が顕著であり，同業種の

第Ⅰ部　日本のコーポレート・ガバナンス

事業会社の間で安定株主作りを目的とした株式相互所有が復活していることを示している。

　持合いの強化はトヨタ自動車がグループ企業間での持合いを強化している事実や，新日本製鐵が住友金属工業や神戸製鋼所などとの持合いを強化している事実に見ることができる。トヨタ自動車は06年3月，アイシン精機，豊田自動織機，デンソー，東和不動産などのグループ企業との株式相互持合いを強化し，グループ企業の株式はグループ企業によって過半数を所有する方針を打ち出した[7]。また，ミッタル・スティールのアルセロールに対する敵対的買収など，国際的な敵対的買収の脅威に直面している新日本製鐵は，国内企業だけでなく韓国のポスコや中国の宝山鋼鉄など海外の企業との間でも持合いを強化している。

　その他にも，日本の企業経営者は取締役数を削減する定款変更や株式発行枠を拡大する定款変更などの買収防衛策をこれまで実施してきたが，これらの提案は株主総会で株主の強い反対にあっている。このように，多くの経営者は敵対的買収の脅威を強く感じており，買収防衛策を導入する企業が年々増加しているが，過度の買収防衛策は経営者に対する規律づけ効果を低下させるため，コーポレート・ガバナンスの観点からは好ましくないものである。このため，買収防衛策の導入には株主総会で外国の機関投資家を中心に反対が多くなっており，なかには経営者の提案した買収防衛策が否決されるケースも出ている。一部の機関投資家は買収防衛策に対する議決権行使基準を策定し，株主価値を高める買収に対する防衛策や効率経営を阻害する買収防衛策，経営者の保身に利用されるおそれのある買収防衛策には反対する方針を打ち出している[8]。
90年代後半から株式相互所有の解消が進み，敵対的企業買収の脅威が現実のものとなったことで，経営者は企業価値重視，株主重視の政策へと姿勢を転換させたものの，昨今の買収防衛策の強化は再び市場の規律を空洞化させる可能性がある。

第1章　外部監視とコーポレート・ガバナンス

第3節　機関投資家の監視活動

　かつて「モノ言わぬ株主」と呼ばれてきた日本の機関投資家も昨今，リレーションシップ・インベストメントや議決権行使などの形で経営者への監視を強化しつつある。機関投資家は2000年代に入って「議決権行使ガイドライン」を作成し，ガイドラインに基づいて議決権を行使し，その結果を公表するようになってきているので，ここでは機関投資家の議決権行使状況を中心に見ていくことにしたい。

　日本証券投資顧問業協会は2006年5月と6月に開催されたわが国の株主総会で，会員である投資顧問会社の議決権行使状況などをアンケート調査し，その結果を「投資一任契約にかかわる議決権等行使指図の状況について」と題する報告書[9]で公表した。同協会は2002年に会員投資顧問会社の自主規制規則を制定し，その後毎年会員の議決権行使状況などについてのアンケート調査を実施している。

　2006年のアンケート調査結果の主要な特徴は，まず第1に会社提出議案に対して反対・棄権した企業数が2005年の前回調査に比べ大幅に増加したことである。すなわち，会社提出議案に対して反対・棄権した企業数は会員1社あたり平均182社（1社あたりの平均企業数364企業に対し50％）と2005年調査の135社（同39％）から大幅に増加した。02年に投資顧問会社1社が反対・棄権した企業の比率は7.7％から06年の50％へと大きく上昇した。報告書は反対・棄権が増加した理由を，06年5月の会社法施行に伴い定款変更議案が大幅に増加したためであるとしている。反対・棄権した比率が高かった議案は，比率の高い順に退職慰労金支給議案（28％），定款一部変更議案（23％），新株予約権発行議案（17％）であった。

　06年はライブドアによるニッポン放送に対する敵対的買収などを背景に経営者の敵対的買収への警戒が高まり，株主総会において買収防衛策の導入が進められたが，このアンケート調査では導入した買収防衛策について評価できる企業数は15社（回答した投資顧問会社1社あたりの平均値），評価できない企業数は26

11

第Ⅰ部　日本のコーポレート・ガバナンス

図表1－3　日本投資顧問業協会の06年の議決権行使状況についての
アンケート調査（調査対象会社76社）

【投資一任会員49社の総計】

	賛成	反対	棄権	白紙委任	合計	反対・棄権比率
a．利益処分案等	18,922	1,199	2	0	20,123	6.0%
b．取締役選任	21,835	2,529	15	23	24,402	10.4%
c．監査役選任	12,090	1,930	34	0	14,054	14.0%
d．定款一部変更	15,391	4,584	16	0	19,991	23.0%
e．退職慰労金支給	7,996	3,003	173	0	11,172	28.4%
f．役員報酬額改定	7,012	655	1	0	7,668	8.6%
g．新株予約権発行	2,960	586	0	0	3,546	16.5%
h．会計監査人選任	1,090	53	8	0	1,151	5.3%
i．組織再編関連（※1）	606	30	1	0	637	4.9%
j．その他会社提案（※2）	2,219	387	1	0	2,607	14.9%
合計	90,121	14,956	251	23	105,351	14.4%

（※1）　合併，営業譲渡・譲受，株式交換，株式移転，会社分割等
（※2）　自己株式取得，法定準備金減少，第三者割当増資，資本減少，株式併合等
（出所）　社団法人日本証券投資顧問業協会ホームページ，http://jsiaa.mediagalaxy.ne.jp/

社（同平均値）で，投資顧問会社が否定的な評価をしている企業の割合が60％に達している。買収防衛策ごとの議決権行使指図対応方針についてのアンケートでは，取締役定員の削減には約50％の投資顧問会社が原則賛成と回答している一方で，種類株の発行や取締役解任要件の強化については約70％以上の投資顧問会社が原則反対と回答している。

　次にわが国の主要な機関投資家として大きな影響力を持つ地方公務員共済組合連合会の2006年の株主総会での議決権行使状況について見ていくことにしよう[10]。同連合会は04年4月に「地方公務員共済組合連合会コーポレート・ガバナンス原則」および「議決権行使ガイドライン」を策定した（これらは会社法施行を踏まえて06年3月に改正された）。同連合会は国内株式の運用を委託している

第1章 外部監視とコーポレート・ガバナンス

図表1-4　地方公務員共済組合連合会の06年の議決権行使状況

株主議決権行使状況（平成17年4月～平成18年3月末決算企業対象）

議案内容	合計	構成比(%)	賛成	構成比(%)	反対	構成比(%)	白紙委任	棄権
総計（①+②）	49,584	100.0%	39,284	79.2%	10,300	20.8%	0	0
（総計の内、株主提案に関するもの）	334	100.0%	30	9.0%	304	91.0%	0	0
① 議案毎に対応	48,358	100.0%	38,058	78.7%	10,300	21.3%	0	0
取締役会・取締役に関する議案	8,504	100.0%	6,501	76.4%	2,003	23.6%	0	0
監査役会・監査役に関する議案	6,493	100.0%	5,041	77.6%	1,452	22.4%	0	0
役員報酬等に関する議案	8,917	100.0%	6,292	70.6%	2,625	29.4%	0	0
利益処分案（損失処理案）に関する議案	9,599	100.0%	9,351	97.4%	248	2.6%	0	0
資本構造に関する議案	1,001	100.0%	798	79.7%	203	20.3%	0	0
事業内容の変更等に関する議案	485	100.0%	455	93.8%	30	6.2%	0	0
役職員のインセンティブ向上に関する議案	2,080	100.0%	1,480	71.2%	600	28.8%	0	0
その他議案	11,279	100.0%	8,140	72.2%	3,139	27.8%	0	0
② 企業単位で対応	1,226	100.0%	1,226	100.0%	0	0.0%	0	0

（出所）　地方公務員共済組合連合会ホームページ，http://www.chikyoren.go.jp/

信託銀行と投資顧問会社に対して，上記のコーポレート・ガバナンス原則およびガイドラインに基づき議決権を行使するよう指図を行っている。

　同連合会は運用を委託している21の運用機関が株式を保有する企業10,450社の株主総会（2005年4月～2006年3月末決算企業）における49,584議案に関する議決権行使状況を集計している。集計の結果は，全議案49,584議案に対して賛成行使は39,284議案（79.2%），反対行使は10,300議案（20.8%），白紙委任および棄権は連合会からの指示により認められていないためゼロであった。反対行使の比率が高かったのは，順に「役員報酬等に関する議案」（29.4%），「役職員のインセンティブ向上に関する議案」（28.8%），その他議案（27.8%），「取締役会・取締役に関する議案」（23.6%），などであった。

　反対行使が3番目に高かった「その他議案」の中では会社法施行に伴って定

款を一部変更する議案が大きな割合を占めていた。これらは具体的には，「剰余金配当の取締役への授権」「会計監査人の責任減免」「取締役解任決議要件の加重」「発行可能株式数の増加」などに関する議案であり，株主の権利・利益を毀損する恐れがある提案であった。また，表中の「資本構造に関する議案」で反対行使の比率（20.3%）が比較的高かったのは，敵対的買収防衛策にかかわるものだったためである。05年調査では10,281社の44,491議案のうち7,328議案（16.5%）に反対行使が行われたが，06年に全議案数が増加し反対行使比率が上昇したのは，会社法施行に伴い定款の一部変更が行われたためであると報告書は述べている。

最後に，「コーポレート・ガバナンス推進会議」を主催し，日本の機関投資家が連携してコーポレート・ガバナンス活動に取り組む運動を推進している企業年金連合会の06年の議決権行使状況について見ていくことにしよう。企業年金連合会は2002年3月に「厚生年金基金連合会　株主議決権行使基準」を策定し，これに基づいてインハウスファンドの議決権行使を行ってきた。06年からは会社法の施行に対応して，新たに「企業年金連合会　株主議決権行使基準」および「企業買収防衛策に対する株主議決権行使基準」を策定し，これにもとづいて議決権を行使することになった。2006年の株主総会における企業年金連合会インハウスファンドの議決権行使状況は「2006年6月株主総会インハウス株主議決権行使結果について」[11]と題する報告書に集計された。この報告書によると企業年金連合会は06年6月における819社4,105議案の会社提案のうち928議案（22.6%）において反対の議決を行った。

同報告書は06年の議決権行使の特徴を3つあげている。まず第1は，利益処分や取締役選任議案への反対行使比率が05年に続き減少したことである。これは企業年金連合会が反対行使の基準として設定している，①3期連続赤字決算かつ無配，または②5期通算損益がマイナス，に該当する企業が，景気回復により減少したためである。第2は，定款一部変更議案への反対行使比率が25.0%と05年に比べ微減にとどまったことである。05年に比べ買収防衛策への反対行使比率は大幅に減少したものの，会社法に新たに盛り込まれた規定をう

第1章 外部監視とコーポレート・ガバナンス

図表1-5 企業年基連合会の06年のインハウス株主議決権行使結果

「企業買収防衛策への対応状況」

内　　容	提案件数	反対件数
事前警告型防衛策の導入	82	7
内，株主総会に付議されたもの	51	2
内，招集通知にて説明されたもの	26	4
内，プレスリリースのみ	5	1
信託型ライツプランの導入	4	0
株式発行授権枠の拡大	66	45
取締役の解任要件を加重	19	19

（出所）「2006年6月株主総会　インハウス株主議決権行使結果について」
http://www.pfa.or.jp/top/jiayou/pdf/gov_inhouse18_6pdf。

けて株主の権利や利益を損なう可能性のある提案が新たに提出されたためである。報告書は，①剰余金の配当等の決定機関を取締役会とする提案において，株主総会における決議を排除する規定が盛り込まれる場合，②社外取締役が不在にもかかわらず，株主還元等資本政策に対する説明責任が十分果たされていない場合，③十分な説明がないまま会計監査人の責任減免規定を設ける提案，に対して反対行使をしたと述べている。このうち，①と③は会社法施行をうけて経営者が提出した議案である。

買収防衛策の導入について，企業年金連合会は提案された合計167件の議案のうち，71件（42.5％）に反対行使を行っている。同報告書は買収防衛策に関して，導入の目的や考え方などについて直接聞き取り調査をする事例が多かったと述べている[12]。

このように企業年金連合会は投資先企業により詳細な情報を要求する姿勢を強めており，買収防衛策の導入だけでなく，経営方針全般について，経営者との対話を通して説明責任をより強く求めてきている。

第4節　金融庁・証券取引等監視委員会などによる監視の強化

　金融庁はこの数年，金融機関の法令違反に対して厳罰で臨む姿勢を強めてきており，生保・損保の保険金不払いや消費者金融，メガバンクの法令違反に対して業務停止などの厳しい行政処分を実施するようになってきた。とくに2005年度（05年7月〜06年6月）の行政処分件数は04年度の95件から253件へと急増した[13]。ここではまず金融庁の監査法人に対する監視の強化について見ていくことにしよう。

　金融庁は会計監査の品質を向上させるため，企業のゴーイングコンサーンの記載の義務づけ（02年），公認会計士法の改正（03年），公認会計士・監査審査会の新設（04年）など，法律・制度の整備を進めてきた。それと同時に不正会計に対しては，監査法人および企業の両方に対して処分を強化しつつある。

　公認会計士・監査審査会は2006年6月30日付けで，「4大監査法人の監査の品質管理について」と題する検査報告書を公表した[14]。これは日本公認会計士協会が実施したあずさ監査法人，監査法人トーマツ，新日本監査法人，中央青山監査法人の4大監査法人に対する品質管理レビューを公認会計士・監査審査会が審査した後，4大監査法人に対して行った検査の結果である。報告書は，監査法人には「業務運営全般，独立性，監査契約の新規締結・更新，監査業務の遂行，監査調書，監査業務にかかわる審査，品質管理システムの監視，共同監査，組織的監査などに関して不十分なものが認められる」[15]と結論づけ，1年以内にこれらを改善することを求めている。そして，「4大監査法人における監査の品質管理の改善が1年以内に進捗しない等の場合，審査会は所要の措置を講じる」[16]として行政処分に踏み切る姿勢を表明している。監査の品質管理が不十分であると指摘された項目は上述のように，業務運営全般から組織監査などに至るまで多岐に渡っている。

　4大監査法人の一角を占める中央青山監査法人に対する06年の2ヶ月に及ぶ業務停止命令は，これまでの慣例を覆す厳しい処分であった。金融庁は06年5

第1章　外部監視とコーポレート・ガバナンス

月に中央青山監査法人に06年7月から2ヶ月の業務停止命令を下し、関係した会計士2人に登録抹消、1人に業務停止1年間の処分を行った。この業務停止命令によって中央青山監査法人の監査先企業約5,500社（うち法定監査を受けている企業は約2,300社）が重大な影響を受けることになった。この処分の結果中央青山監査法人は顧客企業の離反や組織の分裂（みすず監査法人とあらた監査法人に分裂したほか社員の流出など）という深刻な状況に陥り、さらには公認会計士の相次ぐ流出により解散に追い込まれた。

また、金融庁は公認会計士法の改正などによって監査法人への行政処分を多様化する方針を打ち出した。従来、監査法人への行政処分は「戒告」と「業務停止命令」、「解散命令」であったが、これに業務改善命令や役員解任命令、課徴金などの行政処分を加えることが06年12月の金融審議会で決まり07年の改正公認会計士法に盛り込まれた[17]。中央青山監査法人への業務停止命令が顧客企業に大混乱をもたらしたことから、早い段階で迅速に行政処分を行うことにより混乱を小規模にとどめようとするねらいがある。監査法人に対する刑事罰の導入は監査法人業界の猛反対もあり、さらに検討することになった。

05年には、証券取引法によって、有価証券報告書への虚偽記載やインサイダー取引に対する課徴金制度が導入されたが、06年に金融庁が課徴金納付を命じたのは合計15件[18]であり、この制度によって法令違反に対して機動的に対処することができるようになった。刑事裁判のためには証拠集めなどに多くの時間や人員を要するが、行政処分である課徴金にはこうした煩雑な手続きが必要ないため、迅速な対応が可能になった。

一方、証券取引等監視委員会も従来に比べるとその監視体制を強化している。これまで日本の証券取引等監視委員会はアメリカのＳＥＣ（証券取引委員会）に比べ独立性が低く、調査・監視能力が低いことが問題とされてきた。すなわち、ＳＥＣが政府から独立した機関であり、約3,900人の職員を擁し、準司法・準立法機関としての権限を有するだけでなく、独自の行政処分を行う大きな権限を与えられているのに対し、証券取引等監視委員会は金融庁傘下の組織として位置づけられ、職員数も約300人で、調査のための十分な権限を与えられてい

第Ⅰ部　日本のコーポレート・ガバナンス

図表１－６　証券取引等監視委員会への情報提供の推移

区　　　分	事　務　年　度				
	13／7 〜14／6	14／7 〜15／6	15／7 〜16／6	16／7 〜17／6	17／7 〜18／6
［個別銘柄等］					
A．損失保証・補てん	9	13	18	9	10
B．インサイダー取引	195	271	282	510	527
C－1．有価証券報告書等の虚偽記載	48	73	67	142	290
C－2．無届募集	42	29	34	24	69
D．相場操縦	601	759	680	1,435	2,705
E－1．風説の流布	294	576	787	1,029	1,614
E－2．その他	19	127	147	190	175
（小　　計）	1,208	1,848	2,015	3,339	5,390
［証券会社の営業姿勢等］					
F．断定的判断を提供した勧誘	49	30	27	19	28
G．取引一任勘定取引の受託	27	15	22	40	27
H．大量推奨販売	1	6	3	2	2
I．顧客の知識に照らして不当な勧誘	13	29	31	28	18
J．無断売買	65	88	66	63	97
K．その他	343	405	506	468	1,124
K－1．呑行為	1	3	10	3	－
K－2．法定帳簿に関する不正	1	0	4	5	7
K－3．役職員の手張り	12	7	5	17	5
K－4．その他法令違反	27	104	74	61	100
K－5．自主ルール違反	8	28	28	54	66
K－6．その他営業姿勢に関するもの	294	263	385	328	946
（小　　計）	498	573	655	620	1,296

（出所）　証券取引等監視委員会「内容別受付状況」，http://www.fsa.go.jp/sesc/uketuke/zyoukyou.pdf。

ない上に，独自の行政処分権も与えられていない。アメリカのＳＥＣが証券市場に対する監視だけでなく，委任状規則の作成や個別企業の委任状説明書への監視などを通してアメリカの企業統治の改善に大きな役割を果たしてきたことは良く知られているが，証券取引等監視委員会はこのような役割を果たしうる

権限や能力も与えられていない。06年1月に発覚したライブドアの証券取引法違反事件も，これを摘発したのは証券取引等監視委員会ではなく，強制捜査の末ライブドア経営者を逮捕した検察庁（東京地検特捜部）であった。このことから証券取引等監視委員会が資本市場の監視者としての機能を果たしていなかったことに批判が集中した。

　証券取引等監視委員会の機能充実が遅れる中で，市場関係者の法令順守の意識は格段に高まってきているように思われる。市場参加者から証券取引等監視委員会に対して提供される法令違反についての情報は2001年以降毎年増加（個別銘柄等に関して）しており，市場参加者の法令違反に対する意識がより厳しいものに変わりつつある。

第5節　監査法人による監査の厳格化

　企業に対する会計監査は元来，株主や債権者そのほかのステークホルダーのために行われるのであり，経営者のために行われるのではない。しかし，現実には公認会計士や監査法人は企業から監査報酬を受け取って，会計監査を行っているのであり，公認会計士や監査法人にとって企業は顧客の関係にある。どの監査法人に監査を依頼するかを実際に決めているのは経営者であるから，監査の依頼を失いたくない監査法人は経営者の無理な要求をも受け入れようとしがちである。ここに監査法人による監査がしだいに甘くなる要因があり，公認会計士と経営者の癒着を生む土壌がある。

　三田工業（1998年），ヤオハンジャパン（2000年），フットワークエクスプレス（2002年），足利銀行（2005年）など，これまで公認会計士が粉飾決算を見逃したり，これに積極的に加担してきたりした例は多く，こうした事件が起こるたびに経営者と会計士の癒着関係が批判されてきた。アメリカでは2001年にエンロン事件が発覚し，エンロンの粉飾に積極的にかかわってきた会計事務所アンダーセンが解散に追い込まれた。この事件を教訓にアメリカではサーベンス・オクスレー法（Sarbanes-Oxley Act）が制定され，ＰＣＡＯＢ（上場企業会計監視

委員会）の新設をはじめ，企業の会計監査に対する徹底的な規制強化が行われたが，日本ではアメリカのこの教訓を生かすことができなかった。

　2005年にはカネボウの粉飾決算に加担した中央青山監査法人の会計士が逮捕され，2006年にはライブドアの粉飾決算にかかわった港陽監査法人の会計士が摘発された。カネボウは赤字の子会社を連結から外すなどの方法により決算を粉飾し，有価証券報告書に虚偽の記載をしてきたが，中央青山監査法人の担当会計士は，カネボウに対し粉飾の具体的な方法を教唆するなど，深くかかわってきた。この事件では証券取引法違反（有価証券報告書の虚偽記載）で逮捕（05年9月）された4人の会計士（うち1人は不起訴）はそれぞれ15年から30年の長期にわたってカネボウの会計監査を担当していたこと，現場を実際に調査した監査法人の職員らが担当会計士にカネボウの「架空売り上げの計上」などの問題点を指摘していたにもかかわらず，カネボウの経営者や担当会計士に聞き入れられなかったことなどさまざまな問題点が指摘された。

　なかでも深刻な問題点は，カネボウの粉飾が産業再生機構に資産査定を依頼された会計士の調査によって発見されたということである。カネボウの決算粉飾は産業再生機構の案件とならなければ発見されなかった可能性があり，また担当会計士以外の会計士によって簡単に発見されたのである。この事件は，会計士の短期間での交代の必要性を如実に示すものといえる。

　また，ライブドアは子会社の架空売り上げを計上するなどの方法による約50億円の粉飾決算が発覚し，2006年4月に上場廃止となったが，この粉飾に港陽監査法人の2人の会計士が深くかかわった疑いで起訴された。ライブドアの粉飾事件は証券市場全体の信用を傷つけ，ライブドアが上場していた東証マザーズだけでなく，他の新興市場の株価水準を長期に渡って低迷させることになった。さらにこれらの決算報告書に適正意見をつけていた監査法人の信頼の失墜はより深刻なものであった。

　会計不正への会計士の関与が次々に明らかになり，株主や債権者，取引先などのステークホルダーが多大の損失をこうむり続ける中で，会計士の監査に対する社会の目はますます厳しいものとなっていった。05年12月には金融庁が有

第1章　外部監視とコーポレート・ガバナンス

価証券報告書への虚偽記載に課徴金を課す制度を導入したほか06年5月施行の会社法によって会計監査人が株主代表訴訟の対象となったことなどとあいまって，監査法人と経営者との関係は従来よりも緊張感を伴うものへと変化していった。

　たとえば，亜細亜証券印刷の集計によると決算短信を発表後に訂正した上場企業は，2002年度には500件だったが，2005年度には1,438件と2.9倍に増加し，とくに新興市場では約5倍に増加した[19]。これは経営者の作成した決算報告に監査法人が異をとなえるケースが増加したことを示している。

　また，日本経済新聞が日本の163監査法人を対象に2006年に行ったアンケート調査（回答は56法人）によると，1社あたりの監査時間が増えたと回答した監査法人は6割に達し，監査法人はより入念な監査を実施するようになってきている[20]。さらに，同調査によれば，過去1年間に11法人が辞任を要求される一方で，11法人が自ら会計監査人を辞任した。この調査から，監査法人が監査を厳格化させた結果，監査法人と経営者の意見対立が深刻化していることが分かる。また，「のれんの償却」「繰り延べ税金資産の計上」など，従来その評価に大きな幅が指摘されてきた項目に対して，監査法人が厳格に評価するようになった結果，業績の大幅な下方修正を余儀なくされる企業も続出した。

　監査法人の不正会計への関与は監査法人自体の存続さえも危うくする状況になっているため，大手監査法人は内部の審査部門の審査を厳格化しつつあり，そのため担当会計士がいったんは認めた会計処理が審査部門では認められないという事態も続出しているといわれる[21]。

　日本公認会計士協会は06年7月，「品質管理レビュー」で，企業7社（そのうち上場企業は5社）の監査における悪質な手続き違反を指摘し，これらの企業の監査を担当した10の監査法人と会計事務所の監査に重大な疑念があるとの報告を行った[22]。とくに1監査法人と3会計事務所に対しては，「否定的結論」と評価した。「否定的結論」はほとんど品質管理ができていないということを意味し，1999年から実施している日本公認会計士協会の「品質管理レビュー」でこうした評価が出されるのは初めてのことである。これまではほとんど自主規制

第Ⅰ部　日本のコーポレート・ガバナンス

機関としての機能を果たしてこなかった[23]　日本公認会計士協会も，会計監査に対する社会の不信感や金融庁の厳しい姿勢に促されて，ようやく改革に向けて動き出したように思われる。

おわりに

　1990年代以降，コーポレート・ガバナンスに関する法律の改正が相次いだが，これによって日本のコーポレート・ガバナンスの改善が大きく進展したということはできない。これに対して機関投資家の活動，金融庁の規制の強化，さまざまなステークホルダーの行動は近年の日本のコーポレート・ガバナンス改善に大きく寄与してきたように思われる。

　たとえば，不正会計が発覚した日興コーディアルグループにおいては，機関投資家をはじめとする投資家が同社への株式売買の発注を停止したため，深刻な顧客離れが起こり，業績不振に陥った。機関投資家は法令違反を犯した企業との取引を禁止する規定をもっているため，顧客はきわめて短期間に離れていった。村上ファンドに出資していた機関投資家も同様で，村上ファンドの法令違反が発覚するとたちまち機関投資家の出資の引き上げが起こった。

　いくつもの不正会計に関与した中央青山監査法人は金融庁の厳しい処分や顧客企業の離反を招いたが，同法人にとって決定的な打撃となったのは会計士の流出であり，ついに解散に追い込まれた。2007年1月に消費期限切れ原材料の使用が発覚した不二家は，大きな問題には発展しないであろうとの経営者の甘い認識に反して，スーパーやデパートなどの取引先の出荷停止，フランチャイズ店の長期閉鎖などを経て山崎パンとの経営統合を強いられる事態にまで発展した。これらの事実は，コーポレート・ガバナンスに問題のある企業に対して，従業員，取引先，出資者等々のステークホルダーが積極的に行動し，企業の存続を左右するほどの影響力を与えていることを示すものである。証券取引等監視委員会への情報提供が近年急増していることなどもこうした動向に沿ったものと考えることができる。

第1章　外部監視とコーポレート・ガバナンス

　日本のコーポレート・ガバナンスはさまざまな市場参加者あるいはステークホルダーが経営を監視し経営者の規律づけにおいて決定的な力を持つ，新しい時代に入ったということができる。

（注）
1) 　全国証券取引所「平成17年度株式分布状況調査の調査結果について」2006年6月15日東京証券取引所ホームページ。
　　　http://www.tse.or.jp/data/examination/distribute/h17/distribute_h17a.pdf
　　　なお以下もこれによった。
　　　2007年6月15日に公表された「平成18年度株式分布状況調査の調査結果について」では，銀行の所有比率の低下と外国人の所有比率の上昇はさらに進み，長銀，都銀，地銀の所有比率が4.6％，外国人の所有比率は28.0％となった。上記の東京証券取引所ホームページを参照のこと。
2) 　全国証券取引所，同上資料，4ページ。
3) 　同和鉱業株式会社ホームページ「長期保有株主に対する株主還元策を実施」。
　　　http://www.dowa.co.jp/jp/ir/pdf/news2006/release060830_jyoken.pdf, 2006年8月30日。
4) 　カゴメ株式会社ホームページ「当社株式の大量取得行為に関する対応策（買収防衛策）の導入について」。
　　　http://www.kagome.co.jp/company/ir/release/061020.htm, 2006年10月20日。
　　　日本経済新聞，2006年10月21日。
5) 　伊藤正晴「持ち合い解消続くが，反転の兆しも」大和総研資本市場調査部資料。
　　　http://www.dir.co.jp/research/report/viewpoint/05121401viewpoint.pdf
6) 　日本経済新聞，2007年1月24日。
7) 　日本経済新聞社，2006年3月28日。
8) 　たとえば企業年金連合会は「企業買収防衛策に対する株主議決権行使基準」で，企業の導入した買収防衛策に賛成するか否かの具体的な判断基準を定めている。次を参照のこと。企業年金基金連合会「企業買収防衛策に対する株主議決権行使基準」。
　　　http://www.pfa.or.jp/top/jigyou/pdf/gov_20050428.pdf, 2006年4月10日。
9) 　日本証券投資顧問業協会ホームページ。
　　　http://jsiaa.mediagalaxy.ne.jp/osiease/pdf/giketsu17ippan.pdf, 2006年8月3日。
10) 　地方公務員共済組合連合会ホームページ，「株主議決権の行使状況報告」http://www.chikyoren.go.jp/pdf/main3_1-3-4.pdf, 2006年11月28日。
11) 　企業年金連合会ホームページ　「2006年6月株主総会インハウス株主議決権行使結果について」。
　　　http://www.pfa.or.jp/top/jigyou/pdf/gov_inhouse18_6.pdf

第Ⅰ部　日本のコーポレート・ガバナンス

12) 同上報告書, 5ページ。
13) 金融庁ホームページ,「行政処分事例集」2007年2月1日, http://www.fsa.go.jp/news/18/2007020/-1.html
14) 公認会計士・監査審査会のホームページ
http://www.fsa.go.jp/cpaaob/shinsakensa/kouhyou/2006030.html
15) 同上報告書, 1ページ。
16) 同上報告書, 9ページ。
17) 「第15回・金融審議会公認会計士制度部会」(議事録) 金融庁ホームページ
http://www.fsa.go.jp/news/18/singi/news_menu_si.html。日本経済新聞, 2006年12月23日。
18) 「平成18年度課徴金納付命令等一覧」金融庁ホームページ。
http:www.fsa.go.jp/policy/kachoukin/05.html
19) 日本経済新聞, 2006年5月7日。
20) 日本経済新聞, 2006年9月29日。
21) 日本経済新聞, 2006年12月23日。
22) 日本公認会計士協会「平成17年度・品質管理レビュー実施結果の概要」日本公認会計士協会ホームページ。
http://db.jicpa.or.jp/visitor/general/toshin_dl.php?id=3411, 2006年7月4日, 朝日新聞, 2006年7月5日。
23) ヤオハンジャパンや山一證券などの90年代の不正会計にかかわった会計士に対して、日本公認会計士協会は裁判継続中を理由に2005年の段階でも処分を決めていない（朝日新聞, 2005年10月3日）。これまで同協会がいかに自浄機能を果たしてこなかったかがわかる。

(佐久間信夫)

第2章　会社機関とコーポレート・ガバナンス

はじめに

わが国のコーポレート・ガバナンス改善に向けて，2001年の商法改正（2002年5月施行）により，監査役の取締役会への出席義務・意見陳述義務，監査役3名以上のうち社外監査役は半数以上，監査役の任期を3年から4年に延長，辞任時の意見陳述権，選任における監査役会の同意権・提案権など，監査役に関する改訂を行った。続いて，2002年5月の改正商法で，これまであいまいだった経営監視と業務執行を分離することを目的に，言い換えれば経営者の暴走を防ぎ社内のしがらみにとらわれない合理的な経営を促すことを目的に，アメリカ型ガバナンス形態といわれる「委員会等設置会社」が導入（施行は2003年4月）された。2005年6月には商法第2編（会社法編）と有限会社法，株式会社の監査等に関する商法の特例に関する法律等を統合した会社法が成立，2006年5月から施行された。また，ごく近いところでは2004年3月16日に東京証券取引所が「上場会社コーポレート・ガバナンス原則」を，2005年7月には金融庁企業会計審議会に設置された内部統制部会が「財務報告に係る内部統制の評価及び監査の基準」（報告書）をそれぞれ公表している。

このように風雲急を告げているわが国のコーポレート・ガバナンスの制度的状況にあって，ここでは，企業内部の機関を通した監視というテーマに基づいて，以下，第1節では株主総会について，第2節では取締役会について，第3節では監査役会あるいは監査委員会について，第4節では内部統制機関について，そして第5節では企業倫理（コンプライアンス）のための組織について，そ

れぞれ実際の機能という点に重点をおいて近況分析を行いたいと思う。

第1節　株主総会

　株式総会の実態はどのようなものであろうか。わが国の場合について商事法務研究会の『株主総会白書　2006年版』に拠って見てみよう。調査対象は東京，大阪，名古屋など全国5証券取引所に上場されている会社で外国企業を除く2,562社である。調査対象とされた株主総会は，2005年7月1日から2006年6月30日までに開催された直近の定時株主総会である。回答会社数の総計は1,942社であり，回答率は75.8％であった。

　調査対象会社の株主総会の平均所要時間は52分であった。委任状，議決権行使書，電磁的方法および現実出席株主を含めた出席した全株主数の，議決権のある総株主数に対する比率（株主数ベース）を見ると，「25％超30％以下」の会社が460社，23.7％（前年調査比2.1ポイント減），「30％超35％以下」507社，26.1％（同0.8ポイント増），「35％超40％以下」191社，9.8％（同増減なし）の順である。また，総議決権数のどの程度の割合の議決権数が行使されているのかを見る，委任状，議決権行使書，電磁的方法および現実出席を含む全出席株主が所有している議決権数の，総議決権数に対する割合は，「70％超80％以下」の会社が727社，37.4％（前年調査比0.7ポイント増），「80％超90％以下」584社，30.1％（同0.9ポイント増），「60％超70％以下」292社，15.0％（同1.3ポイント減）の順であった。行使された株主提案権は18社に対してであり，前年に比べ3社減っている。株主総会の会場で議案に対して質問した株主数は，「質問なし」が1,214社，62.5％（前年調査比6.8ポイント減），「1人」が323社，16.6％（同3.6ポイント増），「2人」157社，8.1％（同1.5ポイント増），「3人」60社，3.1％（同0.7ポイント減）などとなっており，4割近くの会社において議案に対する質問が出ている。また，株主から出された質問事項で多かったのは，「経営政策・営業政策」が707社，36.4％（前年調査比0.7ポイント増），「配当政策・株主還元」455社，23.4％（同0.9ポイント増），「財務状況」229社，11.8％（同2.2ポイント増）

第 2 章　会社機関とコーポレート・ガバナンス

「株価動向」210社，10.8％（同0.7ポイント減），「子会社・関連会社関係」169社，8.7％（同1.4ポイント減）の順であり，注目の「買収防衛策」は118社，6.1％（同1.1ポイント増）であった。また，2006年は「定款変更」議案にも注目が集まり，それへの質問は127社，65.1％であった。任天堂では，同年の株主総会において，取締役決議による剰余金配当などについての「定款の一部変更」議案が否決された。

　近年，委任状争奪戦もしばしば起きている。例えば，2002年東京スタイルにおいて，実質的な筆頭株主である村上ファンドが経営者側のファッションビル取得方針に対して猛反発，大幅な増配を要求した。委任状争奪戦の結果，株主総会で村上ファンド側の提案が否決された。

　総括すると，出席株主数，出席株主の所有議決権数，質問した株主数などから見て株主の行動は積極化してきており，一部では経営者に反対する意思決定をなしえてきている。株主提案権の行使はまだ非常に少ない[1]。委任状争奪戦も開始になったといったところである。だが，以前に比べると，総体として株主総会は活性化されつつあると言えよう。

第 2 節　取締役会改革

　実際に2003年4月より導入（選択制なので従来通りであってもよい）されてきた委員会設置会社は，社外取締役を2人以上起用することや取締役会の中に指名委員会，監査委員会，報酬委員会の3つの委員会の設置が義務づけられている。ともに3人以上の取締役により構成され，過半数は社外取締役で執行役を兼務しない者でなければならない。社外取締役とは，「株式会社の取締役であって，当該株式会社又はその子会社の業務執行取締役若しくは執行役又は支配人その他の使用人でなく，かつ，過去に当該株式会社又はその子会社の業務執行取締役若しくは執行役又は支配人その他の使用人となったことがないもの」（会社法第2条15号）である。また，業務担当の経営幹部である執行役制度を導入する必要がある。すなわち，執行役が業務の執行責任を負い，取締役会が執行役を監

第Ⅰ部　日本のコーポレート・ガバナンス

督するという体制である。

　日本監査役協会によれば，委員会設置会社[2]への移行は2006年12月21日現在で105社となっている。内訳は，一部上場が51社，二部上場が6社，その他上場が11社，非上場が37社となっている[3]。委員会等設置会社に移行した会社の1年後の状況について日本経済新聞社が2004年に経営者アンケート調査（41社のうち39社が回答）を行っている。それによれば，企業統治が「大幅に改善した」と「やや改善した」と答えた会社が合わせて38社であった。「改善」と判断された理由（38社の複数回答）は，「社外取締役の外部の視点で取締役会が活性化した」32社（84.2％），「経営の迅速化を実感できる」24社（63.2％），「取締役会で議論に多くの時間が取れる」19社（50.0％），「取締役会のチェック機能が強まり，透明性が高まった」18社（47.4％），「監督，指名，報酬の各委員会が機能している」15社（39.5％），などであった。取締役会の開催は，移行前の1年間に比べ7割の企業で減少，大半の企業で社外取締役の平均の出席率は80～90％に達し，形式的な決議より議論を重視する傾向が強まったとのことであった。また，執行役会はほとんどの移行企業が1～2週間ごとに開催しているという。ただ，取締役会が執行役の決定を見直したことがある企業は26％にとどまっており，取締役会が社内の人材で占める執行役の決定を十分にチェックできるかは不透明さもあり，監督と執行の機能分担は課題も浮き彫りとなった[4]，ともしている。

　日本経済新聞社はまた，2005年，経営指標について，委員会等設置会社（2003年6月までに移行した銀行・証券を除く東証一部企業31社）と従来型企業（31社を除いた東証一部上場企業）との比較調査を行っている。それによれば，2002年6月28日時点と2005年6月30日時点との比較において，時価総額で委員会型企業は16兆6,948億円から16兆2,256億円への－2.8％，従来型企業は268兆9,191億円から343兆1,376億円への＋27.6％であったし，また2002－04年度において売上高伸び率で委員会型企業は＋7.1％，従来型企業は＋9.2％，経常利益伸び率で委員会型企業は＋36.9％，従来型企業は＋51.7％であった。つまり，従来型企業の方が委員会等設置会社よりも投資家の評価を得ており，経営指標でも優勢と

なっている。また，ＲＯＥ（2004年度）を見ても，従来型企業は8.2%であるのに対して，委員会等設置会社は7.9%にとどまった。これについて日本経済新聞社は，株主はガバナンスを改善することで最終的には経営パフォーマンスが高まることを期待しており，企業価値が向上しないままでは株主の圧力は高まると見ており，統治手法の改革をいかに売上高や利益の増加，株価上昇に結び付けるかが課題である，としている5)。

次に，東京証券取引所が2005年3月31日から4月29日にかけて実施した「コーポレート・ガバナンスに関するアンケート調査」(対象は2005年3月31日時点で東京証券取引所に上場している内国会社で回答社数は1,379社。以下，東証アンケート調査とする)に拠って社外取締役の現状を見てみよう。現在は委員会等設置会社のみならず監査役設置会社もかなり社外取締役を導入してきているが，「社外取締役の選任状況」は，0人が一番多くて816社（59.2%），次いで1人293社（21.2%），2人148社（10.7%），3人62社（4.5%）と続いている。回答会社の40.6%にあたる560社が1人以上の社外取締役を入れている。「全取締役に占める社外取締役の割合」を見ると，0%が816社（59.2%）であり，続いて「10%以上20%未満」209社（15.2%），「20%以上30%未満」130社（9.4%），「10%未満（0%を除く）」99社（7.2%），「30%以上40%未満」48社（3.5%），「40%以上50%未満」35社（2.5%）であり，50%以上が39社（2.8%）あった。最後のは委員会等設置会社導入会社であろう。

「社外取締役の出身・属性」（複数回答可。社外取締役を選任している会社560社のみ）は，「他の会社（関係会社を除く）の役職員（当該役職員であった者を含む）」が一番多く324社（57.9%，前回2003年比－2.7），次いで「関係会社の役職員（当該役職員であった者をふくむ）」の210社（37.5%，同＋5.7），「弁護士」42社（7.5%，同0.0），「学者」41社（7.3%，同＋0.6），「公認会計士」15社（2.7%，同＋0.1），「その他（税理士，外部のシンクタンクの役員など）」41社（7.3%，同－6.1），であった。

「会社との利害関係のない社外取締役の選任状況について（複数回答可。560社のみ）」は，「社外ではあるが，利害関係がある取締役を選任している（利害関係

の主な内容は 親会社,重要な取引先,関係会社,主要株主,代表取締役社長の親族,株式持ち合いをしている会社)」が311社(55.5%,前回2003年比＋6.3),「利害関係のない社外取締役を選任している」が293社(52.3%,同＋4.6)であり,両者は拮抗している。前回比の上昇ポイントが前者の方が1.7ポイントほど高い。さらに,後者の293社に関して,「利害関係のない社外取締役の出身・属性について(複数回答可)」を見てみると,「他の会社(関係会社を除く)の役職員(当該役職者であった者を含む)」が断トツに多く,293社中240社(81.9%,前回2003年比＋7.3)であった。次いで,「弁護士」43社(14.7%,同＋6.6),「学者」39社(13.3%,＋3.0),「公認会計士」12社(4.1%,＋1.9)の順であった。「その他(税理士,消費者代表,外部のシンクタンクの役員,業界団体の役員,アナリストなど)」が26社(8.9%,同－5.2)あった。

　総括すると,社外取締役は約6割の会社に1人もいない。いてもその割合は30%未満が32.8%(0%は除いて)と多く,過半数は2.8%に過ぎない。社外取締役の出身・属性は「関係会社を除く他の会社の役職員」が324社(57.9%)であったが,その中には利害関係のある取締役もいそうで,「関係会社の役職員」は210社(37.5%)だったものの「利害関係がある取締役の選任」では311社(55.5%)となっている。つまり,324社中101社は「関係会社を除く他の会社の役職員」であっても「利害関係のある取締役」であったと見られる。だが一方では,「利害関係のない社外取締役」も293社(52.3%)にあった[6]。

　監査役設置会社である三井住友フィナンシャルグループ(以下,SMFGとし,SMFGもしくはその子会社である三井住友銀行を事例として,各節を通してその状況を観察する)の取締役会は次のようになっている。2006年7月13日現在,取締役は9人であり,そのうち業務執行の適法性確保の観点から公認会計士と弁護士の3人が社外取締役となっている。取締役会長と取締役社長,取締役副社長の3人が代表取締役である。議長には会長が就任し,業務全般を統括する取締役社長との役割分担を行っている。加えて,取締役会内部委員会(人事委員会,報酬委員会,リスク管理委員会,監査委員会)の設置,そこでの社外取締役の選任により役割分担の実効性を強化している[7]。

第 2 章　会社機関とコーポレート・ガバナンス

　さて，社外取締役については独立性の観点から批判も多く，米議案分析会社（ＩＳＳ）も反対を表明している[8]。この点，日本では社外取締役の独立性の規定が甘く，既述のように，会社法では過去に当該企業と雇用関係がなかったことを求めるだけとなっている。米国ではニューヨーク証券取引所規則が社外取締役の独立性要件を規定しているが，それは，過去3年に，①当該企業と雇用関係がなく，近親者が取締役ではない，②当該企業と年間100万ドル以上の取引のある企業の取締役などではない，こととしている[9]。

　こうした中，日本取締役協会は，独立取締役を定義し，「実質的に，その企業の経営者や特定の利害関係者から独立した判断を下すことができる（非業務執行）取締役」としている。そして，独立性が疑われる社外取締役の8つの基準を発表した。上場企業や民営化される国営企業などが独立した社外取締役を設ける際の条件として提案していくという。①会社の発行済み株式総数の10％以上を保有する大株主，その利益を代表する者，②その会社の経営者か従業員（だった者），③グループ会社の経営者か従業員（だった者），④その会社と（過去に）重要な取引関係があった会社の経営者か従業員，⑤その会社のアドバイザーとして（近い過去に）高額の報酬を受けている者，⑥上記のいずれかに該当する2親等以内の親族を有する者，⑦取締役の相互兼任関係がある会社の取締役，⑧独立取締役となってから長期が経過した者，などである。なお，基準の細則は各企業が自己責任で決定することとしている[10]。

　個別企業では，例えばソニーは社外取締役の選任基準を設け，投資家に開示している。取引額が年間連結売上高の2％を超える会社の役職員や，取締役報酬以外に100万円以上の報酬をソニーグループから受け取っている人を選ばない，などである[11]。だが，そんなソニーの社外取締役でも株主総会では経営トップと同じ壇上に並んでいる。米国では社外取締役は株主側の最前列に座り，経営陣と対峙するという[12]。

　ただ，取引先や大株主を除く「独立性」の高い人材を探すのが難しいのも現実であり，成り手の市場が小さく，1人で複数企業を掛け持ちしているケースも多くなっている[13]。そういうこともあってか，日本取締役協会は企業からの

相談を受け付け，人材を斡旋する取り組みを始めているし，また特定非営利活動法人の全国社外取締役ネットワークも，社外取締役を担える人材の育成を目指し，会計や法律などを学ぶプログラムを開始している[14]。

次に，東証アンケート調査によれば，監査役設置会社に導入可能な「執行役員制度の導入について（監査役設置会社のみ）」は，「既に導入済み又は導入することを決定している」が649社（49.3%，前回2003年比＋15.1）であり，「導入することを検討している」106社（8.0%，同−）まで含めると，755社（57.3%）となる。一方，「導入する予定はない」が452社（34.3%，同−），「分からない」が110社（8.4%，同−）ある。

ＳＭＦＧでは，グループ全体の業務執行および経営管理に関する最高意思決定機関として取締役会の下に「グループ経営会議」を設置している。取締役社長が主宰し，取締役社長の指名する役員によって構成されている。業務執行上の重要事項等について，取締役会で決定した基本方針に基づき，グループ経営会議での協議を踏まえて採否を決定したうえで執行する。また，グループ各社の業務計画に関する事項については，「グループ戦略会議」を設置し，当社およびグループ各社の経営レベルで意見交換・協議・報告を行っている。なお，執行役員は5人であり，先述の取締役社長と取締役副社長の他に，2人の専務執行役員と執行役員1人がいる[15]。

さて，東証アンケート調査によると，今後，取締役会の機能強化のために実施することを検討し，または既に決定している施策の主な内容として次のような事柄があがっている。①取締役の任期短縮，②取締役の人員削減，③執行役員制度の導入，④社外取締役の選任・増員，⑤取締役会への付議基準の見直し，経営委員会への権限委譲，⑥取締役会の開催頻度の見直し，⑦取締役のコーポレート・ガバナンスなど社外研修への参加，⑧アドバイザリーボードの設置，⑨関係会社以外からの社外取締役の招聘，⑩監査役の増員，⑪ストックオプションの導入，⑫役員定年制の実施，⑬役員の報酬制度改革，⑭専門性を有する社外取締役の選任，⑮取締役会議長と社長の非兼任化，などである。

第2章　会社機関とコーポレート・ガバナンス

第3節　監査役会あるいは監査委員会

　監査役会(委員会等設置会社にあっては監査委員会)の開催頻度をまず見てみよう。東証アンケート調査によれば，1,379社中，「11回以上15回以内」が最も多く617社（44.7%），次いで「6回以上10回以内」386社（28.0%），「1回以上5回以内」272社（19.7%）となっている。そのうち，「監査役（会）の機能強化のための具体的な施策について（複数回答可。監査役設置会社のみで回答社1,320社）」を見てみると，「監査役の重要会議への出席」が最も多く1,012社（76.7%，前回2003年比＋17.7)であり，次いで「監査役と取締役との連携強化」863社（65.4%，同＋21.0），「社外監査役の増員」456社（34.5%，同＋4.6），「監査役を補佐するスタッフの充実」264社（20.0%，同＋5.3），「特に実施していない」51社（3.9%，同－10.3），「その他（子会社監査の充実，監査役と監査部門の連携強化，重要会議の会議資料の提出，代表取締役との意見・情報交換強化，監査役による業務監査ヒヤリングの定期実施，全員が社外監査役，監査役監査基準の改定など）」51社（3.9%，同－4.0）であった。ここにいう社外監査役とは，「株式会社の監査役であって，過去に当該株式会社又はその子会社の取締役，会計参与若しくは執行役又は支配人その他の使用人となったことがないもの」（会社法第2条16号）である。

　続いて，「社外監査役（委員会等設置会社にあっては，監査委員のうち社外取締役をいう）の選任状況について」を見ると，2人が最も多く784社（56.8%），次いで3人の397社（28.8%），1人の117社（8.5%），4人の65社（4.7%）であり，6人以上の会社はなかった。だが，「全監査役に占める社外監査役の割合」を見ると，1,234社（89.4%）が50%以上となっている。

　次に，「社外監査役の出身・属性について（複数回答可）」を見てみると，「他の会社（関係会社を除く）の役職員（当該役職員であった者を含む）」が圧倒的に多く，845社（61.8%，前回2003年比＋19.2）であった。次いで「弁護士」493社（36.0%，同＋8.8），「関係会社の役職員（当該役職員であった者を含む）」324社（23.7%，同＋5.5），「公認会計士」253社（18.5%，同＋6.5），「学者」66社（4.8%，同＋1.3），「その他（大株主の役員，主要取引金融機関出身者，団体役員，関係官庁出

身者,国税庁・警察庁等出身者,税理士,司法書士,社労士,弁理士,経営コンサルタント,地元の有識者)」222社(16.2%,同-14.5)であった。

「会社と利害関係のない社外監査役の選任状況について(複数回答可)」は,「利害関係のない社外監査役を選任している」が1,093社(79.9%,前回2003年比+18.5)で,「社外ではあるが,利害関係がある監査役を選任している(利害関係の主な内容は,関係会社,顧問弁護士,親会社,大株主,重要な取引先,コンサルタント,関与税理士法人,メインバンク,資本関係,役員との血縁など)」522社(38.2%,同+2.0)よりはるかに多くなっている。さらに,前者の1,093社に関して,「利害関係者のない社外監査役の出身・属性について(複数回答可)」を見てみると,「他の会社(関係会社を除く)の役職員(当該役職員であった者を含む)」が一番多く773社(70.7%),次いで「弁護士」387社(35.4%),「公認会計士」227社(20.8%),「学者」65社(5.9%)の順であった。「その他(地元の有識者,主要取引金融機関出身者,税理士,大株主の役員,団体役員,社労士など)」が198社(18.1%)あった。

総括すると,監査役はどの会社もそれほど多いわけではなく,2人から4人のところで90.3%を占めており,それで「全監査役に占める社外監査役の割合」が50%以上である会社比率の89.4%にほぼ合致している。社外監査役の出身・属性は,「関係会社を除く他の会社の役職員」はほとんどが利害関係のない社外監査役の模様であり(利害関係のある役職員がいるのはおそらく72社),最も利害関係があるのは弁護士であって106社程度は顧問弁護士を社外監査役にしているようだ。監査役(会)の機能強化策を「特に実施していない」会社はほとんどなく,多くの会社はその機能強化を具体的に進めている。

ＳＭＦＧでは,監査役は5名,そのうち3名が社外監査役である。監査役は,取締役会をはじめとする重要な会議に出席し,取締役等から営業の報告を聴取するとともに,重要な決裁書類の閲覧,内部監査部署や子会社,会計監査人からの報告聴取等を通じて,当社・子会社の業務執行状況を監視している。また,やはり監査役設置会社であるキヤノンの御手洗冨士夫社長(当時)は,重要なことを決める全役員出席の会議に監査役も出て議事録にサインする。そして1

第2章　会社機関とコーポレート・ガバナンス

年かけ，議事録と実際が一致しているか監督する。年40～50回の会議に出席しなければ話がわからない。社外取締役は時間を割けない。月に1回来るだけで経営構造を監督するというのは幻想である。監査役制度で十分ガバナンスが利いている[16]，と言い切っている。ここには監査役の実効性が窺い知れる。

　委員会等設置会社の状況も見ておこう。2005年11月24日現在，りそなホールディングスは次のようになっている。言うまでもなく，取締役会の中に人事委員会，報酬委員会，監査委員会の3委員会があるが，そのうち監査委員会は取締役3名，うち社外取締役2名で委員長は社外取締役により成っており，取締役および執行役の職務執行の監査，ならびに会計監査人の選解任議案の決定などを行い，監視機能を強化している[17]。取締役会において似たような委員会構成となっているSMFGの状況も合わせて見ておくと，当社は取締役会内部委員会として既述のように4つの委員会を設置していたが，すべての委員会において社外取締役が委員に就任し，業務執行から離れた客観的な審議が行われる体制を築いている。特に，監査委員会と報酬委員会では社外取締役が委員長を務め，ガバナンス機能の一層の強化を図っている。各委員会は取締役会の委嘱を受けて業務に当たっているが，その中で監査委員会はグループ全体の内部監査に関する重要事項を，リスク管理委員会はグループ全体のリスク管理およびコンプライアンスに関する重要事項について審議のうえ取締役会に報告している[18]。

　さて，今後，監査役(会)や監査委員(会)の機能強化のために実施することを検討し，または既に決定している施策は何かということについて，同じく東証アンケート調査によると，主な内容として次の事柄があがっている。①「監査役監査基準」「監査役会規則」を改定し，監査の充実を図る，②監査役の増員，社外監査役の増員，③社外専門家（弁護士）の社外監査役選任，利害関係を有さない社外監査役の選任，④監査役に会計・経理のエキスパートを補充する，⑤社長との定期会合の実施，⑥会計監査人との協議回数の増加，⑦グループ監査役連絡会の定期的開催，専用Webによる意見交換，⑧監査役の重要な会議等への出席，⑨内部監査部門の設置，内部監査部門および子会社監査役との連

携強化,内部監査の充実,⑩内部統制に関するモニタリングの強化と社内啓蒙,⑪米国企業改革法(第301条,第404条)に対応できる監査機能・体制の整備,⑫取締役会など重要会議資料の事前チェックの充実化,⑬監査役を補佐する専任スタッフの配置,⑭コーポレート・ガバナンスに関する有識者を招き,勉強会を開催予定,⑮監査役の社外研修の充実,⑯常勤監査役によるホットライン委員会の設置,などである。

第4節　内部統制機関の整備状況と実際の機能

日本監査役協会が2005年3月18日から4月15日において実施した「新監査役監査基準の実施状況に関するNETアンケート」(有効回答社数は1,235社であり,その中には中小会社・その他法人も含まれているが,ここではみなし大会社4社を含む大会社1,139社に関する状況を活用。以下,日本監査役協会アンケートとする)に拠って現状を見てみよう。

まず,「(代表)取締役の,内部統制システム整備の重要性に対する認識度」を見ておくと,①「十分認識し,整備に努めている」447社(39.2%),②「概ね認識し,整備に努めている」409社(35.9%),③「認識しているが,整備は不十分である」225社(19.8%),④「認識が不十分である」44社(3.9%),「認識していない」5社(0.4%),⑤「未回答」9社(0.8%),であった。

次に,「内部統制システムの整備状況をリスク管理体制」について見てみると,大会社1,139社において,①「リスクマネジメント委員会等が設置されている」387社(34.0%),②「事業リスクの洗出しが行われている」637社(55.9%),③「洗い出された事業リスクは社内に周知・徹底が図られている」308社(27.0%),④「リスクについて管理責任者が明確にされ,影響度の評価と対応方針の選択が行われている」350社(30.7%),⑤「その他」170社(14.9%),となっている(なお,比率はアンケート回答者総数に基づいて各々算出されている)。「リスク管理状況のチェック」については,①「各部門が自主的に行っている」669社(58.7%),②「内部監査部門等が行っている」396社(34.8%),③「チェックは全く行わ

れていない」59社（5.2%），④「未回答」15社（1.3%），であった。さらに，「監査役によるリスク管理体制の監査状況」を見てみると，①「実践している」240社（21.1%），②「概ね実践している」665社（58.4%），③「あまり実践していない」183社（16.1%），④「殆ど実践していない」44社（3.9%），⑤「未回答」7社（0.6%），となっている。このうち，「あまり実践していない」と「殆ど実践していない」の理由（227社が対象で複数回答）を見ると，①「リスク管理体制整備に代表取締役が深く関与しないから」26社（11.5%），②「リスクの定義が自社において明確になっていないから」109社（48.0%），③「リスク管理体制が殆ど整備できていないから」135社（59.5%），④「監査役として，リスク管理体制の監査の手法がわからないから」56社（24.7%），⑤「その他」25社（11.0%），であった。また，東証アンケート調査に拠って，「監査役（委員会等設置会社にあっては監査委員）と内部監査部門との会合の開催頻度について（当期の見込み又は直近期の実績をベースに回答）」を見ると，定期的に開催が563社（40.8%），そのうち「11回以上15回以内」が最も多く237社（17.2%），次いで「1回以上5回以内」203社（14.7%），「6回以上10回以内」73社（5.3%）であり，不定期に開催が467社（33.8%），そのうち「1回以上5回以内」が最も多く213社（15.5%），次いで「6回以上10回以内」126社（9.1%），「11回以上15回以内」68社（4.9%）であり，「その他（定期と不定期で開催など）」が249社（18.1%）であった。

最後に，東証アンケート調査に拠って，「内部統制機能強化の経営面への貢献について」を見ておくと，①「業務プロセスの効率性の向上」326社（23.6%），②「資本市場における信頼性の向上」485社（35.2%），③「過失・不正行為等の防止」375社（27.2%），④「グループ経営基盤の強化」161社（11.7%），⑤「分からない」15社（1.1%），⑥「その他（妥当な意思決定と過誤の防止，独断を排し経営判断の誤りを防止する，グループ企業価値の持続的増大に貢献，意思決定プロセスと責任所在の明確化など）」10社（0.7%），⑦「回答なし」7社（0.5%）であった。

総括すると，4分の3の会社ではトップによって内部統制システムの整備の

重要性は認識されているものの,リスクマネジメント委員会の設置,リスク管理責任者の明確化など具体的な動きは鈍い。だから,リスク管理状況のチェックも多くが各部門に任せてあり,実効性は危うそうである。監査役によるリスク管理体制の監査も実践されている会社が2割超程度で少なく,「概ね実践している」(約6割)ではいささか心許ない。監査役あるいは監査委員と内部監査部門との会合の開催頻度は「1回以上5回以内」が30.2%で一番多いものの,「6回以上15回以内」に広げてみると36.5%となり,そこそこであろう。内部統制機能を強化している場合には,その経営面への貢献は出ていると見られる。

SMFGは,取締役会が株主利益の観点から業務執行を監督するのとは別に,業務執行体制内においても自ら客観的な内部監査を実施するために業務ラインから独立した監査部を設置している。また経営における内部監査の位置づけを高め,監査をより実効的なものとする観点からグループ経営会議の一部を構成する会議として内部監査会議を設けている。ここは四半期ごとに開催され,監査部より内部監査に関する重要事項を付議・報告する体制としている。監査部は,グループの最適な経営に資するため,グループの業務運営の適切性や資産の健全性の確保を図ることを目的に,会社各部に対する内部監査を実施し,コンプライアンスやリスク管理を含む内部管理態勢の適切性・有効性を検証している。また監査部は,グループ各社の内部監査機能を統括し,各社の内部監査実施状況のモニタリングや,必要に応じて監査を実施することで,各社の内部管理態勢の適切性・有効性を検証している。これらの結果に基づいて,監査対象拠点や関連部署ならびにグループ各社に対して提言・指導を行っている[19]。

第5節　企業倫理のための組織の整備状況と実効性

同じく,日本監査役協会アンケートに拠って現状を見てみよう。まず,「コンプライアンスの社内体制整備状況」を見ると,大会社1,139社において,①「自社の行動基準が制定されている」811社 (71.2%),②「コンプライアンス委員会などが設置されている」620社 (54.4%),③「社内(外)通報制度が設置さ

れている」596社（52.3%），④「内部監査部門等による法令等遵守状況の監査体制がある」758社（66.5%），⑤「各部門に法令等遵守のための機能がある」382社（33.5%），⑥「法令等遵守に関する教育を行っている」649社（57.0%），⑦「その他」63社（5.5%），となっている（なお，比率はアンケート回答者総数に基づいて各々算出されている）。

また，「法令等遵守状況のチェック」については，①「各部門が自主的に行っている」499社（43.8%），②「内部監査部門等が行っている」606社（53.2%），③「チェックは全く行われていない」22社（1.9%），④「未回答」12社（1.1%），であった。

さらに，「監査役による法令等遵守体制の監査状況」を見てみると，①「実践している」372社（32.7%），②「概ね実践している」664社（58.3%），③「あまり実践していない」81社（7.1%），④「殆ど実践していない」15社（1.3%），⑤「未回答」7社（0.6%），となっている。このうち「あまり実践していない」と「殆ど実践していない」の理由（96社対象で複数回答）を見ると，①「法令等遵守体制の整備に代表取締役が深く関与しないから」15社（15.6%），②「遵守すべき法令等の定義が自社において明確になっていないから」46社（47.9%），③「法令等遵守体制が殆ど整備できていないから」46社（47.9%），④「社風が業績至上主義で法令等遵守は二の次になっているから」9社（9.4%），⑤「監査役として，法令等遵守体制の監査の手法がわからないから」21社（21.9%），⑥「その他」20社（20.8%），であった。

総括すると，コンプライアンスの社内体制整備は，行動基準の制定，コンプライアンス委員会の設置，社内(外)通報制度の設置，教育など進んでいる。遵守状況のチェックも，各部門による自主行動も多いものの，それを上回って半数以上の会社が内部監査部門等で行っており，実効性は増していると見られる。監査役による法令遵守体制監査は，「概ね実践している」が内部統制システムの場合と同じ程度に多いが，「実践している」も3割超はあり，ある程度機能していると言えよう。

ＳＭＦＧでは，法務リスク管理手続きを制定し，業務にかかわる法令諸規則

に関する情報の収集や新種商品・業務の検討，契約などにおける手続きを定め，もって法務リスク管理の高度化を図っている。また，グループ全体の業務の健全かつ適切な運営を確保する観点からグループ会社のコンプライアンス体制などに関して適切な指示・指導，モニタリングが行えるよう体制を整備している。そうした下，例えば三井住友銀行は，各部店が自己責任において自律的に法令を遵守し，事後に独立した業務監査部門が厳正な監査を行う二元構造をコンプライアンス体制の基本的な枠組みとしている。そして，この枠組みを有効に機能させるために，①コンプライアンス・マニュアルの制定（役職員が行動を選択するうえで，その目標・指針となるよう60の行動原則からなるコンプライアンス・マニュアルを取締役会の決議をもって制定し，役職員に周知徹底する），②コンプライアンス・プログラムの策定（年度ごとに，規程の整備や研修など，コンプライアンスに関する具体的な年間計画を取締役会で策定し，体制整備を促進する），③コンプライアンス・オフィサーの設置（各部店にコンプライアンス・オフィサーを設置し，各部店の自律的コンプライアンスの確保に努める），④コンプライアンス委員会の設置（行内の各種業務に関して，コンプライアンスの観点から広く検討・審議できるように行内の横断的な組織としてコンプライアンス委員会を設置している。委員会は，コンプライアンス担当役員を委員長，関連部長を委員とし，さらにそこでの検討・審議が公平・中立な観点から真摯に行われるように外部有識者を諮問委員として入れている），などを行っている[20]。

おわりに

以上，プログラムに従ってコーポレート・ガバナンスに深くかかわっている株主総会，取締役会，監査役会および監査委員会，内部統制機関，企業倫理（コンプライアンス）のための組織の5つについてわが国の現状を観察してきたのであるが，各種の調査および会社の状況からはおおよそ以下のことがいえるのではないかと思われる。すなわち，

(1) 株主総会は全般的には形骸化していようが，総会での多くの発言や意見，

まだわずかではあるが増加している株主提案権，そして広範なものになってきている議決権行使などの現状を見ると，かなりの株式会社において株主総会は以前よりは格段に活性化しつつある。

(2) 委員会設置会社の導入によるガバナンス改革は，経営の透明性，経営（意思決定）の迅速化，経営に対する監視・監督機能の強化などについては一定の成果を上げているものの，企業価値の増大にはまだ十分結びついているとは言い難い。社外取締役はまだ十分な人数ではない。社外取締役の独立性については問題有りの会社がまだ多いものの，かなりの会社ではその独立性が確保されてきているようだ。監査役設置会社における執行役員制度は導入が進んでいると見られる。

(3) 社外監査役はほとんどの会社で過半数に達しており，導入は相当進んでいる。社外監査役の独立性は相当程度確保されているように見られる。社外監査役になっている弁護士は，その3分の1弱が顧問弁護士である模様だ。監査役（会）の機能は強化されてきていると見られる。

(4) 内部統制システムの整備の重要性はトップに認識されてはいるものの，それへの具体的な動きは鈍い。リスク管理状況のチェックは甘く，実効性は危うい。監査役によるリスク管理体制監査はこころもとない。監査役あるいは監査委員と内部監査部門との会合はほどほどにはなされている。内部統制機能を強化している会社では経営面に効果が出ている。

(5) コンプライアンスの社内体制は順調に整備されている。そのチェックも内部監査部門で行っている会社が多く，実効性は増していそうである。監査役による法令遵守体制監査もある程度機能していると見られる。

コーポレート・ガバナンスは企業不祥事を防いだり，企業価値を高めたり，さらには企業の社会性を一層追求することに資し，もってより社会性的な経済社会の形成に貢献しなければならないと考えるが，それには企業・経営者を外部から監視するのみならず，ここで取り扱った企業内部の機関を通した監視もまた不可欠であり，そこでの一層の改善が行われなければならないであろう。

第Ⅰ部　日本のコーポレート・ガバナンス

（注）
1） ただ，2007年の株主総会では，外資系投資ファンドを中心に株主提案が30〜40社と急増しそうである（『日本経済新聞』2007年6月15日）。そういう中，株主提案が委任状争奪戦に発展しているケースもある。ＴＢＳと楽天（提案側），モリテックスとＩＤＥＣ（提案側）などである。
2） 2006年5月の会社法からは委員会設置会社であろうが，本文中の「委員会設置会社」と「委員会等設置会社」の表現については，採用資料の表記に従っている。
3） http://www.kansa.or.jp/PDF/iinkai_list.pdf
4） 『日本経済新聞』2004年6月26日。
5） 同上，2005年8月16日。
6） 2006年3月末時点での東京証券取引所第一部の時価総額上位100社を対象に，東証が2006年5月から上場企業に開示を義務づけた「コーポレートガバナンスに関する報告書」を日本経済新聞が調査したところによれば，55社が社外取締役を選任，そのうち50社ではグループ外出身者で構成されており，後述の社外監査役については95社がこれを選任，うち85社ではグループ外出身者で構成されていたとある（『日本経済新聞』2006年8月16日）。
7） 三井住友フィナンシャルグループホームページ。
　　http://www.smfg.co.jp/info/aboutus/profile/offcer.html
　　http://www.smfg.co.jp/info/aboutus/profile/governance.html
8） 『日本経済新聞』2005年6月23日。
9） 同上，2005年6月6日。
10） 同上，2005年10月14日。
11） 同上，2004年8月22日。
12） 同上，2004年6月30日。
13） 同上，2005年6月23日。
14） 同上，2003年10月9日。
15） 三井住友フィナンシャルグループホームページ。
　　http://www.smfg.co.jp/info/aboutus/profile/offcer.html
16） 『日本経済新聞』2005年7月22日。
17） （株）りそなホールディングス　コーポレートガバナンス事業課（和泉氏）。
18） 三井住友フィナンシャルグループホームページ。
　　http://www.smfg.co.jp/info/aboutus/profile/governance.html
19） 同上，http://www.smfg.co.jp/info/aboutus/profile/audit.html
20） 同上，http://www.smfg.co.jp/info/aboutus/profile/compliance.html

（貞松　茂）

第Ⅱ部

アメリカのコーポレート・ガバナンス

第3章　外部監視とコーポレート・ガバナンス

はじめに

　株主主権論に立脚したコーポレート・ガバナンスが中心とされるアメリカ。そこでは取締役会ならびに株主に対する経営者の説明責任（アカウンタビリティ）遂行の強化・徹底による経営の透明性の確保を目標として議論が展開されてきた。そしてこの目標を達成するために，アメリカでは主に2つの企業統治改革が進められてきた。それは会社機関である取締役会の構造改革と，株主行動の促進の2つである。まず，取締役会の構造改革では，取締役会に占める社外取締役の増加ならびに取締役会会長とＣＥＯ（最高経営責任者）の分離を通じて取締役会の独立性を確保して，取締役会の経営者に対する監視機能（内部監視）を強化しようとした。また，株主行動の促進は，議決権行使，株主提案，株主代表訴訟，経営者との対話を通じて株主の経営者に対する監視機能（外部監視）を促進しようとするものであった。これらの改革により，経営者による取締役会ならびに株主に対する説明責任（アカウンタビリティ）が徹底され，経営の透明性が確保されるものと期待された。

　しかし，アメリカのコーポレート・ガバナンスは，2001年12月のエンロン社（Enron Corp.）の倒産に端を発する，経営者による不正行為の連鎖により大きく揺らいだ。エンロン社に始まった一連の大手企業の不祥事は，それまで築き上げてきたアメリカのコーポレート・ガバナンスの不徹底と弱点をさらけ出すことになったからである。

　この企業不祥事を受け，ついにアメリカ政府が動いた。2002年7月に成立し

第Ⅱ部 アメリカのコーポレート・ガバナンス

たアメリカ企業改革法(2002年サーベインズ＝オクスリー法(Sarbanes-Oxley Act of 2002：通称ＳＯＸ法。以下，ＳＯＸ法と呼ぶ))1)がそれである。

それまでのアメリカのコーポレート・ガバナンスにおいては「会社法の改正というような公的規制で行われるのではなく，証券取引所の上場規則のような自主規制によって……(中略)……また，個々の企業の自主性や自由を尊重する形で，企業統治の改革が行われて」2)いた。しかし今回の企業不祥事を受けて，政府は自主規制と企業の自主性に委ねてきた自国のコーポレート・ガバナンスの機能不全を痛感すると同時に，その原因を経営者に対する「監視(モニタリング)機能の欠陥」3)と分析したのであった。

ＳＯＸ法の目指すところは，これまでのアメリカのコーポレート・ガバナンスの目標と同じく，経営の透明化と経営者の説明責任(アカウンタビリティ)に焦点を絞ったものであるが，今回は連邦法として，すなわち公的規制レベルで経営者に対して，罰則強化も含めより厳しい規制が制定された点が最大の特徴となっている。

アメリカのこれまでの企業統治改革の特色と現状はおよそこのようにまとめられる。本章ではこれをふまえ，アメリカのコーポレート・ガバナンスについて外部監視に重点を置いて考察していく4)。まずは，アメリカの企業統治改革の変遷について概観し，アメリカのコーポレート・ガバナンスにおける外部監視の主体の変遷と特色を明らかにしていく。次に今日のアメリカのコーポレート・ガバナンスの外部監視において積極的な役割が期待されている機関投資家を取り上げ，その成長と動向について概説する。さらには，機関投資家と並ぶ外部監視の主体であり，同国のコーポレート・ガバナンスの動向に大きな影響を及ぼしている政府，ＳＥＣ(Securities and Exchange Commission＝証券取引委員会，以下ＳＥＣと記す)，自主規制機関5)についても取り上げる。

本章で取り上げる諸機関は，いずれもアメリカ巨大企業(公開株式会社)に対する外部監視の主役であり，さまざまな規制，勧告，提言を通じて，アメリカの企業統治改革の流れに大きな影響を及ぼしてきた存在である。

第3章　外部監視とコーポレート・ガバナンス

第1節　企業統治改革の歴史

　アメリカにおける企業統治改革の歴史を見ると，経営者による不祥事が起こるたびに企業統治改革がくり返されてきたということができる。そこで本節では，それぞれの時代においていかなる不祥事が発生し，それに対してどのような企業統治改革がなされたかについて1930年代から見ていくことにする[6]。

1　1930年代

　バーリ・ミーンズが『近代株式会社と私有財産』(1932年)[7]において指摘したように，1930年代前半のアメリカの巨人企業においては，株式の高度分散に伴う株主の零細化により「所有と経営の分離」が進展して，いわゆる経営者支配の状況が現出していた。折しもこの時代のアメリカは1929年の株式大暴落に続く大恐慌の中にあり，巨大企業への経済力の過度集中と経営者による不正や自己利益追求等の非倫理的な活動が問題視され[8]，投資家の経営者に対する不信が高まっていた。

　そのような投資家の企業・経営者に対する不信を払拭し，再び証券市場に対する信頼を回復するために最初に動いたのは政府であった。まず1933年証券法により，会社に対して重要情報の開示，虚偽記載の禁止を規定した[9]。翌年には証券市場における不公正取引から株主を保護する目的でSECを発足させた。さらに1934年の証券取引所法において，SECに対してNYSE（New York Stock Exchange＝ニューヨーク証券取引所，以下NYSEと記す）を含む証券業界全体を監視する権限を付与し[10]，かつ株式会社に対して正確な年次報告者や四半期報告書の提出を要求した[11]。

　これらの政府の施策は，いずれも経営者の株主・投資家に対する説明責任（アカウンタビリティ）遂行の徹底を図ろうとするもので，株主の立場からの企業統治改革と見ることができる。

　しかし，この時代の株主は個人株主がほとんどであり，政府による証券関連法の改正も，弱小零細な立場の個人株主に経営者に対する外部監視活動となる

第Ⅱ部　アメリカのコーポレート・ガバナンス

株主行動を期待するというよりも，彼らを保護しながら証券市場に対する信頼を回復することに主眼が置かれていたものと思われる。この時代のアメリカにおいては，株主が経営者に対する外部監視の役割を果たすことは難しく，経営者監視機能はもっぱら投資家が形成する株価を媒介手段とする証券市場の規律に重点が置かれていたといえるであろう。

2　1960年代後半から1970年代

　次に取り上げる企業統治改革は1960年代後半から1970年代のものである。1つは，今日のステークホルダー理論に基づくコーポレート・ガバナンス論の原点ともいえるＣＳＲ（Corporate Social Responsibility：企業の社会的責任）運動の高まりであり，もう1つは，今日のアメリカの「株主主権論のコーポレート・ガバナンス論の原点」[12]と位置付けられているペン・セントラル社倒産を契機とした企業統治改革である。

　1970年のキャンペーンＧＭに代表されるこの時代のＣＳＲ運動は，急進的な社会活動家が小口株主となり株主提案権行使等を通じて企業・経営者に対して企業の社会的問題への積極的取組みを要求するもので，株主が経営者・企業行動に対する外部監視機能を主体的に果たした初期の事例であったといえる。キャンペーンＧＭにおいては，ラルフ・ネイダー（Ralph Nader）他の小口株主がＧＭ社に対して株主提案権を利用して，企業の社会的問題を重視するＣＳＲの観点からではあるが，定款変更，社外取締役の登用，ＣＳＲに関わる情報開示を求めており，まさに企業統治改革運動といえるものであった[13][14]。

　一方，キャンペーンＧＭと同じ1970年に発生したアメリカ最大（当時）の鉄道会社ペン・セントラル社の倒産においては，経営者による粉飾決算やそれに基づく不正配当，あるいは内部財務情報に詳しい財務担当常勤重役によるインサイダー取引の実態が明らかになり，多くの株主の経済的利害が損なわれた[15]。

　この事件において問題視されたのも1930年代と同じく，経営者による株主軽視，株主の経済的損失という経済的問題であったが，今回は損失を蒙った株主の中に個人投資家とともに，当時発展しつつあった企業年金基金やその他の機

第3章　外部監視とコーポレート・ガバナンス

関投資家が含まれていたことから16)，この事件が社会に与えた影響は大きかった。このため同社の倒産劇は「純粋に経済的成果の獲得を目的とする株主の利益を保護しようとする人々の企業統治論争（コーポレート・ガバナンス論争……筆者注）への参加」17)を促すことになった。例えば，アメリカ法曹界からは『取締役ガイドブック』(1976年)，アメリカ企業経営者団体であるビジネス・ラウンドテーブル（ＢＲＴ:Business Roundtable）からは『巨大公開株式会社の取締役の役割と構成』が公表され，それぞれ企業統治改革についての提言・提案がなされた。さらにはアメリカ法律協会が1978年から『企業統治と構造の原理』の作成に着手している18)。そして，ＮＹＳＥは1977年に上場規則を改正し，株式公開会社に対して1978年6月までに社外取締役から構成される監査委員会の設置をするよう義務付けている19)。

　しかし，1970年代のアメリカにおいては，いずれも企業統治改革運動として定着はしなかった。まずＣＳＲ運動は，今日でこそステークホルダー理論に基づくコーポレート・ガバナンス論としてあるいはＳＲＩ投資（社会的責任投資）と発展的に形を変え，脚光を浴びるようになっているが，当時はまだ株主運動として株主全体に意識改革をもたらすには至らなかった20)。その理由として，当時のアメリカ政界，経済界に強い影響力を有していたフリードマンらシカゴ学派が，「ガバナンスの目的は投資家の観点からの企業効率を問うことである」21)として株主の経済的利害を優先するコーポレート・ガバナンス論を支持し，社会的問題をコーポレート・ガバナンスの問題として取り上げるべきではないとの立場をとったこと22)などがあげられる。結局アメリカで社会的問題の領域がステークホルダー理論に基づくコーポレート・ガバナンス論として再び企業統治改革の議論の対象となるのは1980年代後半まで待たねばならなかった。

　一方，ペン・セントラル倒産を契機にアメリカでは，上述のように「社外取締役の導入，社外取締役による監査委員会の設置のような，企業経営者に対する監視制度や，年金基金のような機関投資家の関心を企業経営に向ける仕組みが1970年代にほぼ整えられること」23)になったのであるが，その企業統治改革機運の中で株主の経済的利害を代表し，経営者に対する外部監視の主役として

期待された機関投資家の反応は1970年代においてはまだ鈍かった。

ペン・セントラル社倒産後の「1972年以降，企業年金や，生命保険以外の保険会社，ミューチュアルファンドなどの株式資産の割合が比較的大きい機関は，いずれも株式の比率を低下させている」[24]ことからも分かるように，この時期の年金基金等の機関投資家は，投資先企業の経営に不満がある場合には経営者との対話や議決権行使といった株主活動は行わず，速やかに保有株式の売却を選択するいわゆるウォール・ストリート・ルールが全盛で，その「株式運用の特徴は投機的利益の取得を目的とした短期的運用が顕著であった。」[25]のである。

3　1980年代

1980年代はM＆Aブームが発生し，ＬＢＯ（買収先の企業の資産を担保に買収資金を調達する手法）の普及もあって敵対的買収も数多く行われた時代である。敵対的買収とは経営者にとって敵対的な買収であるという意味であるが，かかる敵対的買収の可能性が増大することで，株主（買収者）の経営者に対する圧力は大きくなり，株主対経営者の対峙が鮮明になっていった。その中でコーポレート・ガバナンスの議論も株主主権論が優勢で，「全体として株主の願望と経営者の行動をいかにして一致させるかが議論の中心」[26]となっていった。

M＆Aブームの当初は，適正な株価を維持できない企業は常に買収の危機にさらされるという圧力により経営者を規律付ける「会社支配権市場の規律」が経営者に対する新たな外部監視の主体として注目された。株主の立場から敵対的買収を容認するものは「敵対的買収は怠惰で非効率的な経営者を正す『市場の規律』である」[27]と主張した。一方，経営者側は「敵対的買収の脅威にさらされる経営者は株価を維持しなければならないという市場の圧力を常に受ける。そのため経営者は長期的展望に立った経営ができない」[28]と反論した。この議論の中でアメリカ機関投資家は，M＆Aブーム当初において，敵対的買収による非効率な経営者の交代あるいは支配権市場による経営者への規律付けは自らの経済的利害に一致すると見てこれを容認，ＴＯＢ（株式公開買付）が提示されれば「市場価格を上回るプレミアムを目的として，保有株式を売却する傾向が

第3章　外部監視とコーポレート・ガバナンス

あった。」[29] とされる。

　しかしながら、その後アメリカのM＆Aブームはエスカレートし、特定の会社の株式を買い集めては経営者に高値買取りを要求するグリーン・メイラー（乗っ取り屋）が登場するようになった。一方、経営者は買収対象になるのを回避するために短期的成果を追求して株価を維持するだけでなく、ポイズンピル（ライツプラン＝敵対的買収者による一定株式取得を事由に対象会社の株式を有利な価格で取得できる権利を既存株主に与えておく）やゴールデン・パラシュート（買収の結果解任された経営者に巨額の割増退職金を支払う契約）といった買収防衛策までも準備するようになっていった[30]。

　このようなグリーン・メイラー（乗っ取り屋）横行と経営者による過剰な短期的成果の追求や買収防衛策は、企業の長期的発展を阻害し、健全な株主の経済的利害を損なう恐れがあるとの判断から、アメリカでは1980年代後半以降、多くの州で敵対的買収防止策が実施された[31]。しかし皮肉なことに、これら敵対的買収防止策は機関投資家の株式売却機会を奪うと同時に、「会社支配権市場の規律」が持っていた経営者に対する外部監視という本来の機能そのものをも弱体化させ、経営者の地位を保全し、再び彼らの権力を強化する結果となってしまった[32]。

　こうした展開の中で機関投資家は自らの経済的利害の確保に対する危機感を募らせ、それを確保するためには経営が低迷する企業の株式を売却する代わりに、コーポレート・ガバナンスを通じて経営を改善させ、株価を上昇させる道を選ばざるを得なくなった。つまり、1980年代後半になると機関投資家は、好むと好まざるとにかかわらず自らが外部監視の主体として行動せざるを得ない状況に追い込まれていったといえるのである。

　そのような機関投資家の危機感・行動変化は、1985年の機関投資家評議会（CII:The Council of Institutional Investors）設立の経緯に明確に表れているといえる。すなわち機関投資家評議会は「1985年に当時のカリフォルニア州の財務長官が、テキサコ社（CalPERSが最大の株主）の経営者がグリーン・メイルに屈したことに憤慨し、……（中略）……機関投資家の意見をまとめ統合すること

を目的として設立された。」[33] ものなのである[34]。

こうして機関投資家の株主行動主義への方向転換は決定的なものとなった。そしてアメリカの経営者に対する外部監視機能は，機関投資家と経営者の対話を重視するリレーションシップ・インベストメント (relationship investing) にその焦点が移っていく。

4 1990年代

M＆Aブームが去った1990年代になると機関投資家の関心は投資した企業の長期収益性に向かうようになった[35]。それに伴い，彼らの株主行動も経営者と対峙して一方的に行う株主提案から，対話を通じて経営者との信頼関係を醸成しながら経営者に対する外部監視機能を果たそうとするリレーションシップ・インベストメントに転化していった[36]。ここでは機関投資家が短期的収益性から長期的収益性重視の姿勢への転化を迫られた理由，さらには株主行動として経営者との対立路線から融和路線に転化した理由について社会的動向を中心に見て行くことにする。

M＆Aブーム後のアメリカにおいては，経済的繁栄の維持，社会的公正の維持，環境の質の向上がバランスよく達成されて持続的に発展する社会が希求されるようになり，企業にもその実現への貢献を要求する新たなＣＳＲ論が台頭してきた。それに伴い企業の評価基準もＣＳＲをどれだけ遂行しているか，すなわち経済的価値のみならず，社会的価値，環境的価値を含めた3つの局面から評価され，トータルとして社会の持続的発展 (サスティナビリティ：sustainability) への貢献度に置かれるようになった。このような企業評価の考え方をトリプル・ボトムラインというが，企業が自らの企業価値ひいては株主価値を向上させるためには，このトリプル・ボトムラインに積極的に取り組まねばならなくなった。

これを反映して，アメリカのコーポレート・ガバナンスの議論においても株主以外のすべてのステークホルダーの利害への配慮も視野に入れることを促進するものが見られるようになった。たとえば「1980年代中頃（最初は1983年のペ

ンシルベニア州)から1990年代初めにかけて,30の州で,経営者が会社の意思決定を行う際に,株主の利害に加えて,株主以外の利害関係者への配慮も認める法律,いわゆる会社構成員法・利害関係者法が制定されることになった。」[37]

また,コーポレート・ガバナンス研究会は,1991年に株主に求められる5原則を提示し[38],まずは,①株主としての機関投資家は単なる投資家ではなく所有者であることを確認した上で,②すべての株主に共通する唯一の目標が会社の持続的な繁栄であることを認識し,尊重するよう求めている。これらは機関投資家に所有者としての自覚を促し,かつ長期的視野に立ってすべてのステークホルダーの利害を考慮して会社の持続的な収益性と成長性を確保するよう求めたものと理解される。また,③株主は日常業務の執行には関与しない,④取締役の業績を定期的に評価する,⑤取締役の評価に当たっては情報提供を受けるとし,株式の長期保有を前提とした,機関投資家の外部監視のあり方まで言及している[39]。

このように1990年代のアメリカのコーポレート・ガバナンスに関する議論は,株主主権論をベースにしながらも,ステークホルダー全体を含むものへと拡大していったといえる[40]。その変化の中でも経営者に対する外部監視の主役に位置付けられていたのはやはり機関投資家であり,彼らによるリレーションシップ・インベストメントに企業統治改革が委ねられるようになったのである。

ところで,この時期には機関投資家による経営者の解任を求める行動も活発化している。1992年にGM社の会長兼CEOのステンペル氏が更迭されたのをはじめ,その後もIBM,アメリカン・エクスプレス,イーストマン・コダック,アップル・コンピュータなどの大企業でも機関投資家に後押しされた社外取締役を中心とした取締役会の決定によってCEOが交代させられるという事例が続いている[41]。

こうした事例から,機関投資家と経営者の関係は,リレーションシップ・インベストメント重視で対立路線から対話路線に転化したといっても,常に両者の間に信頼関係が構築されていたわけではなく,意見の対立が明らかになった場合に機関投資家が厳しい行動を取る場面もありうることがわかる。機関投資

第Ⅱ部　アメリカのコーポレート・ガバナンス

家はたしかにすべてのステークホルダーの利害への配慮を求め，経営者との対話路線を志向するようになったが，自らの収益性確保について譲歩したわけではないことがここから伺える。

5　2000年以降

　2001年12月のエンロン社の倒産・同社経営者による不祥事の発覚は機関投資家のみならず，アメリカのコーポレート・ガバナンスにかかわるすべての者に大きな衝撃を与えた。倒産前のエンロン社の取締役会は模範的と高く評価され，社外取締役についても一流の陣容で構成されており，またエンロン社のコーポレート・ガバナンス体制は，同社事件を受けて制定されたSOX法の内容をもほとんどクリアするほどのものであったといわれるが[42]，事件は起きてしまった。エンロン社の問題点は，「監査法人が監査と同時に経営コンサルティングも行っており，監査法人の『独立性』が損なわれ……社外取締役は，金融工学を駆使した複雑な取引の実態を解明しきれず，また経営陣も『透明性』をもってこれを十分に説明していなかったため，チェック機能を果たすことができなかった。」[43]点にあったとされる。これらのことは，いくらコーポレート・ガバナンスの制度を整備しても，それが正しく運用されなければ容易に経営者監視機能が不全に陥る可能性があるということを改めて示すと同時に，この点がまさにアメリカのコーポレート・ガバナンスの弱点であることを明示している。アメリカの企業統治改革はこれまで先進的とされてきたのであるが，それでも完成されたものではなかったのである。

　これを受けて2002年以降，アメリカでは政府，SEC，NYSE等のコーポレート・ガバナンスにかかわる主要な機関すべてが迅速に対応して，外部監視制度をさらに強化し，経営者には厳しい罰則を科す方向で企業統治改革が実施された。SOX法をはじめそれぞれの対応については後述するが，そうした迅速な対応が可能となったのは「『株主利益のためには，企業経営者を監視する強力なコーポレート・ガバナンスが不可欠』という考えが行政と産業界に根深く浸透していたため」[44]とされている。

第2節　株式所有構造の変化と機関投資家の行動

　企業統治改革をめぐる機関投資家の動向については，すでに前節においてかなりの部分を取り上げてきた。本節では機関投資家の行動変化をもたらした背景について機関投資家自身にかかわる要因を取り上げ考察しておくことにする。

　図表3－1は，アメリカにおける株式所有構造の変遷を示したものである。これを見ると1960年代までは個人株主が占める割合が80％を超えていたが，1970年代以降大きく割合を低下させ2005年には約30％まで低下していることがわかる。一方，機関投資家は1950年代からその存在が認識されるようになり，1970年代より主に企業年金を中心に割合を高めてきた。その後，企業年金は所有残高の大幅増にもかかわらず，所有比率は1985年の22.72％をピークに減少傾向にある。これは公的年金ならびに投資信託・投資会社の急速な伸びの影響によるもので，特に投資信託・投資会社の伸びは著しく，2005年には25.91％で機関投資家の中でも最大の比率となっている。

　以上がアメリカ機関投資家の株式所有比率の変遷であるが，その株式資産運用手法は，1980年代半ばまでは，もし投資先企業の経営に不満がある場合には，経営者との対話や議決権行使といった株主行動は行わず，速やかに保有株式の売却を選択する，いわゆるウォール・ストリート・ルールが一般的慣行とされていた。また，1980年代のＭ＆Ａブーム以前の機関投資家は，とくに経営に不満がない場合には常に経営者に賛同していたことから，その当時においてアメリカ機関投資家は経営者のサイレント・パートナーであるとされていた[45]。

　その後，機関投資家は前節で述べたように株主行動主義へと転化していったのであるが，その機関投資家行動の変化に直接的な影響を与えたとされているのが，1974年のエリサ法（ERISA-Employee Retirement Income Security Act of 1974, 従業員退職所得保障法）と1988年のエイボンレター（Avon Letter）である。

　エリサ法は，企業年金受給権者の保護を目的として1974年に労働省（企業年金基金を管轄）主導で制定された連邦法で，年金運用にかかわるファンドマネージャーを含む企業年金受託者の義務を提示したものである。同法により①年金

図表3-1 アメリカにおける株式所有構造

年	家計部門		銀行部門		保険会社		企業年金		公的年金		投資信託・投資会社		政府および海外		所有株式合計（市場価格）	
	10億ドル	%	10億ドル	%	10億ドル	%	10億ドル	%	10億ドル	%	10億ドル	%	10億ドル	%	10億ドル	%
1950	128.7	90.19%	0.2	0.14%	4.7	3.29%	1.1	0.77%	0	0.00%	5.0	3.50%	2.9	2.03%	142.7	100%
1955	248.2	88.08%	1.0	0.35%	9.0	3.19%	6.1	2.16%	0.2	0.07%	10.6	3.76%	6.6	2.34%	281.8	100%
1960	359.8	85.61%	1.3	0.31%	12.5	2.97%	16.5	3.93%	0.6	0.14%	20.3	4.83%	9.3	2.21%	420.3	100%
1965	616.1	83.83%	2.3	0.31%	21.0	2.86%	40.8	5.55%	2.5	0.34%	37.7	5.13%	14.6	1.99%	734.9	100%
1970	650.2	78.22%	2.9	0.35%	27.8	3.34%	67.1	8.07%	10.1	1.22%	46.0	5.53%	27.2	3.27%	831.2	100%
1975	584.6	69.64%	4.6	0.55%	41.7	4.97%	108.0	12.87%	24.3	2.89%	42.9	5.11%	33.4	3.98%	839.4	100%
1980	1,010.4	67.59%	4.3	0.29%	78.6	5.26%	232.0	15.52%	44.3	2.96%	50.6	3.38%	74.7	5.00%	1,494.9	100%
1985	1,229.5	54.15%	5.3	0.23%	131.0	5.77%	515.8	22.72%	120.1	5.29%	132.0	5.81%	136.8	6.03%	2,270.4	100%
1990	1,960.2	55.51%	11.0	0.31%	161.8	4.58%	605.9	17.16%	284.9	8.07%	259.0	7.33%	248.6	7.04%	3,531.3	100%
1995	4,368.5	51.51%	19.3	0.23%	443.8	5.23%	1,256.8	14.82%	715.0	8.43%	1,102.1	12.99%	575.9	6.79%	8,481.3	100%
2000	8,035.6	45.59%	36.1	0.20%	1,086.2	6.16%	1,970.6	11.18%	1,355.3	7.69%	3,406.3	19.32%	1,737.0	9.85%	17,627.0	100%
2005	5,674.4	31.22%	50.2	0.28%	1,345.1	7.40%	2,164.2	11.91%	1,834.6	10.09%	4,710.3	25.91%	2,399.0	13.20%	18,177.7	100%

（出所）Board of Governors of the Federal Reserve System. Flow of Funds Accounts of the United States をもとに筆者作成。

受託者は加入者および受給権者の利益のみを追求すること，②年金資産運用においては思慮深いプルーデント・マン（prudent man）が最大限の注意力，技量，勤勉さを持って年金受給権者の利益を追求する義務に基づき受託者責任を果たすこと（プルーデント・マン・ルール），③投資リスク回避のために分散投資を行うことなどが義務付けられた[46]。このエリサ法により年金受託者は，経営者の安易なサイレント・パートナーであることは許されなくなった。それゆえ，同法は機関投資家を企業経営に関与させる促進剤の役割を果たしたと位置づけられている。

しかし，既に前節で触れたように，1980年代前半においても機関投資家は，M&Aブームの中で市場価格を上回る高値でのＴＯＢ（株式公開買付）が提示されればプレミアムを目的に保有株式を売却する傾向が見られた。このことは，エリサ法が施行されて10年が経過してもなお，機関投資家にウォール・ストリート・ルールに従い短期的利益を追求する姿勢が根強く残っていたことを示

第3章　外部監視とコーポレート・ガバナンス

しているといえよう。

　ところが，この間に機関投資家は大きく成長し，その株式所有比率が大規模化し，またその運用形態についても，分散投資を義務付けたエリサ法以来，インデックス投資など高度なポートフォリオ理論に基づく分散投資が普及したことから，機関投資家単独で特定企業の株式を売却することが次第に困難となっていった。つまり，機関投資家は自らの急成長と投資技法の高度化という理由により，図らずもウォール・ストリート・ルールという投資スタイルが維持できない状況に追い込まれることになったのである。この時点ですでに機関投資家は，自らの収益を確保するためには株式売却ではなく経営への関与・発言，すなわち株式の長期保有を前提にした株主行動主義への転換を否応なく迫られていたといえるであろう。

　その行動転換を一気に後押ししたのが1988年のエイボン・レターであったと考えられる。エイボン・レターはエリサ法の解釈に関連して，労働省がエイボン社の年金担当者に宛てた書簡で，受託者責任の中に議決権行使も含まれること，さらには議決権行使の際に最優先すべきものは加入者の利害であることを明示したものであるが，自らの事情により既に株主行動主義への転換の必要性に迫られていた機関投資家にとっては，かかる転換の正当性を主張する上で最も好都合な見解であったと見ることができる。

　いずれにしても，その後において機関投資家全体として株式を長期的に保有し，積極的な対話を通じて長期的投資収益をめざすリレーションシップ・インベストメントが主流になったことを思えば，1988年のエイボン・レターこそが，アメリカ機関投資家にとって，アメリカのコーポレート・ガバナンスにとって大きな意義を持つ指針提示であったといえるであろう。

第3節　政府による規制

　アメリカ政府は連邦法である証券関連法による規制を通じて，またＳＥＣによるＮＹＳＥ等の証券取引所に対する監督を通じてコーポレート・ガバナンス

第Ⅱ部　アメリカのコーポレート・ガバナンス

に関与してきた。

1　ＳＯＸ法

　アメリカの証券関連法で注目すべきは2002年7月に成立したＳＯＸ法である。同法は証券関連法において1933年証券法，1934年証券取引所法制定以来の最大の改革とされるが，その正式名称の『証券関係法に基づいて作成される開示資料の精確性および信頼性を高めて投資家を保護するための法律』(An Act to Protect Investors by improving the Accuracy and Reliability of Corporate Disclosures Made Pursuant to the Securities Law, and for other Purposes) に端的に示されているように[47]，投資家保護の立場から，公開企業の財務報告制度の改革（厳格化）を目的として，監査制度を抜本的に改革するとともに，投資家に対する経営者の責任と義務・罰則を定めたものである。

　外部監視強化の視点から見たＳＯＸ法の特色は次の通りである。①会計監査法人を監視する独立機関として公開企業会計監視委員会 (PCAOB：Public Company Accounting Oversight Board) を設置したこと，②会計監査人の独立性を確保したこと（会計監査人が監査と同時に経営コンサルタントなどの特定の非監査サービス業務を兼務することを禁ずる），③ＣＥＯ，ＣＦＯに対して定例財務報告書に虚偽記載がないこと，資料欠落がないこと等について書面による保証を義務化したこと，④財務開示の強化として，重要なオフ・バランスシート取引の開示や，財務報告のための内部統制メカニズムを自己評価する内部統制報告書の作成を義務付けたこと，⑤証券アナリストの利益相反を防止したこと（証券アナリストとインベストメント・バンキング活動と関係あるブローカー／ディーラーとの間にとくに定める利益相反があればそれを開示しなければならない），⑥不正があった場合のＣＥＯ等に対する罰則を強化したことである。

　これらの措置により，経営者には企業経営全体の詳細な把握，統制の強化，業務効率のさらなる向上が求められることになった[48]。アメリカのコーポレート・ガバナンスに関するルールは，これまで州法や証券取引所規則が規定してきたのであるが，ＳＯＸ法はそれを初めて連邦法レベルでの実体法として規定

第3章　外部監視とコーポレート・ガバナンス

したという点で画期的であった。

2　SEC

　SECは，NYSEでの証券取引を監督，監視することを目的に連邦政府機関として1934年に設置され，設立当初から株主主権論に立脚したコーポレート・ガバナンスを志向しつつ活動してきた。その中でもSECが強く推進してきたのが監査委員会の設置と株主による権利行使の促進であった。

　前者についてSECは，1940年に既に経営執行にかかわらない取締役からなる監査委員会の設置を提言していたが，1970年代に入りペン・セントラル社倒産等の経営者の不祥事が続発したことを受けて活動を強化している。具体的には1972年に社外取締役から構成される監査委員会の設置を全上場会社に対して勧告し，次いで1976年にはそれを義務付ける上場規則改正をNYSEに対して正式に要請した。このようなSECの勧告・要請に応じて，NYSEは1977年に上場規則を改正し，上場会社に社外取締役からなる監査委員会の設置を義務付けるに至っている[49]。

　一方の株主の権利行使の促進についてSECは，既に1942年に株主提案権制度を導入していたが[50]，その実施に不可欠な委任状勧誘に関する規則（SEC規則14A）の中にSECへの報告義務などの煩雑な制約条項が含まれていたため，ある株主が株主提案を企図しても彼らが他の株主に対して委任状勧誘を行うことは実際には容易ではなく，株主提案権行使の大きな障害となっていた。この障害を取り除くためSECは「経営者の反対を押し切る形で」[51]，1992年10月に委任状勧誘規則を大幅に緩和する見直しを行った。この改正により委任状勧誘が容易になり，アメリカ機関投資家による株主提案ならびに議決権行使が促進されたといわれている。

　このようなSECによる株主の権利行使促進の背景には，SECが「エリサ法施行後の1970年代後半から，機関投資家の議決権行使に関心を示し始めていた」[52]ことがある。すなわち，アメリカにおいて大株主として台頭してきた機関投資家に対してSECは，コーポレート・ガバナンスへの積極的関与，経営

者に対する外部監視の役割を期待するようになり、彼らによる株主権利の行使を念頭に置き、そのために必要な措置を取ったといえるのである。

第4節　自主規制機関の規制

2001年エンロン事件以降のSECは、証券市場に対する不信の払拭に取り組んでいるが、翌年7月のSOX法の制定を踏まえた具体的行動として、NYSE、ナスダック (NASDAQ : National Association of Securities Dealers Automated Quotations) に対して上場規則改正を促している。このSECの要請に応えて、NYSE、ナスダックは、経営者による会社の私物化を排除するべく[53] 2002年から上場規則改正の検討を続け、2003年11月にそれぞれコーポレート・ガバナンス規則最終案として公表し、SECに承認されている。

このうちNYSEのコーポレート・ガバナンス規則最終案では、①取締役会の過半数を独立取締役とすること、②独立取締役の要件を厳格化すること（独立取締役とは取締役会が業務、個人両面で「実質的な利害関係」を持っていないと判断した取締役をいう）、③業務執行を行わない取締役のみの定期的な会合を開催すること、④独立取締役のみによる指名委員会、コーポレート・ガバナンス委員会を設置すること、⑤独立取締役のみによる報酬委員会を設置すること、⑥監査委員会（3名以上）はすべて独立取締役とし、その業務内容およびメンバーの報酬について厳格化すること、⑦会社は独自のコーポレート・ガバナンス・ガイドラインおよび行動規範、倫理規定を設定し公表すること、⑧「NYSE上場規則を遵守している」旨、CEOは個人名でSECに保証すること、⑨NYSE上場規則に違反した場合にNYSEは戒告通知を出し公表すること、といった会社制度や経営者の責任についての厳格な規定を新たに設けている[54)55)]。

このように、アメリカにおいて経営者に対する外部監視の役割を担う政府、SEC、NYSEによるコーポレート・ガバナンス規則の制定・改正は、いずれも投資家保護の立場から「外部者の視線を用いて経営者監視と経営の透明性を高めるという点で一致している。このために、独立取締役の権限をこれまで

第3章　外部監視とコーポレート・ガバナンス

以上に高いものにし，これにより企業経営者の独断と企業の私物化を押さえ込み，経営者に対して企業経営上の説明責任を課すものになっている」[56]のである。

おわりに

　アメリカのコーポレート・ガバナンスが，エンロン事件に端を発した経営者の不祥事により大きな痛手を受けたことは間違いない。しかし，アメリカ政府，SEC，NYSEは，直後から迅速に対応して企業統治改革を実施したこともあり，今日においても「アメリカのガバナンスやディスクロージャー制度は大変優れた制度であり，本来であれば十分機能するしくみであるとの認識を変えていない。」[57]とされる。

　たしかに，株主・投資家を保護するコーポレート・ガバナンス制度の充実という点ではアメリカは高い水準に到達したといえるかもしれない。しかし，一方的に経営者に対する外部監視機能を強め，経営者の罰則を強化するだけで，果たしてアメリカのコーポレート・ガバナンスが健全に機能するようになるのであろうか。経営者の不祥事はもう二度と発生しないのであろうか[58]。

　現在のところ，アメリカの経営者もエンロン事件以降の一連の法規制による企業統治改革への支持を表明しているという[59]。このことも勘案すれば，アメリカのコーポレート・ガバナンスは，今後とも経営者行動を規制すべく外部監視制度を整備し，それを機能させる方向で進められることになるのであろう。そして，経営者に対する外部監視の主役としてアメリカ機関投資家の存在が重視されることも変わらないであろう。

　しかし，機関投資家による「株主行動主義が本当に企業を改善させるか否かは不明である」[60]とし，機関投資家の利害を優先したアメリカの企業統治改革に疑問を呈する慎重な意見も出ているのもまた事実である。この批判に応えていくためには，今後のアメリカのコーポレート・ガバナンスにおいて，株主・機関投資家と経営者の間にコンプライアンスと高度な倫理観に基づく相互の深

第Ⅱ部　アメリカのコーポレート・ガバナンス

い信頼関係が醸成されることが不可欠であると考える。

　アメリカ企業の経営者利害を代表する経営者団体であるビジネス・ラウンドテーブルは，2002年7月10日のウォール・ストリート・ジャーナルに「もうたくさんだ。投資家を裏切るCEOは一人だけでも多すぎる」[61]との広告を出している。機関投資家には，このメッセージを真摯に受け止めつつ今後の自らの行動のあり方について再検討することが求められている。

（注）
1)　正式名称は，『証券関係法に基づいて作成される開示資料の精確性および信頼性を高めて投資家を保護するための法律』（"An Act to Protect Investors by improving the Accuracy and Reliability of Corporate Disclosures Made Pursuant to the Securities Law, and for other Purposes"）
2)　出見世信之『企業統治問題の経営学的研究－説明責任関係からの考察－』文眞堂，1997年9月，123ページ。
3)　鎌田信男「エンロン事件と米国のコーポレート・ガバナンス改革」『東洋学園大学紀要』第12号，2004年3月，135ページ。
4)　もちろん，外部監視と内部監視を明確に区分することは難しい。たとえば，株主は株主行動として議決権行使，株主提案さらには株主自らの利害を代表するものを社外取締役として会社に送り込むこともある。これらの株主行動は，会社機関を通じての株主行動で内部監視の側面を有する。しかし，ここではそのような株主行動も，経営に直接参加しない株主による行動という意味で外部監視の中に含めることとする。
5)　自主規制機関とは，ニューヨーク証券取引所（NYSE）やナスダック（NASDAQ）といった証券取引所や全国証業協会（NASD）のこと。これらはSEC（証券取引委員会）の監督下にあるが，市場およびそこでの取引の規制については自主的にルールを制定し実施できることから，アメリカ証券法において自主規制機関と位置づけられている。（（社）海外事業活動関連協議会『米国のコーポレート・ガバナンスの潮流』商事法務研究会，1995年4月，24ページ，参照。）
6)　アメリカにおいてコーポレート・ガバナンスの用語が登場したのは1960年代である。（菊澤研宗『比較コーポレート・ガバナンス論－組織の経済学アプローチ－』有斐閣，2004年11月，12ページ，参照。）しかし，1930年代にはすでに企業の意思決定機構に株主を参加させ，経営者の行動を監視する体制を作り出す前提条件となるような法的整備が進められている。今日の企業統治改革をめぐる議論からすればこれはまさに企業統治改革の1つに他ならない。したがってここでは1930年代をアメリカ企業統治改革の出発点と考え取り上げることにする。
7)　Berle, A. and Means, G., *The Modern Corporation and Private Property*,

第3章　外部監視とコーポレート・ガバナンス

Macmillan, 1932.（北島忠男訳『近代株式会社と私有財産』文雅堂銀行社，1958年。）
8) Nofsinger, John R.; Kim Kenneth A., *Corporate Governance*, Pearson Education, 2004, p.119.（加藤英明監訳『コーポレート・ガバナンス－米国に見る「企業価値」向上のための企業統治－』ピアソン・エデュケーション，2005年，邦訳105ページ，参照。）
9) *ibid.*, p.120.（邦訳106ページ，参照。）
10) 1934年証券取引所法はＳＥＣの根拠法である。
11) Nofsinger, John R.; Kim Kenneth A., *op.cit.*, p.120.（邦訳106ページ，参照。）
12) 出見世信之，前掲書，90ページ。
13) 同上書，86-88ページ，参照。
14) その他，ベトナム戦争で使用されたナパーム弾を製造していたダウ・ケミカル社に対するナパーム弾製造中止を求める株主提案がなされた事例（1969年），イーストマン・コダック社の黒人雇用差別を追求するためにコダック社の株式を10株だけ購入し，株主総会において徹底的に批判を繰り広げたサウル・アリンスキー（Saul Alinsky）の事例がある。（菊澤研宗，前掲書，13ページ，参照。）
15) 同上書，16ページ，参照。
16) 出見世信之，前掲書，90ページ，参照。
17) 同上書，90ページ。
18) 同上書，95ページ，参照。
19) 鎌田信男「米国における企業改革と日本的経営システムの課題」『東洋学園大学紀要』第13号，2005年3月，77ページ，参照。
20) 同上書，80ページ，参照。
21) 菊澤研宗，前掲書，15ページ。
22) 今西宏次『株式会社の権力とコーポレート・ガバナンス』文眞堂，2006年6月，80-81ページ，参照。その他の理由については，出見世信之，前掲書，109-111ページに詳しい。
23) 出見世信之，前掲書，96ページ。
24) 三和裕美子『機関投資家の発展とコーポレート・ガバナンス－アメリカにおける史的展開－』日本評論社，1999年7月，123ページ。
25) 同上書，123ページ。
26) 今西宏次，前掲書，76ページ。
27) 三和裕美子，前掲書，3ページ。
28) 同上書，3ページ。
29) 同上書，133ページ。
30) その背景には，アメリカ機関投資家はＴＯＢに容易に応じるなど，日本の安定株主のような存在とは程遠く，それゆえ経営者は自分で自分の身を守るしかなかったという事情もあった。(Mark J. Roe, *Strong managers, Weak Owners: The politi-*

第Ⅱ部　アメリカのコーポレート・ガバナンス

　　　 cal Roots of American Corporate Finance, Princeton University Press, Princeton, 1994, pp. 227-228.（北條裕雄・松尾順介監訳『アメリカの企業統治』東洋経済新報社, 1996年4月, 邦訳291ページ, 参照。）
31)　敵対的買収防止策は1999年までに42の州でさまざまに実施されている。一例を上げれば、一定割合以上の株式を取得する株主は、非経営陣の過半数の株主から承認を得なくては議決権を行使できないようにしている。（ウィリアム・ニスカネン「エンロン破綻後の米国の企業統治はどう変わったか」『経済広報センター・ポケット・エディション・シリーズ』No. 45, 2003年, 10ページ, 参照。）
32)　ウィリアム・ニスカネン、同上書, 10-11ページ, 参照。
33)　三和裕美子、前掲書, 134ページ。
34)　CalPERSはその後、1987年からポイズンピル、ゴールデン・パラシュートといった敵対的買収工作に反対する株主提案も数多く行っている。（鎌田信男, 前掲書（2005年3月）, 81ページ, 参照。）
35)　同上書, 81ページ, 参照。
36)　リレーションシップ・インベストメントについてさらに詳しくいえば、「機関投資家が長期的な投資収益を高めることを目的として経営者との間に信頼関係を築き、その上で対話を通じて継続的にコーポレート・ガバナンスに関与しながら経営の修正を要求していくもの」ということができる。（(社)海外事業活動関連協議会, 前掲書, 58ページ, 三和裕美子, 前掲書, 162および176ページ, 参照。）
37)　今西宏次、前掲書, 77ページ。
38)　Working Group on Corporate Governance, "A New Compact for Owners and Directors", Harvard Business Review, July-August, 1991.（コーポレート・ガバナンス研究部会他「コーポレート・ガバナンス原則の有効性」『ダイヤモンド・ハーバード・ビジネス』1992年3月号）
39)　出見世信之、前掲書, 117-122ページ, 参照。
40)　三和裕美子、前掲書, 3ページ, 参照。
41)　詳しくは、出見世信之、前掲書, 98-106ページ, 鎌田信男, 前掲書（2005年3月）, 81-82ページ, 菊澤研宗, 前掲書, 19ページ, 参照。
42)　ウィリアム・ニスカネン、前掲書, 7ページ, 参照。
43)　光定洋介「日本における企業・株主価値向上のためのコーポレート・ガバナンスの運用」『Sanno University Bulletin』Vol. 26 No. 1, 2005年9月, 10ページ, 参照。
44)　鎌田信男、前掲書（2005年3月）, 74ページ。
45)　ただし、日本の株式相互持合で見られた安定株主のような親密な関係ではない。
46)　鎌田信男、前掲書（2005年3月）, 78ページ, 参照。
47)　日本では「企業改革法」とも邦訳されている。
48)　山崎石秀「米国企業改革法の概要」『調査レポート』（三井トラスト・ホールディングス）No. 34, 2003年2月, 峰滝和典「米国におけるコーポレート・ガバナンス改革の問題点」『Economic Review』（富士通総研）2003年7月号, 参照。
49)　鎌田信男、前掲書（2005年3月）, 76-77ページ, 参照。

第3章　外部監視とコーポレート・ガバナンス

50) 三和裕美子，前掲書，137ページ。
51) Mark J. Roe, *op. cit.*, p.230.（邦訳294ページ。）
52) 鎌田信男，前掲書（2005年3月），77ページ。
53) 同上書，73ページ。
54) 同上書，72ページ，および東京証券取引所ホームページ
　　http://www.tse.or.jp/data/report/monthly/0312_a.html，参照。
55) ナスダックのコーポレート・ガバナンス規則においても独立取締役の採用とその人選と機能の強化，会社機関制度の見直しなど，ほぼＮＹＳＥのそれに準じた改正が行われている。
56) 鎌田信男，前掲書（2005年3月），73ページ。
57) 橋本基美「米国におけるコーポレート・ガバナンスに関する上場規則の見直し」『資本市場クォータリー』2002年夏号，14ページ。
58) 2006年10月23日，テキサス州ヒューストン連邦地裁はエンロン社の元ＣＥＯジェフリー・スキリングに対して，禁固24年4ヶ月の実刑判決ならびに4,500万ドルの賠償金支払を言い渡した。
59) 橋本基美，前掲書，14ページ，参照。
60) Nofsinger, John R.；Kim Kenneth A., *op. cit.*, p.97.（邦訳124ページ。）
61) 橋本基美，前掲書，14ページ。

　　　　　　　　　　　　　　　　　　　　　　　　　　（浦野　倫平）

第4章　会社機関とコーポレート・ガバナンス

はじめに

　本章では，アメリカの会社機関とコーポレート・ガバナンスについて論じる。アメリカにおいて，コーポレーション（corporation）は，一般的に株式会社を意味する言葉である。コーポレート・ガバナンスを企業統治と翻訳する場合も多いが，「企業」には，企業形態論などを学べばわかるように，通常，合名会社，合資会社，有限会社，株式会社などが含まれる。しかし，本来，「コーポレート・ガバナンス」が対象としているのは株式会社であり，それも特に証券取引所に上場している巨大株式会社が中心であることを最初に明記しておく必要があろう[1]。

　コーポレート・ガバナンスの問題が初めて論じられたのはアメリカであり，長年にわたってかなりの議論がなされてきている。そして，アメリカは，世界経済において，支配的な地位を占めている。そのため，アメリカでのコーポレート・ガバナンスに関する議論と実践が，わが国や欧州各国だけではなく，韓国，中国，台湾，オーストラリア，ブラジルなど世界中の国々に広がっていき，不可避的に大きな影響を与えることとなったのである[2]。

　このため，コーポレート・ガバナンスの問題が，歴史的に見て，アメリカにおいてどのように論じられてきており，またそれが実際の会社機関にどのような影響を与えてきたのかについて正しく理解することは，重要であると思われる。したがって，本章では，まず株式所有構造の変化が会社機関の1つである株主総会にどのような影響を与えているのかについて，特に株主提案の問題を

中心に見ていきたい。そして、アメリカにおいてコーポレート・ガバナンス論がどのように展開されてきたのかについて簡単に見てみる。また、この議論が実際の会社機関である取締役会の構成員や取締役会委員会等（すなわち、取締役会の改革）に、どのような影響を与えているのかについて考えてみたい。

第1節　株主総会と経営者支配論

アメリカのコーポレート・ガバナンスに関する議論は、しばしばバーリとミーンズ（A.A. Berle & G.C. Means）が1932年に出版した『近代株式会社と私有財産』[3]が出発点であると主張される[4]。これは、まず第1には、コーポレート・ガバナンスが巨大株式会社を対象とした議論だからである。そして、第2には、コーポレート・ガバナンスを議論する際に多く用いられる株主主権論の立場の研究から見れば、バーリ等が主張した、以下で見る所有と支配（経営）[5]の分離の結果、株主と経営者（上級職員と取締役）との間に、株式会社の内部関係に関して数多くの問題が生じることになったからである。ここでは、アメリカの株式所有構造と経営者支配論の問題がどのように展開してきたのかを見るために、その出発点ともいえるバーリ等の主張から見ていきたい。

伝統的に株式会社は、株主（所有者）＝資本家のために私的利益を追求するための手段であると把握され、彼らのために利益を生み出す経済的な組織であるとみなされていた。しかし、バーリ等は、『近代株式会社と私有財産』において、以前には存在しなかったような巨大な株式会社が登場することにより、従来の伝統的な株式会社観では説明しきれないような状況が出現した、と指摘したのである。バーリ等が研究対象としたのは、アメリカの巨大株式会社200社（銀行を除く）であった。これは、1929年当時のアメリカにおいて、会社数で見れば全体のわずか0.07％に過ぎなかったにもかかわらず、その規模について見ると、株式会社の富の49.2％、事業用の富の38％、国富の22％がこの200社によって占められており、驚くほど株式会社の巨大化と経済力の集中が進んでいたからである。そして、彼らはこの200社の現状を明らかにすることにより、アメリ

第4章 会社機関とコーポレート・ガバナンス

カ経済の主要な部分が明らかになると考えたのである。

さて，彼らの主張をまとめれば，①所有と支配の分離による経営者支配への移行（経営者革命論）と②株式会社の性格の私的な致富手段から準公的会社への変容（株式会社革命論）の2つに要約することができる。

まず，経営者革命論について理論的に見てみるとおおよそ以下のようになる。巨大な株式会社は，多くの場合，株式を証券取引所に上場している。これは，株式会社が大規模化するためには多額の資本調達を行う必要があり，大量の株式が発行されるからである。そして，その過程の中で，株式所有は多数の株主の間に広範に分散することになる。その結果，株式所有に基づいて会社を支配することが困難になり（所有と支配の分離），会社の支配者が株主（所有者）から経営者に移行することになるのである。

この点に関して，彼らは以下のような実証研究を行っている。彼らは，主として大株主の持株比率に従って会社支配を次の5つのタイプに分類する。すなわち，私的所有支配（持株比率100〜80％），過半数所有支配（同79〜50％），少数所有支配（同49〜20％），経営者支配（同20％未満），そして法的手段による支配（株式を過半数所有せずに，ピラミッド型持ち株会社，無議決権株，議決特権株，議決権信託等を利用して会社を支配する）である。そして，彼らは，アメリカの巨大株式会社200社のうち，会社数で見れば44％，資産額で見れば58％の会社が経営者支配になっていることを明らかにしたのである。

では，この経営者支配の成立はどのような意味を持つのであろうか。既に述べたように伝統的に株式会社は，所有者のために利益を追求する手段であると考えられていた。しかし，多額の資本調達のために株式が大量に発行され，株式所有が広範に分散し，またそれに伴って「財産の変革」が生じ，所有と支配の分離が生じて，経営者支配が成立することになる。その結果，株式会社は，「社会全体に対するサービスの提供にもっぱら志向するものと把握」され，「多くの会社利害関係者に責任を持つ経営者が支配する準公的会社 quasi-public corporation へ発展するという，いわゆる株式会社革命論 corporate revolution の主張」[6] がなされることになるのである。

第Ⅱ部　アメリカのコーポレート・ガバナンス

　このような経営者支配論は，議会や政府機関による報告書やマルキストを中心とする所有者支配論者や金融支配論者により多くの批判にさらされてきたが，1960年代頃には一応のコンセンサスを得ていたと考えられている[7]。そして，このようなコンセンサスは，アメリカにおいてコーポレート・ガバナンスに関する議論が始まった1960～70年代においても存在していたといえるのである。

　株式会社は，確かに名目的には株主民主主義の形をとっている。法律上のモデルに従うと，まず株主が株主総会において取締役を選び，その取締役により構成される取締役会が経営者を選任することになっている。したがって，この場合，経営者は株主に利益をもたらすような方法で会社の資産を運用し，もし経営者が腐敗したり，無能であることがわかったりすれば，株主は経営者をすぐに解任することになる。しかし，1960～70年代のアメリカの現実に目を向ければ，経営者が取締役の候補者を推薦するのが一般的であり，株主は経営者が推薦した候補者を株主総会において単に承認するにすぎなかった。また，株主が大規模な株式会社を支配することもまれであった。このため，株主民主主義ではコーポレート・ガバナンスをうまく描写することができず，株主民主主義は，1970年代においては中心的な問題点にはなっていなかったのである[8]。しかし，1980年代以降に目を向けると，全く状況が一変し，ＬＢＯやジャンク・ボンドの利用を含めた敵対的企業買収運動の増加・大型化を契機として，「株主対経営者」の問題が中心とされる時代となる。以下では，特に1990年代以降の株主によるコーポレート・ガバナンスに対する提案の問題を中心に論じていきたい。

第2節　株主によるコーポレート・ガバナンスに対する提案

　株主によるコーポレート・ガバナンスに対する提案がどのようなものであり，またどのような意味をもっているのかを見るために，ここではまず，アメリカにおいて株主提案が盛んになされるようになった1990年代において，上場会社

第4章　会社機関とコーポレート・ガバナンス

図表4－1　アメリカ上場会社の株式所有動向（単位：％）

	1990年	1995年	1998年	1999年	2000年	この期間の増減％
家計部門	50.7	47.9	43.2	44.7	38.3	－12.4
州および地方政府	0.1	0.3	0.7	0.6	0.7	0.6
外国人	6.9	6.2	7.6	7.8	10.0	3.1
銀行信託財産	5.4	2.6	2.1	1.9	1.8	－3.6
生命保険会社	2.3	3.7	4.8	4.9	5.5	3.2
生保以外の保険会社	2.3	1.6	1.3	1.1	1.0	－1.3
私的年金基金	17.1	15.2	12.3	11.0	11.6	－5.5
州及び地方公務員の退職年金基金	7.6	9.3	10.9	9.8	11.3	3.7
ミューチュアル・ファンド	6.6	12.1	16.3	17.4	18.8	12.2
その他	1.0	1.1	0.8	0.8	1.0	0.0
以上の合計額（10億ドル）	3,543	8,496	15,428	19,576	17,169	

（出所）　F. R. Kaen, *A Blueprint for Corporate Governance*, New York, American Management Association, 2003, p. 20.

の株式所有動向がどのように変化していたのかについて見てみたい。

　アメリカでは，株式所有の機関化が1950年代の後半から徐々に進行しているといわれているが，この傾向は1990年代以降においても継続している。図表4－1からわかるように，個人株主にあたる家計部門は，1990年時点で50.7％であったのが，2000年時点では38.3％と持株比率を大きく減らしている。

　これに対して，商業銀行の信託部門（銀行信託財産），保険会社，私的年金基金，公的年金基金（州及び地方公務員の退職年金基金），ミューチュアル・ファンドなどの機関投資家は，同じ時期に，その持株比率を合計すれば，41.3％から50.0％へと大きく増加させているのである。

　1990年代に入ると，CalPERS（カリフォルニア州公務員退職年金基金）やＴＩＡＡ－ＣＲＥＦ（教職員退職年金基金・株式ファンド）のような公的年金基金を中心とする機関投資家が，株主として積極的に会社経営に参加し始めるようになる。これは，期末時価ベースで見て，アメリカの会社株式に対する公的年金基金の

第Ⅱ部　アメリカのコーポレート・ガバナンス

株式所有構成比が，1980年には3％軽度であったものが[9]，1990年には7.6％，2000年には11.3％というように，その構成比を大きく高めていることが1つの理由であると考えられる。それ以前の機関投資家は，いわゆるウォール・ストリート・ルール（「経営に不満のある投資家は，会社の経営に対して積極的に発言するのではなく，その所有する株式を売却する」という暗黙のルール）に従って行動していた。1990年代の初頭に，機関投資家が初めて期待通りの業績をあげていない会社（underperforming corporations）に提案したときは，基本的な提案を受けた会社側の態度は「気に入らないなら株を売却して立ち去れ」というものであった。しかし，多くの年金基金は，その規模が急激に大規模化したために，取引を混乱させたり，株価を低下させたりせずにその株式を売却することができなくなってしまっていたのである。このため，多くの年金基金は「ウォール・ストリート・ルール」に従うことができなくなり，積極的に発言することを選択するようになったのである[10]。

このような現象は，年金基金による積極的な行動主義やリレーションシップ・インベストメント（会社経営に積極的に参加する投資）等と呼ばれており，1990年代を通じて，徐々に金融市場の重要な特徴になってきたのである。積極的な行動主義をとる株主が最重要視する点は，そのポートフォリオに含まれている業績の悪い会社の経営者に圧力をかけて業績を改善させることであり，株主価値を高めることである。このような行動は，ＳＥＣ（米国証券取引委員会）の株主提案規則（Shareholder Proposal Rule）14a-8に由来するものである。この規則は，委任状資料に株主が議題を掲載し，年次株主総会においてその議題を提案することを認めている。そしてこのような株主提案は，年次株主総会において可否を問われることになるのである[11]。

では，株主提案が具体的に，どの程度なされているのかについて見てみたい。図表4-2は，1996年～2005年の間に機関投資家などの株主グループにより，コーポレート・ガバナンス提案（実際に票決された件数）がどの程度なされたのかについて示している。資料の制約上，2001年以降しか個人株主による提案が含まれていないが，この表からわかるように，2001年以降の株主提案の約半数

第4章 会社機関とコーポレート・ガバナンス

図表 4－2 機関投資家などの株主グループによるコーポレート・ガバナンス提案（1996年～2005年）

	1996年	1997年	1998年	1999年	2000年	2001年	2002年	2003年	2004年	2005年
ポイズン・ピル廃止	13	12	6	17	18	21(5)	50(9)	76	50	23
無記名投票	5	3	3	4	3	7(4)	5(0)	0	3	10
経営者報酬	1	8	13	9	11	38(28)	25(14)	163	141	113
ゴールデン・パラシュート	10	4	1	3	0	13(9)	18(13)	16	26	20
取締役会関連	34	28	20	15	12	52(14)	58(31)	52	82	109
任期がばらばらの取締役会廃止	40	21	13	20	20	42(12)	39(15)	38	36	44
監査関係	NA	NA	NA	NA	NA	NA	20(19)	19	16	7
累積投票	2	1	1	2	2	18(1)	18(0)	19	22	18
その他	29	21	19	29	22	50(8)	40(9)	44	38	31
合計	134	98	76	99	88	241(81)	273(110)	427(246)	414(220)	375(215)

（注）　2001年以降については，機関投資家などの株主グループによる提案だけではなく，個人株主による提案も含んでいる。2001年と2002年については，機関投資家などの株主グループと個人株主の区別がなされていなかったため，括弧内に機関投資家などの株主グループによる提案数を示している。2003～2005年についても，合計の部分のみ，括弧内に機関投資家などの株主グループによる提案数を示している。
（出所）　Georgeson Shareholder, *Annual Corporate Governance Review：Shareholder Proposals and Proxy Contests 2001～2005* を基に作成した。なおこの資料は，Georgeson Shareholder のホームページ［http://www.georgeson-shareholder.com/ (last visited September 1, 2006.)］から入手できる。

が個人株主によりなされている。そして，機関投資家などの株主グループによる提案だけを見ても，2003年以降，それ以前と比較してかなり増えていることがわかるであろう。また，提案内容で目に付く点は，2003年以降，経営者報酬に関する提案が急激に増えており，2004年以降，取締役会関連の提案が増大している点である。ゴールデン・パラシュートは，経営者報酬の一種であり，任

第Ⅱ部　アメリカのコーポレート・ガバナンス

期がばらばらの取締役会廃止も取締役会関連の提案であると考えられるため，この2つを加えれば，株主提案は，その多数が経営者報酬と取締役会関連の提案であるといえるのである[12]。

なお，2003年以降，株主提案が大幅に増大しているが，これは2001年12月のエンロンの破綻や2002年7月のワールドコム破綻等の大規模な会社スキャンダルが原因であると考えられる。14a-8規則のタイムテーブルに基づくと，株主は，年次株主総会の数カ月前には提案しなければならない。このためタイムラグが生じてしまい，実際の株主提案は2003年以降，増加することになったのである[13]。

次に，株主主体別によるコーポレート・ガバナンス提案数について見てみたい。一般的に，コーポレート・ガバナンスに関する株主提案といえば，CalPERSやTIAA－CREFのような公的年金基金を中心とする機関投資家が中心を占めているという印象があるが，図表4-3からわかるように実際には労働組合が中心であり，2005年を例にとると，大工・指物師合同友愛会（The United Brotherhood of Carpenters and Joiners of America, UBCJA）が49件，板金工国際組合（Sheet Metal Workers' International Association）が28件，アメリカ労働総同盟・産業別組合会議（AFL－CIO）が19件であった[14]。これは，CalPERSのような公的年金基金が，株主総会において株主提案権を行使して経営者と対決的な株主行動をとるよりも，むしろ経営者と直接対話することを通じて継続的な関係を築き，経営改善を働きかける対話型の株主行動をとるケースが多いからである[15]。これに対して，労働組合や個人投資家は，株主総会を利用して，対決的な株主行動をとるケースが多いのである。

アメリカの労働組合は，2003年現在，アメリカの株式会社に対して，合計すれば5兆ドルの投資を行っており，資本市場に対してきわめて大きな利害を有しているといえる。特に，AFL-CIOは，1,300万人の組合員を有しており，傘下にある組合員の投資の質や安全性に関して会社に対して長年に渡り発言してきた。AFL-CIOは，このような発言力を活用するための新しい社会組織として，運転資本のためのセンター（Center for Working Capital；CWC）を1997年

第4章 会社機関とコーポレート・ガバナンス

図表4-3 株主主体別によるコーポレート・ガバナンス提案数

	1995年	2000年	2001年	2002年	2003年	2004年	2005年
労 働 組 合	48	32	41	75	207	180	159
公 的 年 金 基 金	15	12	10	16	8	15	16
宗 教 団 体	15	18	8	5	7	10	24
その他株主グループ	45	26	22	14	24	15	16
個 人 株 主	NA	NA	160	163	181	191	158
不 明	—	—	—	—	—	3	2
合 計	123	88	241	273	427	414	375

（注）1995年と2000年については，個人株主による提案は利用できなかったため，含まれていない。
（出所）Georgeson Shareholder, *Annual Corporate Governance Review : Shareholder Proposals and Proxy Contests 1996〜2005* を基に作成した。

にスタートさせた。CWCは，年金基金の管理者 (trustees) のための教育を推進するという目的で始められた非営利組織である。これにより，AFL-CIOは，労働組合と公的年金基金との間に新たなパートナーシップを構築することができるようになったのである[16]。

では，このように株主提案が多くなされるようになって，活動家的な株主がより多くの力を持つようになったといえるのであろうか。以下この問題について，考えてみたい。14a-8規則の下では，株主提案は，会社が株主に対して送付する委任状資料に会社の費用で添付され，年次株主総会で紹介されてその可否を投票で決められることになっている。しかし，過半数の得票を得ても，その提案は単純に可決されたとはいえない。会社の細則 (bylaws) によりその株主提案が当該会社の経営者を法的に拘束しなければ，会社はその提案に拘束されることはない。取締役会がその提案を受け入れるかどうかにかかっているのである。14a-8規則に基づいて提出された提案は，強制的な提案というより嘆願であり，そのような行動をとるように取締役に要請しているだけである。仮に提案が強制的なものであっても，取締役会はその命令（提案）を履行する

第Ⅱ部　アメリカのコーポレート・ガバナンス

ことが当該会社の最大の利益に基づいていないと判断し、経営判断の原則（business judgement rule）に基づいて拒絶することができるのである[17]。

　以上のような状況もあって、ロマーノ（R.Romano）は、2001年の論文において、ファイナンス関係の文献には、明らかにパラドックスが存在すると主張している。すなわち、「株主行動主義の発展に対して、多くのコメンテーターは一般的に積極的な評価を行っているが、株主行動主義は、標的とされた会社のパフォーマンスに対して大した影響を与えていないことが、いくつもの実証研究により示されている」[18]とするのである。ここでは、もっとも新しい実証研究の1つであるローリングとテイラー（J.M.Loring&C.K.Taylor）の2006年の研究を見ておきたい[19]。

　ローリング等は、コーポレート・ガバナンスに関連してもっとも一般的な株主提案であるポイズン・ピル、任期がばらばらの取締役会の廃止（board declassification）、そして経営者報酬の3点に焦点を当てて研究している。図表4－4は、どの程度の株主提案が年次株主総会において過半数の票（simple majority vote）を得ているのかについて示しており、図表4－5は、年次株主総会で過半数の票を獲得し、取締役会によりその提案が実行された割合を示している。図表4－4から明らかなように、経営者報酬に関する株主提案が過半数の票を得ることはあまりないのに対して、ポイズン・ピルや任期がばらばらの取締役会の廃止に関する提案が株主総会で過半数の票を得る割合は高く、2004年について見れば、前者が72.6%、後者が86.7%となっている。次に、図表4－5に関して、株主総会で過半数の票を得る割合が高かったポイズン・ピルと任期がばらばらの取締役会の廃止に関する提案について見てみると、2001年以降、任期がばらばらの取締役会の廃止が実行された割合が急速に高まっており、2004年には46.2%にまで高まっている。これに対して、ポイズン・ピルに関しては、2001年以降も10～20%程度の実行率に止まっている[20]。既に述べたように、ロマーノの2001年の研究では、「株主行動主義は、標的とされた会社のパフォーマンスに対して大した影響を与えていないことが、いくつもの実証研究により示されている」とされていたが、ローリング等の2006年の研究からわかるよう

第4章　会社機関とコーポレート・ガバナンス

図表4-4 株主提案が年次株主総会で過半数の票を獲得した割合

(単位:%)

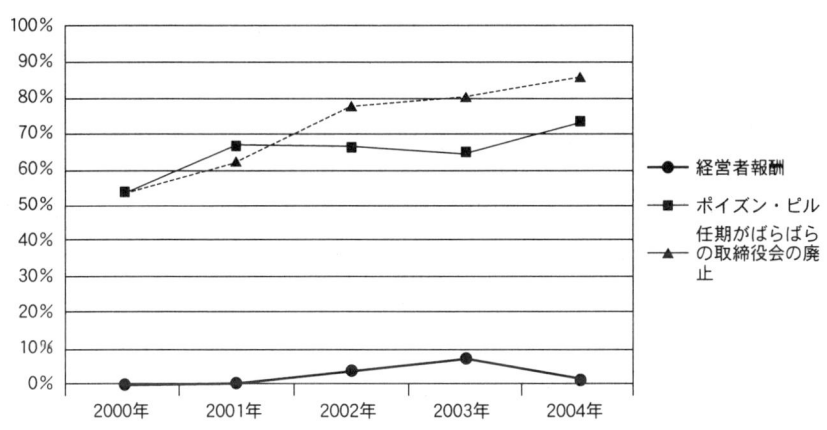

- 経営者報酬
- ポイズン・ピル
- 任期がばらばらの取締役会の廃止

（出所）J. M. Loring & C. K. Taylor, "Shareholder Activism: Directorial Responses to Investors' Attempts to Change the Corporate Goverance Landscape", *Wake Forest Law Review,* Vol. 41, 2006, p. 330.

図表4-5 年次株主総会で過半数の票を獲得し，取締役会により実行された提案の割合（単位:%）

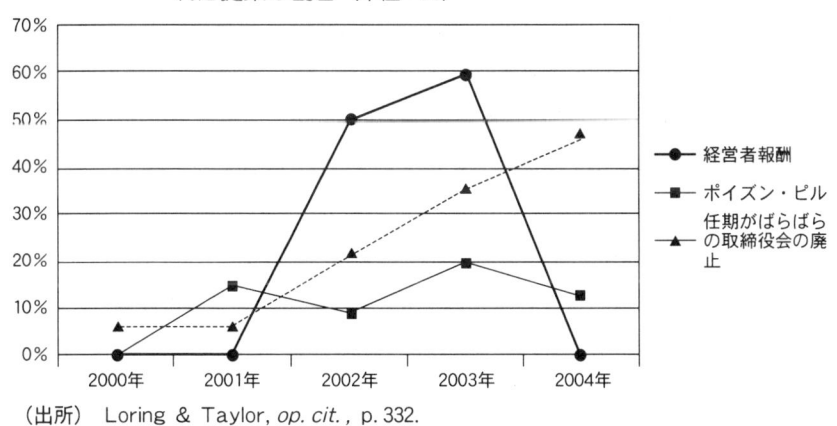

- 経営者報酬
- ポイズン・ピル
- 任期がばらばらの取締役会の廃止

（出所）Loring & Taylor, *op. cit.,* p. 332.

に，2001年以降，株主行動主義は，少なくとも任期がばらばらの取締役会の廃止に関しては大きな影響を与えていると考えられる。株主対経営者の構図は，

77

1980年代以降のコーポレート・ガバナンスに関する議論おいて中心的な論点になっている。株主提案が経営者の行動に対してどのような影響を与えているのかについて，今後も注意深く観察していく必要があるであろう。

第3節　取締役会の改革とコーポレート・ガバナンス

　会社機関とコーポレート・ガバナンスについて考える場合，株主総会と同様に重要なのが，取締役会が歴史的に見てどのように改革されてきたのかという問題である。これは，コーポレート・ガバナンスが法律的・理論的に見れば，取締役会によって左右されるものだからである。仮に株主中心のガバナンスを作り上げるために取締役会を改革するとするなら，取締役会のメンバーは株主の意向を反映することができるような人々により構成される必要がある。これに対して，株式会社を1つの社会的な制度と考え，会社に経済的な目的だけでなく，社会的な目的も付加していこうと考えるなら，取締役会のメンバーに多様な利害関係者の意向を反映することができるような人々も含まれる必要があると考えられるのである。

　既に述べたように，アメリカにおいてコーポレート・ガバナンス問題の議論が始まったのは，1960～70年代においてである。今日では，コーポレート・ガバナンスの問題は，「株主対経営者」の枠組みの中で，エージェンシー・コストをいかにして最小化するか，つまり株主の願望と経営者の行動をいかにして一致させるかを問題にすることが多い。しかし，この当時，中心的な論点となっていたのは，本来的には私的権力である株式会社権力をどのようにして統制し，株式会社に社会的目標を付加していけばよいのかという議論（株式会社の社会的責任論）であった[21]。そして，この流れの中で，取締役会改革の議論がスタートし，実際に改革されて行ったのである。

　第1節で述べたように，1960～70年代においては，一般に会社は経営者が支配している，つまり経営者が効果的に取締役会を支配していると考えられており，株主民主主義ではコーポレート・ガバナンスをうまく描写することができ

第4章　会社機関とコーポレート・ガバナンス

ないと考えられていた。しかし，1970年代以降，この取締役会を会社の統治主体（governing body）として機能させるために改革していこうという動きが出てくることになる。このような改革は，通常，以下のような方向に向けられていた。すなわち，①取締役会の構成員，②その構造（各種取締役会委員会），そして③その監視活動と役割（権限の範囲，会合の同数，経営者が取締役のために準備する情報が十分であるかどうか，取締役がその活動のために使用している時間が十分であるかどうか），である[22]。本節ではこれらの問題を検討したい。

　まず，取締役会の構成員の問題について見てみる。ブランバーグ（P.I.Blumberg）は，1970年代に生じた取締役会の構成員の問題について以下のように論じている。すなわち，「今日の取締役会の構成員に対する関心の高まりは，本質的に株式会社が1つの制度として出現したことを反映している。株式会社はそれに関係する人々に対して多大な影響力を持つようになっており，このように会社の行動から大きな影響を受けている人々のグループが会社の意思決定過程において何らかの役割を果たすべきかどうか，という関心が生じている」[23]と。つまり，株式会社の統治メカニズムに対する批判は，株式会社から多大な影響を受けている数多くの社会的グループが株式会社の統治メカニズムに重大な影響を与えるような代表を送り込んでいないところにあったのである。したがって，取締役会構成員の変更に関する議論は，多様な利害関係者の代表を社外取締役として取締役会に参加させることにより，明らかに私的な制度である株式会社をいくらかでも公的な制度に変えていこうという努力である，と解されるのである。

　では，取締役会構成員が具体的にどのように変化してきたのか見てみる。最初に，平均的な取締役会における社内取締役と社外取締役の構成比率について，コーンとフェリー（L.B.Korn&R.M.Ferry）の調査を見てみると，1975年時点では5人対8人（社外取締役62％），1990年時点では3人対10人（同77％），1996年〜2001年では2人対9人（同82％）であり，取締役会は，社外取締役の比率を高めてきたといえる[24]。そして，2005年では，2人対8人（同80％）となっている[25]。この社外取締役の出身職業はきわめて多様である。図表4－6からは

79

第Ⅱ部　アメリカのコーポレート・ガバナンス

図表4-6　取締役会の構成員（取締役会に以下の個人が1人以上いる会社）

（単位：%）

	2005年	2001年	1995年	1989年	1985年
他社の退職したエグゼクティブ	95	93	75	64.1	68.2
投　資　家	94	91	73	47.0(1)	53.6(1)
他社のCEO／COO	80	82	82	79.5	NA
女　　　性	84	78	69	59.1	45.0
元政府役人	55	56	54	27.7	29.6
少　数　民　族	76	68	47	31.6	25.4
アフリカ系アメリカ人	47	42	34	NA	NA
ラテン系アメリカ人	19	16	9	NA	NA
アジア系アメリカ人	10	10	4	NA	NA
学　　　者	56	59	53	55.4	54.5
商　業　銀　行	27	30	28	22.7	30.8
合衆国の市民ではない人	14	15	17	12.0	14.0

注）(1)1985年と1989年のカテゴリーには，投資家は存在しなかったため，1995年，2001年，2005年のそれと比較して，主要な株主と投資銀行の合計を投資家とした。
（出所）1995年，2001年，2005年については，L. B. Korn & R. M. Ferry, *32nd Annual Board of Directors Study : Celebrating Three Decades of Governance Analysis,* New York, Korn／Ferry International, 2006, p. 37. を基に作成した。1985年と1989年の数値については，L. B. Korn & R. M. Ferry, *17th Annual Board of Directors Study,* New York, Korn／Ferry International, 1990, p. 15. を基に作成した。

以下のことがわかる。まず，1980年代においては減少傾向にあった退社した他社の会社役員，投資家および商業銀行が，1990年代以降は商業銀行を除いて急激に増加しており，また他社のCEO（最高経営責任者）やCOO（最高業務執行責任者）は一貫して多くの会社で社外取締役となっている点である。特に株主代表の取締役の増加は，1990年代に入って年金基金に代表される機関投資家が会社経営に対して積極的に発言するようになったために，会社が株主価値に対する志向性を高めたことが原因であると思われる。また，「部分的には，当該会社の株式の1％以上を所有する取締役の数が増加した」[26]ためである。これに

第4章　会社機関とコーポレート・ガバナンス

対して，女性，学者，そして少数民族の取締役は，株主以外の利害関係者・会社構成員の利害関係への配慮から取締役になっている人達であり，会社構成員代表の取締役（constituency director），一種の公益代表の取締役（public director）であると考えられる。特に女性取締役が1人以上いる会社は，1974年時点の約10％から1985年の45％，1989年の59％，2001年の78％，2006年の84％と著しく増大しており，同様に，少数民族の取締役も一貫して増大している点は注目される。

次に，取締役会委員会について見てみると図表4－7の通りである。確かに株主価値を高めるために設置されていると考えられる委員会が大部分ではあり，そのような取締役会委員会を持つ会社の比率は近年高まっている。これは，1980年代以降の株主主権論の考え方に符合していると考えられる。しかし，1980年代中頃には，既に約100の大会社が公共政策委員会（public policy committee）を持つようになっており，また2001年時点で，フォーチュン1,000社の21％で，2005年時点では17％の会社で社会的な問題を取り扱う会社責任委員会（多くの場合，社内取締役1人，社外取締役4人で構成される）が設置されており，この点も注目される。

コーン等は，以上のようなアメリカの株式会社における取締役会構成員の変化に注目して，1990年に次のように論じている。すなわち，「取締役会は従業員，地域社会，環境主義者のグループといった株主以外の構成員の利害をますます保護するようになるであろう。……ＣＥＯは，依然としてその第1の構成員である株主に圧倒的に関心を向けている。しかし，社外取締役は，株主以外のグループのニーズにさらに多くの神経を向けるようになっており，取締役会で多数派を占めている彼らの発言力は，今後さらに大きな影響力を持つようになるであろう」[27]と。また，ダラス（L. L. Dallas）も「取締役会を多様化しようとする運動は，ますます多様化・国際化する社会において，従業員と消費者の利害関係に対する会社の感度を高めることを目的としている。この議論は，断固として株主価値を高めることとの関連で進行したものではあるが，多様性に対する利害関係は，ある程度は利害関係者資本主義（stakeholder capitalism）の

第Ⅱ部 アメリカのコーポレート・ガバナンス

図表4-7 取締役会に設置されている取締役会委員会（単位：％）

委員会の役割	2005年	2001年	1995年	1989年	1980年
監　　査	100	100	100	96.6	98.3
報　　酬	100	99	99	91.1	83.3
ストック・オプション	81	86	56	NA	43.5(1)
指　　名	97	72	73	57.3	52.4
エグゼクティブ	46	56	65	73.5	77.3
コーポレート・ガバナンス	94	48	35	NA	NA
財　　務	30	35	32	33.5	32.3
後継者育成	36	30	31	NA	NA
投　　資	15	19	21	NA	NA
会 社 責 任	17	21	19	18.3	16.1(2)
取締役報酬	48	30	NA	NA	NA

注）(1) 1976年の数値である。
　(2) 比較のため公共問題委員会（9.5％）と会社倫理委員会（6.6％）の合計16.1％を会社責任委員会とした。
（出所）1995年，2001年，2005年については，L. B. Korn & R. M. Ferry, *32nd Annual Board of Directors Study,* New York, Korn／Ferry International, 2006, p. 39. を基に作成した。1989年の数値については，L. B. Korn & R. M. Ferry, *17th Annual Board of Directors Study,* New York, Korn／Ferry International, 1991, p. 17. を基に作成した。1980年については，D. Windsor, "Public Policy and Corporate Ethics Committees", in G. C. Greanias & D. Windsor eds., *The Changing Board,* Houston, Gulf Publishing Company, 1982, p. 101. を基に作成した。

必要性を認めているものである」[28]と述べている。このように，アメリカの会社取締役会は，実際には，株主の価値だけではなく，株主以外の利害関係者の利害も認めようとするものなのである。

　最後に，取締役会の監視活動と役割について見てみる。コーン・フェリー・インターナショナル（Korn/Ferry International）の調査によると，2000年時点で，社外取締役が取締役会に関連する問題で1年間に費やした時間の平均は，173時

第4章　会社機関とコーポレート・ガバナンス

間であった（ひと月当たりでは14.4時間）点は注目される。この時間には，実際の会議の時間だけでなく，会議の準備のためにかけた時間や移動の時間（travel）も含まれている[29]。また，2002年時点で，インターネット経由でのバーチャル取締役会が行われたことがある会社は，わずか1.9%にすぎない[30]。アメリカは広大な国であり，またアメリカ国外の居住者が社外取締役になっているケースもある。これらの点から考えると，実際の会議にかけられた時間はそれほど長くはないと考えられる。社外取締役が増加し，取締役が多様化することにより，株主以外のグループのニーズにさらに多くの関心が向けられるようになっているのは事実である。しかし，社外取締役が実際にどの程度，企業経営に影響を与えているのかについてはさらなる調査・研究が必要であろう。

おわりに

　以上，アメリカの会社機関とコーポレート・ガバナンスの問題について見てきた。アメリカの会社機関やコーポレート・ガバナンス論は，「法と経済学」の影響力の高まりや年金基金に代表される機関投資家が会社経営に対して積極的に発言するようになったこと，そして労働組合による株主提案等により，近年，株主価値に対する志向性を高めていることは事実である。しかし，歴史的に見ると，コーポレート・ガバナンスの問題は，本来，次のような点を問題としていた。すなわち，巨大株式会社は強大な社会的・経済的権力を持ち私的な政府（private government）ともいえる状態になっており，多数の人々の生活に多大な影響を与えるようになっているため，公的な政府と同様に統治が必要だと考えられる。そして，その際に，株式会社から多大な影響を受けている数多くの社会的グループが，株式会社の統治メカニズムに重大な影響を与えるような代表を送り込んでいないところに問題があると考えられたのである。大規模な株式会社は，このような議論に対応して，1970年代以降，取締役会に女性，学者，そして少数民族等の会社構成員代表の取締役を取り入れたり，取締役会委員会に会社責任委員会を設置したりするようになっている。したがって，アメリカ

の株式会社は，実際には株主の価値だけではなく，株主以外の利害関係者の利害も認めようとする形で発展してきているということができるのである。

また，近年，積極的な行動主義をとる機関投資家の中にも，株式会社の社会的責任に対する積極的な取り組みを行おうとするものが出てきている。CalPERSを含む，世界19カ国の100以上の機関（合計すれば2兆ドル以上の資産を持つ機関42，および合計すれば3兆ドル以上の資産を管理する機関40を含む）[31]が，2006年4月に責任ある投資原則（Principles for Responsible Investment：PRI）に署名したのである。PRIは，国連のアナン（K. A. Annan）事務総長の発議で，国連環境計画金融イニシアティブ（UNEP Finance Initiative）と国連グローバル・コンパクトにより導入された原則である。アナンは，ニューヨーク証券取引所でのPRI署名式典において，「国連の目的（平和，安全，発展）は，社会の繁栄や市場の成長と密接に関係していることが今日，ますます明らかになっている。社会がうまくいかなければ，市場もうまくいかなくなってしまうであろう」[32]と述べている。PRIは，この考え方に基づいて，機関投資家が受益者の長期の最大利益のために行動するという受託者としての役割を果たす際に，以下のことが可能であると考えている。それは，環境問題，社会問題およびコーポレート・ガバナンスの問題（ESG問題）が，投資ポートフォリオの対象になっている会社の行動（performance）に影響を与えうるということである。PRI原則は，6項目からなるが，その1項目は，「われわれは，活動家的な所有者となり，われわれの所有政策と実践にESG問題を組み込んでいく」[33]とするのである。

年金基金は，受託者に対して最大の配当をめざさなければならないという受託者責任を負っているため，ESG問題をその所有政策や実践に組み込んでいくことは，実際には困難を伴うことが予想される。しかし，株式会社の社会的責任に対する取り組みは，近年，金融業界においても高まりつつある。PRIに署名する年金基金や資金運用会社は，今後も増えていくと予想されるのである。このような動きはわが国においても始まっており，既にキッコーマン年金基金，大和証券投資信託委託，三菱ＵＦＪ信託銀行，住友信託銀行など7機関

第4章 会社機関とコーポレート・ガバナンス

がPRIに署名している[34]。このような機関投資家の新たな動きについても，今後注目していく必要があろう。

（注）
1) この点については，今西宏次『株式会社の権力とコーポレート・ガバナンス』文眞堂，2006年を参照されたい。
2) J. J. du Plessis, J. McConvill, & M. Bagaric, *Principles of Contemporary Corporate Governance,* Cambridge, Cambridge University Press, 2005, p. 292.
3) A. A. Berle & G. C. Means, *The Modern Corporation and Private Property,* New York, Macmillan, 1932.［北島忠男訳『近代株式会社と私有財産』文雅堂銀行社，1958年。］
4) 例えば，J. J. du Plessis, et al., *op. cit.,* p. 292. K. J. Hopt, "Preface", in T. Baums, R. M. Baxbaum, & K. J. Hopt, eds., *Institutional Investors and Corporate Governance,* New York, Walter de Gruyter, 1993, p. i. しかし，筆者は，今日行われているコーポレート・ガバナンス論争は，むしろ1931～32年にかけて『ハーバード・ロー・レビュー』誌上でなされた，有名なバーリとドット（Berle－Dodd）の論争が嚆矢となるのではないかと考えている。この点については，今西『前掲書』237～248ページを参照されたい。
5) バーリとミーンズは，その共著の中で，「所有と支配の分離」を主張したが，株主第一位の理論の立場を採る研究者の多くは，基本的に「会社は株主のものである」と考えるため，「所有と経営の分離」が生じていることは認めるが，「所有と支配の分離」が生じているとは考えない。大規模な上場会社は，「所有と経営の分離」が生じており，株主第一位の理論の立場から見たコーポレート・ガバナンス論の中心的な論点は，株主はどのようにすれば経営者をコントロールすることができ，また自分たちの利害に基づいて経営者を行動させることができるかということになるのである。
6) 正木久司『株式会社論』晃洋書房，1986年，92ページ。
7) 『同上書』96ページ，および佐久間信夫『企業支配と企業統治』白桃書房，2003年を参照されたい。
8) T. M. Jones & L. D. Goldberg, "Governing the Large Corporation," *Academy of Management Review,* Vol. 7, No. 4, 1982, 608.
9) 染宮秀樹「米国コーポレート・ガバナンスの展望」『財界観測』1998年7月，132ページ。
10) J. E. Zanglein, "From Wall Street Walk to Wall Street Talk: The Changing Face of Corporate Governance," *DePaul Business Law Journal,* Vol. 11, 1998, p. 46.
11) S. L. Gillian & L. T. Starks, "Corporate Governance Proposals and Shareholder Activism: the Role of Institutional Investors," *Journal of Financial Eco-*

第Ⅱ部　アメリカのコーポレート・ガバナンス

nomics, Vol.57, 2000, p.276.
12) 経営者報酬に関する提案には，経営者報酬の制限，業績に基づくストック・オプションの授与，米国国税収入局の規約セクション162mに基づく報酬の承認（Approve 162m Compensation）等が含まれ，取締役会関連の提案には，取締役の選任に関する多数決，独立した取締役会会長等が含まれている。
13) Georgeson Shareholder, *Annual Corporate Governance Review: Shareholder Proposals and Proxy Contests 2002,* p.ⅰ.
14) Georgeson Shareholder, *Annual Corporate Governance Review: Shareholder Proposals and Proxy Contests 2005,* pp.33－39.
15) 谷本寛治編『SRI　社会的責任投資入門』日本経済新聞社，2003年，および森祐司「米国年金基金の株主行動と社会的責任投資（前編）」『年金ニュースレター』（大和総研発行）2005年3月号 at http://www.daiwa.jp/branding/sr/050502_1sri.pdf (last visited September 25, 2006.)
16) M.Chakrabarti, Labor and Corporate Governance：Initial Lessons from Shareholder Activism, MIT Sloan School of Management, Working Paper 4423－03, 2003, pp.6－7.
17) J.M.Loring & C.K.Taylor, "Shareholder Activism: Directorial Responses to Investors' Attempts to Change the Corporate Governance Landscape," *Wake Forest Law Review,* Vol.41, 2006, p.322.
18) R.Romano, "Less is More：Making Institutional Investor Activism a Valuable Mechanism of Corporate Governance," *Yale Journal on Regulation,* Vol.18, 2001, p.177.
19) Loring & Taylor, *op. cit.*
20) Loring & Taylor, *ibid.,* pp.330－332. なお，紙幅の都合で取り上げなかったが，ローリング等は，機関投資家と個人投資家による過半数の獲得率・実行率の違いについても分析している。
21) この点については，今西『前掲書』の第3章および第4章を参照されたい。
22) F.D.Sturdivant, *Business and Society,* 3rd ed., Homewood, Richard D.Irwin, Inc., 1985, p.313.
23) P.I.Blumberg, "The Role of the Corporation in Society Today", *The Business Lawyer,* Vol.31, 1976, p.1403.
24) L.B.Korn & R.M.Ferry, *17th Annual Board of Directors Study,* New York, Korn/Ferry International, 1990.：Korn & Ferry, *29th Annual Board of Directors Study 2002：Fortune 1000 Highlights,* New York, Korn/Ferry International, 2002.
25) L.B.Korn & R.M.Ferry, *32nd Annual Board of Directors Study：Celebrating Three Decades of Governance Analysis,* New York, Korn/Ferry International, 2006, p.36.
26) *Ibid.,* p.37.
27) Korn & Ferry, *17th Annual Board of Directors Study,* p.3.

28) L. L. Dallas, "The New Managerialism and Diversity on Corporate Boards of Directors," *Tulane Law Review,* Vol. 76, 2002, pp. 1384−1385.
29) Korn/Ferry International, 27th Annual Board of Directors Study 2000, p. 22. なお，2005年の調査では，取締役会とその準備のために月当たり10時間以下しか費やさない取締役が11％で，これに対して25時間以上費やす取締役は16％であった（Korn&Ferry, *32nd Annual Board of Directors Study,* p. 53.）。
30) "What Directors Think（Korn/Ferry International and Corporate Board Magazine Study),"p. 6.
31) "Signatories to the Principles for Responsible Investment," at http://www.unpri.org/signatories/ (last visited September 30, 2006.)
32) K. A. Annan, "The Secretary General Statement: New York, 27 April 2006 − Remarks at the launch of the Principles for responsible investment" at http://www.un.org/apps/sg/sgstats.asp?nid=2006# (last visited September 30, 2006.)
33) An initiative of the UN Secretary-General implemented by UNEP Finance Initiative and the UN Global Compact, Principles for Responsible Investment, available at http://www.unpri.org/ (last visited September 30, 2006.)
34) "Signatories to the Principles for Responsible Investment,"*ibid.*.

（今西　宏次）

第Ⅲ部

ドイツのコーポレート・ガバナンス

第5章　外部監視とコーポレート・ガバナンス

はじめに

コーポレート・ガバナンス（Corporate Governance：以下，本章では「企業統治」と表記する）の主要テーマとして，特に社会に大きな影響を及ぼす存在である巨大公開株式会社の経営者に対する監視・監督（モニタリング）を誰が，どのように行うかが挙げられる。吉森によれば，この監視方式には「外部監視」と「内部監視」とがあり，前者の主たる監視主体は株式会社の会社機関である一方，後者の最も重要な監視主体は資本市場にある（吉森（2001），26-29ページ）。

ドイツの伝統的企業統治システムは，ドイツ銀行など民間大銀行による産業企業への強い影響力[1]（「銀行権力」）と「労資共同決定（Mitbestimmung）」に基づく労働者代表の「経営参加」（労働組合代表・従業員代表の監査役会への参加）によって特徴づけられてきた。こうしたドイツ固有の企業統治構造は，資本市場による監視を基本とする「アングロサクソン・モデル」と対比されて，監査役会（Aufsichtsrat）を中心とする内部の経営監督機構を中心とする監視を基本とする「ドイツ・モデル（das deutsche Modell）」「ライン・モデル（das rheinische Modell）」とも呼ばれてきた。この点で，ツーゲヘア（R.Zugehör）は「ドイツの企業統治システムではこれまで資本市場と共同決定は補完的関係にあった。すなわち，ドイツの資本市場の特性は企業の共同決定の効果を支持してきた。ドイツの共同決定は，長期指向の，『我慢強い』投資家と未発達の資本市場を基盤としていた。安定した所有関係，少数の所有者への出資持分の高度な集中，資金調達における銀行借入れの高い割合という状況で，企業経営者は企業レベ

ルでの資本提供者と従業員との持続的な同盟を作り上げることができた。このことは，投資家にとって短期的な高い配当よりも長期的な企業価値の向上を，労働者にとっては安定的，確実な雇用を意味していた。こうした同盟は『確実性と安定性連合』と呼びうる。」(R.Zugehör (2003), S.176.) こうした所有者－経営者－従業員の同盟関係において，何よりも長期的かつ安定した企業価値向上と確実な雇用保証こそが重視され，経営者は所有者と従業員との持続的同盟の仲介者として行動し，資本市場によるコントロールから免れることができた。

しかし，1990年代に入ると，(海外を含む)機関投資家の台頭に伴う資本市場の構造的変化による経営者への圧力はますます高まっており，とりわけ敵対的企業買収の脅威は「株主価値（Shareholder Value, Aktionärswert）重視経営」のスローガンの下で企業経営に大きな変革圧力を及ぼしており，ドイツ・モデルの「アングロサクソン化」も指摘されるに至っている。

本章では，以下において，第1に1990年代以降の企業統治改革をめぐる動向を整理するとともに，第2にドイツにおける多様な株主グループの存在とその行動特性を明らかにする。こうした理解に基づいて，第3に企業統治の在り方に大きな変化をもたらしている株式所有構造の変化を考察する。そしてドイツ資本市場[2]において急速に台頭している機関投資家の企業経営への高まる圧力について考察を加え，ドイツの企業統治において，市場による監視（モニタリング）機能が高まっていることを明らかにする。

第1節　企業統治改革の歴史

企業統治問題がドイツにおいて多くの関心と議論を集めるようになったのは，1990年代に入ってメタル・ゲゼルシャフト社（石油先物取引の巨額の損失），シュナイダー社（不動産投資の失敗）や大手建設会社フィリップ・ホルツマン社の破綻などの相次ぐ企業不祥事・破綻が従来の監査役会を中心とした経営内部監督機構の機能不全を露呈したことを直接的契機とするものであった。しかし，同時に「ＩＴ革命」の進展やＥＵ統合の深化と拡大に伴うグローバル競争の激化

第5章　外部監視とコーポレート・ガバナンス

や世界的規模で進展した金融ビッグバンを背景として自国の金融・産業の国際競争力を強化する上でドイツ固有の伝統的企業統治システムの大きな限界が明らかになったこととも結びついていた。

そこで，企業の不祥事を防止するための経営監督機能を強化し，経営の透明性を高める企業統治改革が株式法・商法等の改正を伴いつつ推進される一方，経営のグローバル化の進展に伴う一連の国内基準の国際的調和化を目指す資本市場の規制緩和や国際会計基準（IAS）の導入等の一連の制度改革がこの時期精力的に推進されるところとなった。

とくに1990年代後半以降大きな進展を見せた企業統治改革として，1)「企業領域における監視と透明性のための法律」(略称 KonTraG, Gesetz zur Kontrolle und Transparenz im Unternehmensbereich, 以下 KonTraG と略す)，2)「資本市場振興法」(Finanzmarktförderungsgesetz)，そして3)「ドイツ企業統治規準」(Deutscher Corporate-Governance-Kodex) を挙げることができる (これらの一連の改革の動向については既に我が国でも多くの研究がなされている。本章はとくに吉森 (2001年)，海道 (2005年)，正井 (2003年) および関 (2006年) を参照している)。これら一連の企業統治改革は，監査役会と執行役会 (Vorstand) との二層型トップ・マネジメント組織を前提としてそこでの経営の透明性を高め，経営者に対するモニタリング機能を強化するとともに，資本市場の国際的調和化を図り，「金融立地ドイツ」の国際競争力を高めようとしたものであった。

1　「企業領域における監視と透明性のための法律」

1998年に成立したKonTraGは株式法，商法等を改正することによって監視・監督権限を強化し，経営の透明性を高めることを目指すものであった。これに基づく株式法の改正は，①一株一票の促進（「黄金株」の廃止），②監査役の権限強化，③株主総会に対する監査役の報告義務，④決算監査人と監査役会の関係緊密化そして⑤リスク管理が主要な改正点であった（吉森 (2001年) 223-4ページ参照）。特に監査役会の責任や権限の強化について，監査役の兼任会社数は従来どおり10社までであるが，監査役会議長については1社であっても2社

兼務換算すること，監査役会の開催頻度は上場企業に対しては6カ月に2回招集されねばならないことが定められた。また従来は株主総会で選任され，執行役会と監査契約を結んでいた決算監査人はここでは監査役会のみによって選任され，監査契約が締結されること，また決算報告書と監査報告書は監査役会に直接提出されることなどの法改正が行われるところとなった（海道ノブチカ（2005年）25ページを参照）。また執行役は会社の存続を脅かすようなリスクを早期に認識する適切な内部監視システムを構築すること，執行役会は監査役会にリスク情報を適時開示すること，決算監査人は監査のうちにこうした内部監視システムの評価を行うべきことが定められた。

2 「資本市場振興法」

「資本市場振興法」は，1990年，94年，98年そして2001年の4次にわたって制定・改正され，間接金融から直接金融への企業金融の変化や資本市場のグローバル化を受けて資本市場のインフラ整備を図ろうとするものであり，これにより「金融立地」としてのドイツの地歩を固め，その競争力を強化することが目指されるところとなった。ここでは，株式の新規公開を促進するための一連の規制緩和，新規株主保護の強化，インサイダー取引規制，5％以上の大株主についての情報開示，一定の条件の下での買収防衛策の発動，相場・市場価格の操縦禁止などの改革が行われた。

3 「ドイツ企業統治規準」

ドイツの企業統治改革は以上のような法規制の改正や新法律の制定等によって進められることになったが，1990年代以降，国際的には自主的に各企業に対して「企業統治原則」を定めようとする動きも広がっていた。

ドイツでは2000年に投資家・学者・企業の代表者や弁護士等も参加したグループが相次いで「企業統治原則」（「最良の行動基準」）を公表するところとなった。それを受けて当時のシュレーダー首相は，バウムス（T.Baums）フランクフルト大学教授を委員長とする政府諮問委員会を設置し，01年7月に同委員会

は企業統治に関する150項目におよぶ勧告を含む報告書を提出した[3]。これを受けて、同年9月にはドイツの上場企業が従うべき企業統治原則を策定するためにティッセン・クルップ社監査役会議長クロメ（G.Cromme）を委員長とする政府委員会を設置し、同委員会は2002年2月には「ドイツ企業統治規準」を公表した[4]。この規準の特徴は、海道（2005年）によれば、①企業経営の透明性を高めることによって内外の株主・投資家の権利保護を拡充するとともに、顧客・従業員・社会からの信頼性を高めること、②監査役会の機能を拡充し明確化すること、③監査役と決算監査人の独立性を確保することにある（海道（2005年）29ページ）。本規準の遵守について、規準は法的拘束力を持たず、企業の自主性を尊重しながらも規準の各項目について「遵守か説明か」の考え方の下で遵守したこと、あるいは遵守できない場合にはその説明を行うことを求め、これを年1回公表すべきであるとした（関（2006年）146ページ）。

第2節　ドイツの株式会社と企業形態上の特徴

ドイツでは株式会社の数は伝統的に少なく、1980年代まで概ね約2,100社から2,500社で推移してきた（正井（2003年）、145ページ）のであり、我が国では従来圧倒的に中小企業を中心として利用されてきた有限会社(GmbH)数(45万社：2001年)が依然として圧倒的多数に上っている。また我が国では既に「死んだ法律形態」ともいわれ、数もきわめて少ない合名会社（26万社）や合資会社（11万社）も株式会社の数をはるかに上回って存在している[5]。またドイツでは巨大企業に限ってみても、例えば、ドイツ付加価値額上位100社についても株式会社形態を採用している企業は2002年で74社に止まり、こうした巨大企業にも有限会社（7社）、合資会社（3社）、合名会社（1社）など有限会社や人的会社形態が存在する点にドイツの独自的企業形態を認めることができる(以上は海道（2005年）73-75ページ参照)。

しかし、図表5-1からも確認できるように、株式会社の数は、1990年代後半以降急増しており、その数は2002年7月末現在14,409社に達しており、1997

第Ⅲ部　ドイツのコーポレート・ガバナンス

図表5－1　ドイツの株式会社（Akitiengesellschaft）数と時価総額
（Borsenkapitalisierung）

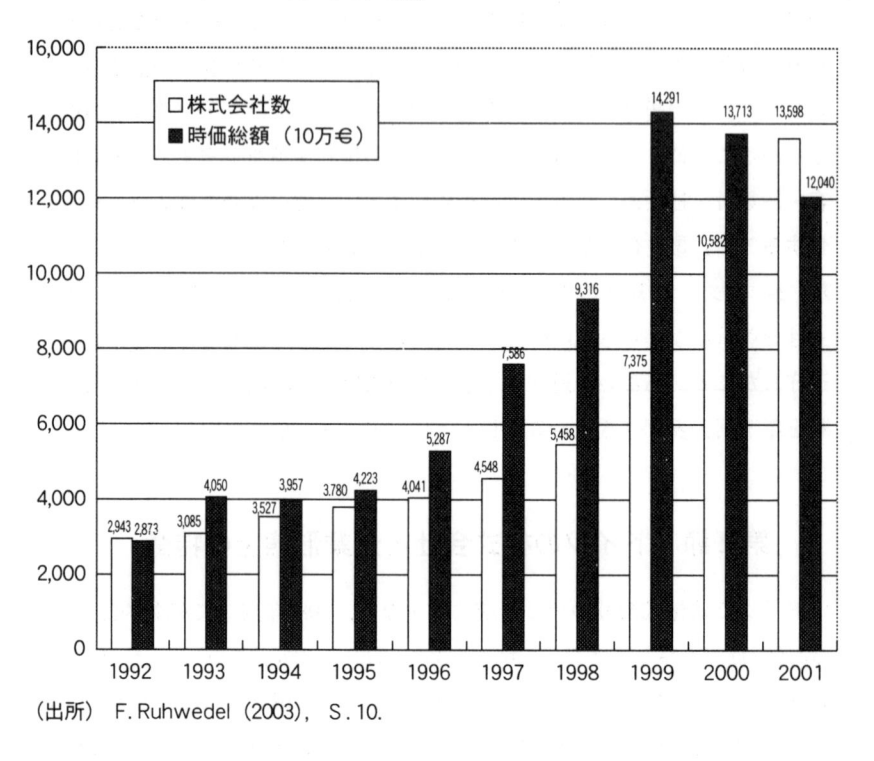

(出所)　F. Ruhwedel (2003), S. 10.

年の4,548社と比較してその数は3倍以上に急増していることが確認されうる（F. Ruhwedel(2003), S. 9 f.）。こうした株式会社数の急増の背景として，1990年の東西ドイツ再統一以降の旧東ドイツ地域での起業ブーム，ＩＴ革命の進展に伴う産業構造の変化，リスク・マネーとしての株主資本調達（equity finance）利用の促進，資本市場の規制緩和[6]による中小規模株式会社の株式公開化の促進（第2次・第3次資本市場振興法[7]）をあげることができるであろう。

　2001年末におけるドイツの株式会社の発行済み株式の時価総額は1兆2,040億ユーロであり，それは国内総生産の58.1％に達していた。これに対して，ＥＵ諸国の平均では国内総生産額の86.1％であり，米国の場合には136％にも達

していたことからすれば，株式市場の規模は比較的小さい。しかし，国内上場企業数は912社と1996年から2001年までに13.7％増加した（F.Ruhwedel (2003), S.11.）。ルーベーデルによれば「確かに2001年と02年の相場下落によってブレーキがかかったとしても上場企業数の増加傾向は明白である」という (Ibid.)。

第3節　株主グループとその行動特性

　企業の株主には，機関投資家，個人投資家，社員株主，他の産業企業，銀行及び国家が存在している。新古典派経済理論は，企業の異なる株主グループを区別せず，あらゆる株主の利害と行動特性は「完全に同質的」であると仮定している。しかし，ツーゲヘアによれば，ハーシュマン (A.O.Hirschman) の提唱した概念（「退出」(exit),「発言」(voice),「忠誠」(loyalty)）に依拠して考察すると，図表5−2のように株主グループごとに異なる行動特性を有している。

　ドイツで急速に台頭している機関投資家は，具体的には投資ファンド，年金基金そして保険会社であるが，自己の保有株式に対する純粋な「金融的利害」を追求し，「株式保有企業への特別な愛着や忠誠心を持たない」のであり，「退出」行動は企業政策への不満を表明する通常の手段である。しかし，同時に機関投資家は株主総会等の直接対話を通じて経営者にますます「発言」を行使するようになっている (R.Zugehör (2003), S.56)。

　これに対して，個人株主は，多くの場合，株式保有企業への特別な思い入れを持っており，個人株主は機関投資家ほど短期の業績基準に「退出」オプションを行使することはない。「個人株主は，通常，その保有株式を長期間保有し，利回り見込みが暗雲に見舞われることがない限り『退出』オプションを行使しない。個人株主は，株式相場の暴落にもじっと耐え抜くことも厭わない。それにもかかわらず，個々の個人株主は自己の利害を表明するために経営者と直接対話しようとはしない」(R.Zugehör (2003), S.56 f.)。

　社員株主は自分が働き，また株式を保有している企業への強い愛着を持っている。社員株主は従業員株主プログラムで通常割り当てられた株式売却が一定

図表5－2　多様な株主グループ存在とその行動特性

株主属性	株主グループ	「退出」	「発言」	「忠誠」
小株主（分散所有）	機関投資家	++	+	－
	個人株主	－	－	+
	社員株主	－	+	++
大株主	企業	－	+	+
	銀行	－	+	+
	国家	－	+	+

注）++は根本的に重要，+は重要であるが，根本的でない，－は重要ではないが，全く影響力がないわけではない。
（出所）R. Zugehör (2003), S.56.

期間を経過しないと可能ではないため長期保有が基本となる（例えば，ティッセン・クルップのケースでは6年経過しないと株式の売却はできない）。社員株主は「自分の」会社の将来に大きな関心を持っているがゆえに，自分たちの議決権を集めて株主総会で企業戦略に影響力を行使しようとする場合がある。

　産業企業，銀行そして国家のような大株主は，伝統的に，その株主保有について「金融的利害」よりも「戦略的利害」を追求してきた。なぜなら，こうした大量の株式保有は，競争を規制し，市場を守り，サプライヤー関係を安定化させ，敵対的買収を阻止し，経営者の地位を守る手段であったからである。プレイヤーの戦略的利害に基づいて，出資比率は株式相場の動向にかかわらず，相互に非常に長期間維持されてきた。企業，銀行そして国家の「退出」オプションは伝統的に僅かな重要性しか持たなかった。その意味で，「退出」オプションが制限されている場合に，経営者に不満をもつ株主の行動様式では「発言」オプションが重要となる（R.Zugehör (2003), S.57.）。

第4節　所有主体別の株式保有構造の動向

　図表5－3から確認できるように，2001年現在，ドイツの株式会社の株式の

第5章 外部監視とコーポレート・ガバナンス

図表5-3 ドイツ上場企業の所有主体別株式保有構造

	1960年	1970年	1980年	1990年	1994年	1997年	2001年
個　　　人	30.3	31.3	21.2	20.0	21	20	15
投 資 信 託	—	—	—	—	7	10	14
企　　　業	40.7	37.4	42.8	39.0	39	34	33
政　　　府	12	9.6	8.5	4.4	3	2	1
銀　　　行	8	9.1	11.6	14.0	12	13	13
保 険 会 社	3.4	4.2	4.8	7.8	7	9	10
外　国　人	5.6	8.5	11.1	14.8	11	12	15

（出所）1990年までのデータはさくら総合研究所・ｉｆｏ経済研究所『日本とドイツの経済・産業システムの比較研究』シュプリンガー出版，1997，279頁を参照。1994年以降は，Franca Ruhwedel, Eigentämeherstruktur und Unternehmenserfolg, Peter Lang., 2003, S. 43.

　最大シェアは企業が保有し，個人株主の株式保有シェアは15％となっている。この点，特にドイツの個人金融資産（3.7兆ユーロ：日本＝1,461兆円：01年末現在）に占める株式・出資金の割合が日本の7％に対して，13％に達しており（日本銀行ＨＰ参照），90年代後半の「民営化」株式の上場により，99年には19％もの国民（96年：12％）が株式を保有している（正井（2003年），146ページ）ことからすれば奇妙に見えるが，これはルーベーデルによれば，同期間の上場企業数の増加と投資ファンドの投資規模の増加によって説明可能であるとしている（F. Ruhwedel（2003），S.44.）。

　図表5-3から，さらに確認できることは，政府の株式保有の減少傾向であり，機関投資家（投資信託と保険），そして外国人の株式保有の増加傾向である。

　ドイツでは特定の大株主のいない分散所有（Streubesitz）の状態にある株式会社の数は極めて少ない。多くの株式会社は少なくとも一人の大株主が存在している（F.Ruhwedel(2003), S.43.）。ルーベーデルによれば，ドイツ企業の43.8％において最大株主が議決権の25％から75％を保有している（米国では企業の50％以上で最大株主の議決権は5％を超えない）（F.Ruhwedel（2003），S45 f.）。

図表5－4　ドイツ（付加価値額）上位100大企業の資本所有構造

	1992年	2002年
100大企業内の企業による過半数所有	0	0
外国単独過半数所有	16	25
公的機関による過半数所有	11	11
個人，同族，同族財団による過半数所有	19	19
50％以上の分散所有	29	22
その他所有主体による過半数所有	5	8
過半数所有主体なし	20	15

（出所）　Monopolkommission, Hauptgutachten, 1992／93(1994), S. 215, 2002／2003 (2005), S. 266.

　こうした株式所有構造の特徴は，ドイツ企業における同族企業の多さ，企業間，企業と金融との複雑な資本結合を反映しているものと考えられる。この点では，図表5－4のドイツを代表する巨大企業の資本所有形態が示すように，2002年に過半数の株式が分散所有の状態にある企業は22社である一方，外国企業，公的機関そして個人・同族などの所有者が株式の過半数を所有している企業は55社ある。こうした資本集中化傾向にもドイツ固有の特徴が認められる。

第5節　機関投資家の台頭と企業経営への圧力

　ドイツの株式保有構造において1990年代に入って大きな変化が生じている。「1990年代初頭まで，投資ファンド，年金ファンドそして保険は決して中心的役割を果たしていなかった。1990年代に入って，ドイツ機関投資家の投資規模は飛び抜けて大きく増加した」（R.Zugehör (2003), S.60）。1960年には20のファンドが活動し，70年には172のファンドが100億マルクの総資産を管理していたが，1980年にはファンドの数は605になり，その総資産は570億マルクになった。1990年にはファンドの総資産は80年に比べ4倍となり，1998年末までにファン

第5章　外部監視とコーポレート・ガバナンス

ドの数は3倍以上，その総資産は3倍以上の1兆3千億マルクに達した。機関投資家の資産は公社債，貸付および株式に投ぜられたが，株式に投資されている金融資産シェアは1990年の9％から19％に上昇している（R. Zugehör (2003), S. 60.）。

　株式に投資されている投資総額の最大部分はドイツを代表する巨大企業，ＤＡＸ企業に投資された。ＤＡＸ企業の場合には，株式を保有するファンドの数が一社あたり600を下回ることはなく，ドイツ銀行では1,700以上のファンドが株式を保有している（R. Zugehör (2003), S. 61.）。

　シュタイガー（M. Steiger）が127の機関投資家を対象として行った，1997年のアンケート調査（回答は75機関投資家）によれば，回答した機関投資家の株式投資資産の約7割が上場最大100社（ＤＡＸ100）に投資されており，機関投資家の8割以上が「明確な企業戦略，コアビジネスへの集中，経営者の質，会計報告の透明性」を企業価値の向上の上で必要不可欠と見なし，これを投資対象会社に認めさせようとしていると回答している（M. Steiger (2000), S. 144ff.）。

　とくに機関投資家の，企業のコアビジネスへの集中（「脱多角化」(Ent-Diver-sifizierung)）要求は，機関投資家が投資リスクを分散・多様化させることを望んでいることから生じる。ツーゲヘアによれば，機関投資家はコングロマリット企業の経営者と同様に行動する。両者ともリスク管理の観点からさまざまな事業部門を有する企業に資本参加したり，これを売却したりする。しかし，機関投資家は株式の取得や売却で株式ポートフォリオを迅速に変化させうるが，企業の場合には利害関係者，特に労働者代表との長期の交渉が必要となる。そこで「全般的事業（破綻）リスクをさまざま事業部門を抱えることで分散するという経営者の可能性はますます所有者に移されている。特に機関投資家は投資リスク自体を多様化することを望み，またそれを可能とするように要求している」（R. Zugehör (2003), S. 93.）。

　機関投資家は「退出」と「発言」によって企業の経営者に圧力を生み出す。機関投資家は経営者の企業戦略に不満を持つ場合に株式の売却（退出）行動を利用する。こうした大量の株式売却は株価の下落と資本コストの上昇をもたら

第Ⅲ部　ドイツのコーポレート・ガバナンス

図表5-5 シーメンスとフェバの1999年の株主構造

株主集団	シーメンス（％）	フェバ（％）	
機関投資家	45.0	71.0	分散所有
個人株主	44.0	23.0	
企業	4.06	3.3	大株主
家族・財団・国	6.94	2.7	
	100	100	

（出所）　R. Zugehör（2003），S. 148.

す。低い株価は敵対的企業買収の可能性を高め，それによって経営者の解任と所得機会の喪失，経営者リクルート市場での名声の喪失リスクを高める。同時に，機関投資家は経営者との直接対話による「発言」の可能性も存在している。こうして，「機関投資家は『発言』と『退出』を組み合わせて企業の戦略的方向付けに影響力を行使している」（R.Zugehör（2003），S.63 f.）。

　例えば，フェバ（VEBA：2001年，ドイツのフィアーク（VIAG）との合併により世界第2位のエネルギー会社E.ON社となった），総合電機メーカーであるシーメンスでも，1990年代に入って急速に機関投資家の台頭が確認される。

　フェバの場合には，1987年の民営化直後には機関投資家はわずか1％に過ぎなかったが，99年までに71％の株式を保有しており，またシーメンスの場合にも機関投資家の株式保有は1993年には15％であったが，99年には45％にも達している。「新しい所有者は多角化された事業構造を拒否する。特に自分たちがその株式ポートフォリオの多角化によって投資リスクを変更させうる能力を保持しているからである。ファンドマネジャーは複合企業の株式相場価値を真の企業価値以下に評価しがちである（コングロマリット・ディスカウント）。フェバのケースでは株価は純資産よりも18.1％低かった。シーメンスのケースでも5.6％乖離していた。企業の株式市場での過小評価は他企業に敵対的買収の魅力を高める」（R.Zugehör（2003），S.148.）。こうした機関投資家の圧力について，フェバの経営者は以下のように述べている。つまり「1980年代には資本市場の

圧力は全くなかった。しかし、ここ6・7年の間にファンド間の競争は熾烈を極めている。以前、株主は株式相場が揺れ動いても正しく反応しなかった。……それ以来、企業に対する業績圧力は途轍もなく高まっている」(R.Zugehör(2003), S.149.)。

　1990年代後半以降、ドイツでも企業支配権市場（Markt für Unternehmens-kontrolle）が急速に発展しており、イタリアのタイヤ・メーカーであるピレリ（Pierelli）によるコンチネンタル（Continental）の買収提案、クルップ（Krupp）によるティッセン（Thyssen）の買収そして英国のボーダフォン（Vodafon）によるマンネスマン（Mannesmann）に対する敵対的買収は、従来の伝統的企業間ネットワークないし「協調型資本主義」が大きく変化していることを明らかにすると同時に、敵対的企業買収の脅威は「株主価値重視経営」の重要性をドイツ巨大企業の経営者に迫ることになった（R.Zugehör（2003）, S.67.）。

　こうした「株主価値重視経営」の具体的展開として、「選択と集中」によるコアビジネスへの集中戦略、その下での事業の売却と買収が急速にドイツ企業の間で広がっている（1996・97年にドイツ最大100社のうち65社が686社を買収し、1998・99年にはこの同じ65社が894社を買収し、企業買収は90年代後半に35,6％増加した）(R.Zugehör (2003), S.70.)。さらに多くの巨大企業では、ＥＶＡ（税引き後営業利益から投下した資本コストを差し引き、投資金額に見合う利益を生み出せたかを判断する指標）やキャッシュフロー投下資本利益率（CFRoI）という収益率目標の採用、米国ＧＡＡＰ基準に基づく会計報告、業績主義に基づく経営者報酬（ストック・オプション）制度の活用などが導入されるようになっている(R.Zugehör (2003), S.151.)。

第6節　ドイツの伝統的な大株主の行動様式の変化

　伝統的にドイツ固有の企業統治を支えていたのは、企業、銀行、国家の緊密な協調関係（こうした伝統的な企業社会は「ドイツ株式会社（Deutschland AG）」と呼ばれてきた）であり、こうした協調を支えたのが大株主としての株式所有関係に

基盤があった。図表5－3や4からは，こうした大株主の株式所有構造に大きな変化は見えない。しかし，「1990年代半ば以降，伝統的な大株主（特に銀行と企業－引用者）は自分たち自身も機関投資家の圧力に晒されているがゆえに資本市場志向的になっている。銀行と企業は自分たちが保有しているその株式から高い投資収益率を実現せねばならなくなっている。株式はますます戦略的手段というよりも金融的手段と見なされ，標的企業の業務政策への戦略的影響力手段とは見なされなくなっている。……伝統的な大株主はますます機関投資家のように行動している」(R. Zugehör (2003), S. 64.)。公的機関による株式所有がドイツ郵便やドイツ・テレコムの株式公開に代表されるように「民営化」の進展を受けて大きく後退する一方，企業間の人的ネットワークにも大きな変化がみられる。ビンドルフ（P. Windorf）の研究によれば，1992・93年と2000年との間でドイツ巨大企業15社の人的結合は27％減少していることが明らかにされている(P. Windorf (2001))。

　またドイツの伝統的な企業統治のあり方を象徴する銀行と企業のネットワークも大きな転換期にある。ドイツの巨大企業はますます従来の間接金融から，社債や株式の発行による「直接金融」に移行しており，ドイツの巨大銀行も伝統的な「信用業務」(Kreditgeschäft) からM＆Aなどの「投資銀行業務 (Investmentbanking)」にビジネスモデルを転換させつつある（『ハーバード・ビジネス・レビュー』(2006年) 86－92ページ）。こうした投資銀行にとって産業企業との緊密な結合関係は戦略上意味を失っているといわれる (R. Zugehör (2003), S. 69.)。さらに1998年に成立したKonTraGは銀行による産業企業への資本参加に厳しい規制を加えるところとなった（5％を超える資本参加についての情報公開とそれと結び付いた寄託議決権の放棄）(R. Zugehör (2003), S. 67.)。また2002年1月から導入された法人の株式売却益に対する非課税措置は企業や銀行の株式売却を促進している。それ以降，「株の持ち合い解消が急速に進んで」おり，例えば「ドイツ銀行も例外ではなく，他企業の保有株式を急速に減らしており，今では産業界のキング・メーカーという存在から脱皮しつつある」[8]（『ハーバード・ビジネス・レビュー』(2006年) 88ページ）。また銀行の経営者はこれまで産業企業

第5章　外部監視とコーポレート・ガバナンス

への監査役兼任，特に監査役会議長に就任するケースが多かった。しかし，こうした人的結合関係も企業統治改革による規制に加えて，大銀行のビジネスモデルの変更から見直しが進んでいる。ドイツでもっとも産業企業との人的結合が進んでいたドイツ銀行を例にとれば，1980年にドイツ銀行の執行役はドイツ最大100社のうちの40社に派遣されていたのに，90年には35社になり，98年には17社に減少している。「2000年には，今後，ドイツ銀行はその代表者（Vertreter）が監査役会議長を引き受けないことを決議している」(R. Zugehör (2003), S.70.)。

　以上のように，企業，銀行，公的機関という大株主による伝統的な協調型ネットワークは緩やかに，しかし継続的に解消に向かっており，少なくとも大規模公開株式会社の場合に経営者はますます資本市場の監視を受けていることを確認することができる。

おわりに

　こうして，本章は，ドイツの資本市場における機関投資家の台頭とともに，ドイツの企業統治においてもますます資本市場による経営者へのモニタリングが高まっており，経営者が「株主価値重視経営」を意識せざるを得ない状況が生まれ，これが90年代後半以降ドイツ企業の大規模なリストラ（事業の再構築）を展開させてきたことを明らかにしてきた。最近のドイツでは，伝統的ドイツ・モデルの解体とアングロサクソン・モデルへの接近が大きな関心と議論を集めている。こうした状況で，ドイツ固有の監査役会への労働者代表の参加，「労資共同決定」に対する批判が大きな高まりを見せており（ケストラー（2005年)），共同決定の機能を監査役会ではなく新たに設ける「協議会（Konsultationsrat)」に移行すべきであるとする主張まで生まれている[9]。

　しかし，強力な共同決定が展開されているフェバ社のリストラ過程を分析したツーゲヘアの分析によれば，フェバ社の歴史上もっとも大胆なリストラも共同決定がマイナスに作用しておらず，むしろ労働者側の協力の下で円滑に進め

第Ⅲ部　ドイツのコーポレート・ガバナンス

られたことを明らかにしている。フェバ社のＩＲ部門の代表者も「強力な共同決定は決して問題ではない。それどころか，株主は，我々が劇的なコスト削減を摩擦なしに実現できたことを喜んでいる。投資家は労働側による大きな抵抗を予想していた。従って，共同決定の利点を語ることができる」(R. Zugehör (2003), S. 164.)。ここでは共同決定と資本市場との適合可能性が理解されている。

　同時に2002年に米国で明らかになったエンロンやワールドコムのスキャンダルは市場志向型企業統治の負の側面を露呈させるところとなった。またダイムラーとクライスラーの「世紀の合併」を成し遂げ，ドイツで「株主価値重視経営」のもっとも熱烈な擁護者といわれた，最高経営責任者(ＣＥＯ)であったシュレンプ(J. Schrempp)が結局は「企業価値の破壊者」としてその地位を追われたこともあって，ドイツでも米国流の「株主価値重視経営」への疑問もまた高まっており，アッカーマン(J. Ackermann)ドイツ銀行最高経営責任者も「ドイツにアングロサクソン型経済モデルを導入する必要はない。」グローバル化の流れに適応する「独自のやり方」を追求すべきとしている(『ハーバード・ビジネス・レビュー』(2006年) 92ページ)。こうしたドイツ独自の進化プロセスこそ今後のドイツの企業統治の将来を示唆しているように思われる。

(注)
1) しばしば，メインバンク(Hausbank)と呼ばれる大銀行は，自ら大株主として大量の株式を保有するだけではなく，「寄託議決権(Depotstimmrecht)制度」の下での議決権行使，産業企業への集中的融資そして監査役会への役員派遣という重層的結合を通して産業企業に大きな影響力を行使してきたことで知られている。こうしたドイツ固有の企業社会のあり方はしばしば「ドイツ株式会社」とも呼ばれている。池田良一(2002)，16－17ページ。
2) 資本市場(Kapitalmarkt)は金融市場の1つのセグメントであり，有価証券(株式と債権)が発行され，流通する市場であるが，本章がここで対象とするのは株式市場をさす。
3) この勧告を受けて，「透明化と開示に関して株式法と会計法の一層の改革のための法律」(TransPuG)が2002年7月に成立している。詳しくは，正井(2003年)「第11章　透明化法・開示法」(354－371ページ)を参照せよ。
4) 企業統治規準そのものは毎年改定されており，2005年版は関(2006年) 249－267

第5章　外部監視とコーポレート・ガバナンス

ページに全文翻訳されている。
5) ドイツで人的会社の多い理由として，海道は，①資本会社の設立と運営についての規制が厳格であること，②税制上の優遇措置（パススルー課税）そして③人的会社における「定款自治」の活用可能性をあげている（海道（2005年）73-74ページ）。
6) 1997年フランクフルト取引所内に革新的な中小成長企業の資金調達を容易にすることを目的として「ノイア・マルクト（Neuer Markt）」が開設され，1999年には上場会社数は約160社に達し，その時価総額は400億ユーロを超えた。2000年には345社が上場したが，2001年ITバブルの崩壊に伴う株価の急落に見舞われた。その後，2003年末にはノイア・マルクトは閉鎖され，国内を志向する企業のためのゼネラル基準（General Standard）と国際的透明性の要件を満たしたプライム基準（Prime Standard）とに分類されるところとなった。正井（2003年），44ページ・56ページ参照。
7) ドイツの資本市場には「公式市場」の他に1987年に開設された「規制市場」がある（それ以外に「自由取引」と03年に閉鎖されたノイア・マルクトがある）が，後者の規制市場ではドイツ企業の新規公開を促進するための一連の規制緩和が90年代に著しく進展した（正井（2003年），43ページ）。
8) しかし，図表5-3から確認できるように，こうした銀行，さらには企業による資本結合の大きな変化を全体として確認することができないことにも注意する必要がある。その意味で，本章は，企業・銀行・国家の協調型ネットワークの全面的解消を主張するものではない。
9) これを提唱しているベルリン・コーポレート・ガバナンス・ネットワークのメンバーであるキルヒナー（C.Kirchner）によれば，「監査役会に根を下ろした労働者共同決定はドイツ企業の企業統治を改善するための努力を妨げると今日認識されている。……（労働者共同決定によって－引用者）持分所有者の利益は弱体化する」と述べている（キルヒナー（2005年）225ページ，訳は一部変えて引用している）。

《参考文献》

池田良一「ドイツにおけるコーポレート・ガバナンスの現状と問題点」『監査役』No.453，2002年。
海道ノブチカ『ドイツの企業体制－ドイツのコーポレート・ガバナンス』森山書店，2005年。
クリスチアン・キルヒナー（2005年）「企業レベルでの労働者共同決定の新しい制度的デザインの基本構造」（高橋・赤阪訳）『法学雑誌』（大阪市立大学）第51巻・第4号，2005年3月。
ローラント・ケストラー「ドイツにおけるコーポレート・ガバナンスと共同決定」『監査役』No.496，2005年2月25日。
関孝哉『コーポレート・ガバナンスとアカウンタビリティー』商事法務，2006年。
『ダイヤモンド・ハーバード・ビジネス・レビュー』（「特集　ドイツ　株主価値経営のジレンマ」ダイヤモンド社，2006年7月号。

第Ⅲ部　ドイツのコーポレート・ガバナンス

正井章筰『ドイツのコーポレート・ガバナンス』成文堂，2003年。
吉森　賢『日米欧の企業経営－企業統治と経営者－』放送大学教育振興会，2001年。
F. Ruhwedel, Eigentümerstruktur und Unternehmenserfolg, Peter Lang, Frankfurt am Main, 2003.
R. Zugehör, Die Zukunft des rheinischen Kapitalismus, Unternehmen zwischen Kapitalmarket und Mitbestimmung, Leske Budrich, Opladen, 2003.
M. Steiger, Institutionele Investoren im Spannungsfeld zwischen Aktienmarktliquidität und Corporate Governance, Schriftenreihe des ZWE, Band 47. BadensBaden, 2000.
P. Windolf, The Transformation of Rhenanian Capitalism, Kölner Zeitshchrift für Soziologie und Sozialpsychologie, 2001.

（風間　信隆）

第6章　会社機関とコーポレート・ガバナンス

はじめに

　20世紀末，東西ドイツ統一後，ドイツでは国内経済が悪化するとともに，さまざまな企業不祥事が発覚した。また，統一後，よりグローバルな企業を目指して海外に進出したドイツの大企業は，その非国際性を露呈するような現象に次々と出くわした。いずれもそれはコーポレート・ガバナンスにかかわる問題であった。こうした中，今日，ドイツでは官民が協調しながらコーポレート・ガバナンス改革を進めている。

　本章では，ドイツのコーポレート・ガバナンスをめぐって，伝統的なドイツ型コーポレート・ガバナンス，特に会社機関がどのようなものであり，20世紀末にそれをめぐってどのような問題が発覚し，今日，どのような改革が進められているのか，しかもその改革の実行可能性について考察してみたい。

第1節　ドイツの会社機関とその問題

1　統治の主体

　周知のように，ドイツではユニバーサル・バンクによる企業支配が多い。ユニバーサル・バンクとは銀行業務と証券業務を一体とした銀行であり，この特徴を利用して一方で債権者として企業を統治できるとともに，他方で株主としても企業を統治することができる。

　この二重の立場にもとづいて，これまでドイツのユニバーサル・バンクは企

業をめぐってそれほど大きな問題のない平時には，株主代表としてトップ・マネジメント組織を利用して企業経営を監視し，有事の際には債権者代表として企業を清算処理する厳しいガバナンスを展開してきた。

　また，ドイツでは銀行支配の企業だけではなく，同族支配の企業も比較的多く，支配形態としては株式の単独過半数所有による企業支配の形態が多い。しかし，このような同族支配の企業も最終的には銀行支配のもとにおかれることになる。というのも，同族支配企業が資金を必要とするとき，株式の分散を避けるために，一般に株式市場を利用せず，銀行借り入れを利用することが多かったからである。このような立場にある銀行は，ドイツではハウス・バンクと呼ばれている。

2　ドイツ企業の会社機関

　では，ドイツのユニバーサル・バンクは具体的にどのような会社機関を利用してこれまで企業を支配し統治してきたのか。ドイツの株式会社は，図表6－1のように日米企業と異なり，3つの会社機関から構成されている。すなわち，株主総会，監査役会，そして執行役会[1]である。

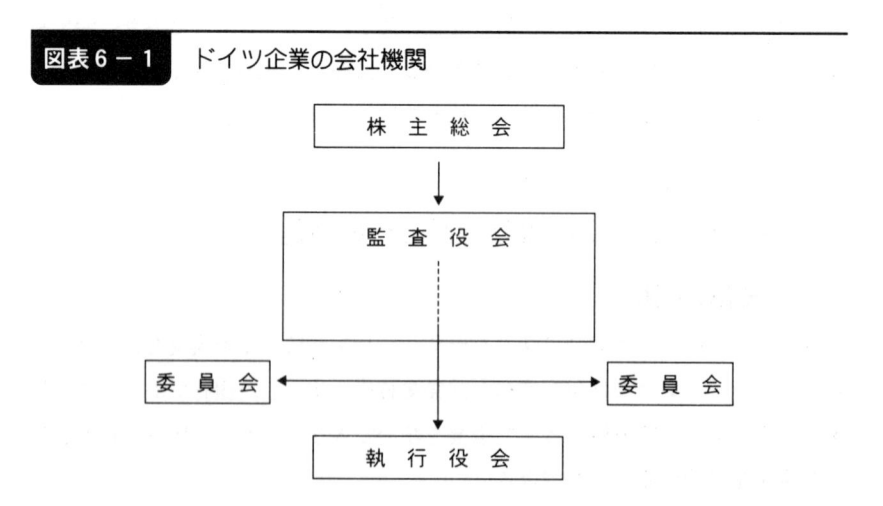

図表6－1　ドイツ企業の会社機関

```
           ┌─────────────┐
           │  株 主 総 会  │
           └──────┬──────┘
                  ↓
           ┌─────────────┐
           │  監 査 役 会  │
           │             │
┌───────┐  │             │  ┌───────┐
│ 委員会 │←─┤             ├─→│ 委員会 │
└───────┘  └──────┬──────┘  └───────┘
                  ↓
           ┌─────────────┐
           │  執 行 役 会  │
           └─────────────┘
```

第6章 会社機関とコーポレート・ガバナンス

　これらのうち，株主総会の権限は，定款変更，年次決算書の承認，利益の配当，企業の合併等の承認・同意，新株発行に関する事項を決定することである。これに対して，監査役会の職務権限は企業の業務執行を監督することであり，法律上，監査役会自体が業務執行に関与することはない。あくまで執行役会が業務執行を行う専任機関となっている。つまり，監査役会は業務執行の監督機関として執行役会の上部に位置する機関であり，執行役の選任，解任権を持つ強力な経営監視機関なのである。

　しかも，ドイツでは共同決定法に従い，この監査役会の構成メンバーは資本家代表と労働者代表から構成され，その数は同数となっている。これら代表のうち，資本家代表は株主総会によって任命され，労働者代表は労働者によって選出される。しかも，共同決定法により，監査役員は執行役員を兼任することはできない。それゆえ，ドイツの企業は日米と異なり，2つではなく，3つの機関から構成されているのである。

　以上のようなドイツの会社機関のうち，特にドイツ固有の機関は監査役会であり，それについて規定しているのは先に述べたようにドイツ共同決定法である。この共同決定法[2]について，簡単に説明しておこう。

　ドイツ共同決定法の出発点は，第二次大戦後の1951年に成立したモンタン共同決定法である。この法律は，1,000人以上の従業員を雇用している当時ドイツの基幹産業であった鉱山・鉄鋼産業の企業に限定されて適用される法であり，現在もなお有効な法律である。この法律によると，監査役会はその規模に応じて図表6－2のように11人，15人，そして21人のメンバーから構成される。

　例えば11人のケースでは，資本家代表が5人，労働者代表が5人，そして11人目の監査役会議長は中立で，すべての監査役員によって選出される。そして，先に説明したように，資本家代表は最終的に株主総会で任命され，労働者代表は，企業内労働者，職員代表，労働組合などから選出される。また，中立の監査役会議長のポストは，一般的に資本家代表のポストとなっている。さらに，執行役会の労務担当重役は監査役会の労働者代表の過半数に逆らって任命することができない。

第Ⅲ部　ドイツのコーポレート・ガバナンス

図表6－2　モンタン共同決定法

（監　査　役　会）	
中立1人（議長）	
（資本家代表）	（労働者代表）
5人	5人
7人	7人
10人	10人

↓

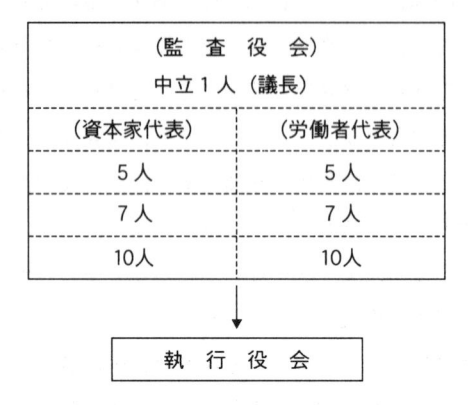

執　行　役　会

　そして，1976年には，このモンタン共同決定法が適用されていない2,000人以上の従業員を有するすべての資本企業に対して適用される新しい拡大共同決定法が成立した。この法律では，監査役会は従業員の数に従い，図表6－3のように12人，16人，そして20人のメンバーから構成され，これらのうち半分は資本家代表であり，残り半分は労働者代表となる。特に，労働者代表は，それぞれ企業内の労働者，職員，管理職員，労働組合から選出される。

図表6－3　拡大共同決定法

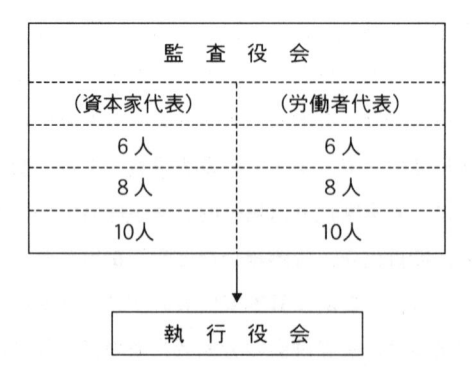

監　査　役　会	
（資本家代表）	（労働者代表）
6人	6人
8人	8人
10人	10人

↓

執　行　役　会

第6章　会社機関とコーポレート・ガバナンス

　また，監査役会議長は資本家側から選出され，監査役会副議長は労働者代表から選出される。そして，もし採決に際して票が同数となったならば，監査役会議長が最後の投票権をもつことが規定されている。しかも，モンタン共同決定法とは異なり，執行役会の労務担当重役の任命は他の重役と同じ手続きで任命され，労働者代表の監査役がその任命に強い権限を持つわけではない。

　さらに，2,000人よりも少なく500人以上の従業員を持つすべての資本企業に対しては，1952年に「経営組織法」が制定された。この法律では，監査役会の3分の1が労働者代表で3分の2が資本家代表で占めることが規定され，特に従業員代表はその企業の従業員によって選出される。そして，監査役会に2人以上の労働者代表がいる場合，そのうちの1人は労働組合から選出されることが規定されている。

　その後，この経営組織法は1972年に改正され，その適用範囲は5名以上のすべての資本企業に拡張された。この法律では，従業員の権利が企業の3つの異なるレベルで規定された。まず，(1)個人レベルでは，従業員は，労働条件，雇用，解雇，そしてレイ・オフのような問題をめぐって議論できる権利が認められた。また，(2)工場レベルでは，労働者代表から構成される「経営協議会」を設置することが法的に規定された。経営協議会メンバー数は従業員数に依存し，その在職期間は4年間で，その役割は工場の従業員の代理人として働くこととされた。最後に，(3)500名以上の従業員を持つ企業に対して，企業の意思決定レベルで監査役会メンバーの3分の1が労働者代表でなければならないことが規定されている。

　以上のような共同決定法のもとにあるドイツの会社機関を利用して，ユニバーサル・バンクはこれまで多くの監査役や監査役会議長を企業に送り込み，企業をめぐってそれほど大きな問題のない平時には，定期的に株主代表として企業経営を監視し統治し，有事の際には立場を変えて債権者代表として企業を清算処理する厳しいガバナンスを展開してきたのである。

3　会社機関をめぐる基本的問題の発覚

しかし、以上のようなドイツの会社機関は、内部統制システムとしては必ずしも十分機能していなかった。それゆえ、1990年代以降、ドイツでは多くの企業不祥事が発覚し、しかも海外機関投資家からの批判も高まった。

例えば、1993年にメタル・ゲゼルシャフト社の経営が破綻し、1999年には建設大手のフィリップ・ホルツマンの経営危機が発生した。いずれのケースでも、金融機関代表中心の監査役会による企業統治能力に疑問が投げかけられた事件であった。

特に、メタル・ゲゼルシャフト社では、ドイツ銀行、ドレスナーバンク、アリアンツ等のドイツを代表する金融機関の代表たちが監査役会に役員として参加していたにもかかわらず、事前に問題を発見することができなかった。また、フィリップホルツマンの場合も、業績好調と対外的には報告していたにもかかわらず、実際には旧東ドイツへの投資が失敗して巨額損失が発生し、経営破産の危機に瀕していたことが隠蔽されていた。この場合も、金融機関代表の監査役員たちによって事前に問題は発見されなかった。こうした一連の事件から、ドイツではコーポレート・ガバナンス改革の必要性が認識されたのである。

また、海外機関投資家からもドイツ企業は厳しい批判にさらされた。1992年に、米国最大の年金基金カルパース（カリフォルニア州退職年金基金：CalPERS）が、ドイツの公益事業会社である電力会社RWEに対して、株式制度の不平等性を指摘した。当時、RWEでは、30％の株式しか保有していない州政府が議決権の60％を握るという不平等な制度を採用していた。このようなケースは、ヨーロッパでは必ずしも特殊なケースではなかったが、これをカルパースは不平等として強く批判した。そして、これを解消することを求める株主提案を積極的に支持した。

結果的に、RWEはこの批判を受け入れ、議決権の不平等な制度を廃止した。このカルパースによるドイツ企業に対する批判的メッセージは、その後、1998年にカルパースのコーポレート・ガバナンス原則としてまとめられた。そのガバナンス原則によると、監査役会はすべての株主利益を代表すべきであり、議

決権は平等であるべきであり，経営構造はアカウンタビリティと独立性を重視したものであるべきだとし，米国流経営をドイツ企業に対しても強く求める内容となっていた。

第2節　会社機関をめぐる2つのエージェンシー問題と改革

1　会社機関をめぐる2つのエージェンシー問題

　以上のような企業不祥事の発生およびカルパースなどの株主からの強い批判によって，ドイツの会社機関をめぐる具体的問題が明らかになった。例えば，ドイツでは金融機関と企業は株式の持ち合いを通して相互に監査役員を派遣し合い，持ちつ持たれつの関係にあったため，金融機関代表の監査役はこれまで執行役会を十分ガバナンスすることができなかった。

　また，ドイツの大企業の役員のほとんどは，ドイツの銀行，保険会社，製造業から派遣されている30人から40人の有力トップ・マネジメントたちであった。彼らは，「名士のカルテル」「長老クラブ」とも呼ばれ，ドイツの大企業を支配し，監査役会を構成し，これまで相互に傷つけないように行動してきた[3]。しかも，銀行から派遣された監査役会メンバーたちは一般に20社から30社の監査役を兼任し，この点でも十分な企業統治ができていなかった。

　さらに，ドイツのガバナンス・システムには本質的問題があるというのが，ドイツ・コーポレート・ガバナンス改革にかかわってきたベルリン工科大教授ヴェルダー（A.v.Werder）の考えである[4]。彼によると，もともと共同決定法にもとづくドイツのトップ・マネジメント組織，特に監査役会は資本家と労働者の間の公平かつ平等を強く志向した機関となっているため，効率性志向が薄く，ドイツでは効率性の観点から企業を統治し，監視するインセンティブはもともときわめて低かったとしている。

　以上のように，1990年代以降，ドイツの会社機関をめぐってさまざまな問題点が指摘されてきたが，これを理論用語でいい換えれば，結局，ドイツ企業を

第Ⅲ部　ドイツのコーポレート・ガバナンス

図表6－4　ドイツ企業の会社機関

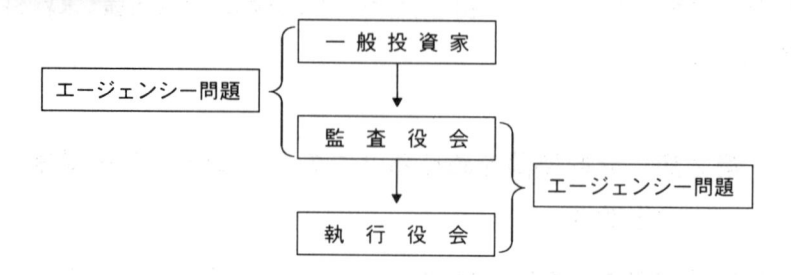

```
                ┌─ 一般投資家
エージェンシー問題 ┤      ↓
                └─ 監査役会 ┐
                     ↓      ├ エージェンシー問題
                   執行役会 ┘
```

めぐって発生していたコーポレート・ガバナンス問題とは，図表6－4のように，2つのエージェンシー問題[5]であったといえる。

すなわち，第1に銀行派遣役員中心の監査役会と執行役会との間のエージェンシー問題，つまりプリンシパルを監査役会とし，エージェントを執行役会とすると，両者の利害は必ずしも一致せず，情報も非対称的であったために，執行役会が監査役会の不備に付け込んで，悪しき非効率な行動を行ったという問題である。

また，第2に一般投資家と銀行派遣役員中心の監査役会との間のエージェンシー問題，つまりプリンシパルを一般投資家とし，エージェントを監査役会とすると，両者の利害は必ずしも一致せず，情報も非対称的であったため，監査役会は一般投資家の不備に付け込んで，執行役会を十分監視していなかったという問題である。

これら2つのエージェンシー問題を解決するために，ドイツでは共同決定法にもとづく伝統的なドイツ型会社機関を維持しつつ，一般投資家と監査役会との間の情報の非対称性を緩和し，利害を一致させるとともに，監査役会と執行役会との間の利害の一致と情報の対称化を進める方向で会社機関をめぐるガバナンス改革が展開されていった。

2　ドイツ・コーポレート・ガバナンス改革の流れ[6]

より具体的にいえば，まず政府は透明性の向上および監査機能を強化するた

第6章 会社機関とコーポレート・ガバナンス

めに，1998年に「企業領域における監視と透明性のための法律(Gesetz zur Kontrolle und Transparenz im Unternehmensbereich : Kon TraG)」を策定した。

また，民間グループによるコーポレート・ガバナンス原則策定の試みも積極的に行われた。例えば，当時オスナブルグ大学教授であったバウムス(T.Baums)をリーダーとする委員会すなわちフランクフルト・グループのコーポレート・ガバナンス委員会が設立され，2000年1月にその報告書が公表された。

同様に，ベルリン工科大学教授ヴェルダーをリーダーとするコーポレート・ガバナンス研究会いわゆるベルリン・グループも2000年6月にコーポレート・ガバナンス規範を策定し，政府にコーポレート・ガバナンス問題に本格的に取り組むよう促した。

こうした動きに対応して，2000年に政府内にフランクフルト大学教授バウムスを委員長とするコーポレート・ガバナンス改革委員会が設置された。首相府，閣僚，法務省，財務省に加え，学界，企業の監査役会および執行役会，会計事務所，取引所，労働組合，証券業界から代表が委員として参加し，広くドイツ会社制度の見直しを行った。この委員会は，2001年に報告書を提出し，コーポレート・ガバナンスに関連した現行法に対する改正を勧告し，新たにコーポレート・ガバナンス規範を作成する委員会の設置を政府に要請した。

この委員会報告を受けて，コーポレート・ガバナンス規範を作成するための委員会が新たに設置された。この委員会は，テュッセンクルップ社のクロメ(G.Cromme)会長を委員長とし，そのメンバーは機関投資家，個人投資家，執行役および監査役会構成員，取引所，労働組合代表，監査人および学界関係者で構成された。

この委員会の活動は基本的に政府から独立したものであったが，司法省はオブザーバーとして出席していた。というのも，さまざまなコーポレート・ガバナンス原則が乱立し，企業が混乱するのを防ぐために，原則一本化に向けて政府が強力にバックアップする必要があったからである。

こうして，2002年2月に，同委員会によってドイツ・コーポレート・ガバナンス規範(Der Deutsche Corporate Governance Kodex)が定められた。しかし，こ

の規範体系は最終的なものではなく、今後も少なくとも年1回は会合を開催し、必要な場合、最新の状態に改訂されることになった。

3 ドイツ・コーポレート・ガバナンス規範と会社機関変革

以上のようなプロセスで形成されたドイツ・コーポレート・ガバナンス規範（Kodex）は、72の開示義務を持つ勧告規定と19の自主規制的な推奨項目からなる[7]。この内容は、2つのエージェンシー問題つまり一般投資家と監査役会との間のエージェンシー問題、監査役会と執行役会との間のエージェンシー問題を解決するために、両者の情報を可能なかぎり対称化させ、利害を一致させようとするものである。特に、会社機関に関する点に注目すれば、それは以下のような内容を持っている。

(1) 株主および株主総会に関する勧告

まず、ドイツではこれまで企業を買収から防衛する手段として、普通株とは別に特殊議決権を有する株式を発行する習慣があった。この特殊議決権株式とは、複数の議決権を有する株式を特定の株主に対して発行するもの、あるいは外国人保有を認めない発行会社では、例外的に外国人に株式保有を認める代わりに、その議決権を制限するために発行される種類株式のことをいう。

こうした不平等な状況では、一般株主は株主総会などの機関を利用して自分たちの利害と経営陣の利害との不一致を調整することができない。それゆえ、ドイツの株主総会は実質的には機能しておらず、しかもそもそもそのような株式市場で株式を購入する一般投資家は非常に少ないため、これまで株式市場も発達することなく、それゆえ株式市場からの圧力も弱く、ドイツでは一般投資家によるガバナンス効果はほとんど期待できなかった。

そこで、会社機関を利用した銀行による企業統治のみならず、株式市場や株主総会を通して一般投資家と経営陣との間の利害を一致させるために、それゆえ株式市場や株主総会が持つコーポレート・ガバナンス効果を高めるために、ドイツ・コーポレート・ガバナンス規範では、まず1株1議決権の原則を徹底させることを要求している。また、議決権の代理行使が広がっている事実を背

第6章　会社機関とコーポレート・ガバナンス

景にして，電磁的媒体を含めた議決権のより容易な行使を求め，インターネットを利用して一般株主と会社とのコミュニケーションを促進させ，経営陣との利害調整だけではなく，情報もできるだけ対称化させることが求められた。

(2) **透明性，年次報告書および会計監査に関する勧告**

さらに，一般投資家と監査役員や執行役員などの経営陣との間の情報をできるだけ対称化させ，両者の利害を一致させるために，ドイツ・コーポレート・ガバナンス規範では，企業がすべての株主に対して速やかな情報開示を平等に行うことの重要性を強調している。そのため，インターネットによる開示や英語による情報提供が不可欠であるとしている。

また，年次報告書における情報開示では連結財務諸表で国際会計基準を採用すること，開示項目には報酬制度，グループを構成する株式保有状況，大株主などの情報を加えること，そして会計監査人の選任に当たり，独立性を維持するために会計監査業務とコンサルティングについて，規律と十分な情報開示を求めている。

このような情報開示の要求は，情報の非対称性が生み出す経営陣のモラル・ハザードを抑止するために，一般投資家と経営陣との間の情報の非対称性を緩和させようとする方法である。

(3) **監査役会と執行役会に関する勧告**

さらに，ドイツでは先に述べたように，これまで銀行派遣役員中心の監査役会と執行役会との間の利害は必ずしも一致せず，しかも情報も非対称的であったため，執行役会によるモラル・ハザード現象が発生していた。その典型的な事例が，90年代に多発したドイツ企業の不祥事であり，それを銀行派遣監査役たちは十分監視できなかった。

そこで，ドイツ・コーポレート・ガバナンス規範は，監査役会と執行役会が企業利益のために適切に連携することを求めている。つまり，両者の利害の一致を確認させ，しかも利害を一致させるために，執行役会は監査役会とともに企業の戦略を決定し，定期的に協議する必要があるとし，相互に情報提供と報告義務を詳細に定める必要があるとした。

第Ⅲ部　ドイツのコーポレート・ガバナンス

　また，執行役会に対しては，特にそのモラル・ハザード行動を抑止するために，企業利益の最大化および企業の継続的価値の増大に向けた行動が義務づけられ，法の遵守，適切なリスク管理，統制が求められている。そして，報酬面でも業績連動型報酬制度（例えば，ストック・オプション）の採用が勧められ，これによって株主との利害も一致させるとともに，その情報の開示も求められている。

　他方，監査役会に対しては，執行役会に対する監督義務が特に強調されている。そして，その任務を達成するために，付託事項を定め，十分な知識を持つ人物による専門委員会の設置の必要性を訴えるとともに，監査役員に生じる個人的利益についても適切な対応を求め，規律に従うことが強調されている。

　特に，監査委員会に関しては，内部統制の専門家を参加させることを要請している。さらに，執行役会からの独立性を維持するため，2名以上の執行役出身者を置かないことが勧告されている。

第3節　ガバナンス改革の実効性と現状

1　実効性の高まり

　以上のように，1990年代以後，ドイツではコーポレート・ガバナンス改革と呼ばれる一連の改革が積極的に進められてきた。その改革の終着点ともいえるドイツ・コーポレート・ガバナンス規範は，商法や株式法といった法律とは異なり，あくまで「規範」であるため，企業を法的に拘束するものではない。それゆえ，これまでその実効性に疑念が投げかけられてきた。

　しかし，このガバナンス規範と同様にコーポレート・ガバナンス改革の一環として国会審議が進められてきた会社法関連の法律規定つまり株式法や商法等の一括改正法「企業経営の透明性と開示のための法律」が一部の例外を除き，2002年7月に施行されることになった。これによって，ドイツ・コーポレート・ガバナンス規範は単なる理念ではなく，十分実効性をもつものへと変化した。

第6章　会社機関とコーポレート・ガバナンス

その理由は，この「一括改正法」によって改正された「株式法」の第161条に上場会社の執行役員と監査役会は，連邦法務省の電子連邦公報に公示された政府諮問のコーポレート・ガバナンス規範委員会の勧告規定を遵守していたか，あるいは遵守しているかどうかについて毎年陳述するか，あるいは遵守していなかったかどうか，または遵守していない旨の陳述を行うことが義務づけられたからである。しかも，その陳述は株主が常にアクセス可能でなければならないという規定が挿入された。こうして，ドイツ企業はドイツ・コーポレート・ガバナンス規範の拘束を受けざるをえない状況におかれたのである。

2　ガバナンス規範の遵守状況1

以上のように，ドイツ・コーポレート・ガバナンス規範の遵守状況の公表が株式法によって義務づけられたため，今日，ウェブサイトを通して会社の年次報告書やその遵守状況を確認することができる。

クロメ委員会の委員であったヴェルダー[8]は，毎年，ドイツ企業のコーポレート・ガバナンス規範の遵守状況を分析している人物の1人である。彼の分析によれば，ＤＡＸ指数構成会社30社に関しては，早い時期からガバナンス規範は幅広く受け入れられているとする。また，彼はＤＡＸ30社以外の企業も広く分析し，ドイツ・コーポレート・ガバナンス規範が広くドイツ企業に受け入れられていることも明らかにした。

より具体的にいえば，まずドイツ証券取引所では指数を構成する企業は規模に応じて区別される。周知のように，ＤＡＸ指数構成会社とはドイツでもっとも大きな企業群30社であり，例えばルフトハンザ，シーメンス，フォルックスワーゲン社などがそれに含まれる。次に大きい企業群70社を指数構成会社とする指数はM-DAX(Mid-cap-Index)と呼ばれ，その代表がフィールマン(Fielmann)，ＭＬＰ，メルク（Merck）などである。そして，小さい企業群50社を指数構成会社とする指数はＳ-ＤＡＸ（Small-cap-Index）と呼ばれ，例えばギルドーエマイスター（Gild-emeister），ジクストＡＧ（Sixt-AG）などがそれに含まれる。ヴェルダーの調査[9]によると，大規模会社ほどドイツ・コーポレート・ガバナンス

規範遵守度が高いとする。というのも，2004年ではＤＡＸ指数構成企業の96％がガバナンス規範72項目のうち69項を守っていたのに対して，Ｍ-ＤＡＸ指数構成企業の90％が72項目のうち65項を守っており，Ｓ-ＤＡＸ指数構成企業の87％が72項目のうち63項を守っていたというデータを得たからである。

また，ヴェルダーによると，グローバルな大企業ではできるだけ投資家の情報開示要求に応えるために，企業内部にガバナンス規範のための専門部署を設置し，開示要求に対応しようという傾向があることも指摘している。このように，ドイツ・コーポレート・ガバナンス規範は，ドイツで着実に実行されつつあるといえるだろう。

3　ガバナンス規範の遵守状況2

もちろん，すべてのドイツ・コーポレート・ガバナンス規範の項目が遵守されているわけではない。ヴェルダーによると，執行役から監査役への横滑り就任の多さの問題，株主総会開催時間の長さの問題はいまだ十分解決されていないとする。さらに，執行役会の報酬に関する説明や役員報酬の個別開示，利益相反に関する説明なども，当初から予想されていた通り，十分遵守されていなかった。

しかし，ＤＡＸ指数構成企業30社のうち6社が最高経営責任者（ＣＥＯ）の報酬を開示した。特に，図表6－5のように，ドイツ銀行は年次報告書でアッカーマン頭取ら主要な執行役員の報酬を開示した。また，ソフトウエア最大手のＳＡＰも最高経営責任者（ＣＥＯ）プラットナー氏を含む執行役員の報酬を開示した。さらに，ドイツ証券取引所も，ザイフェルト社長ら執行役員8人の報酬額を開示しており，明らかに開示する動きが出てきているといえるだろう。

また，ドイツ・コーポレート・ガバナンス規範が要求する1株1議決権制度の遵守についてはどうだろうか。先に述べたように，過去，米国最大の年金基金カルパースが，ドイツの公益事業会社ＲＷＥに対して，株式制度の不平等性を指摘したため，ＲＷＥでは議決権の不平等な制度が廃止された。同じような不平等な議決権制度は，実はニーダーザクセン州が所有するフォルックスワー

第6章 会社機関とコーポレート・ガバナンス

図表6-5 役員報酬開示企業（日本経済新聞03年5月24日より作成）

社　　名	氏　　名	報　酬　額
ドイツ銀行（独）	アッカーマン頭取	429万ユーロ（5.57億円）
ＳＡＰ（独）	プラットナー会長兼ＣＥＯ	175万ユーロ（2.27億円）
ドイツ取引所（独）	ザイフェルト社長	163万ユーロ（2.12億円）
ノバルティス（スイス）	ヴァセラ会長兼ＣＥＯ	2,015万スイスフラン（18.1億円）
ロシュ（スイス）	フーマー会長兼ＣＥＯ	1,500万スイスフラン（13.5億円）
ＵＢＳ（スイス）	オスベル会長	1,250万スイスフラン（11.3億円）

ゲン社でも見られ，これも批判の対象となったため，廃止された。このような動きは必ずしもドイツ企業全体に広がっているわけではないが，欧州委員会の方針に沿って株式制度の不平等性が見直されることになっており，今後は1株1議決権というガバナンス規範に従う企業は多くなる可能性がある。

おわりに

　以上，本章ではドイツのコーポレート・ガバナンスをめぐって，まずドイツの伝統的な会社機関がどのようなものであるかを明らかにした。次に，20世紀末，それをめぐってどのような問題が発生し，そしてコーポレート・ガバナンスをめぐって，今日，どのような機関改革が進められているのかを明らかにした。最後に，その改革の実行性に関するドイツの現状について説明した。この一連の考察からいえることは，ドイツでは会社機関を利用した従来のユニバーサル・バンクによる企業統治には限界があり，それを補完するために，今日，法改正や規範策定を通して一般投資家による企業統治つまり株式市場や株主総会からの圧力を強めるような方向でコーポレート・ガバナンス改革が積極的に進められているということである。

第Ⅲ部　ドイツのコーポレート・ガバナンス

(注)

1) これは Vorstand の訳で,「取締役会」とも訳されているが,日米の会社機関の1つである「取締役会」との混同を避けるために,ここでは「執行役会」と訳した。
2) ドイツの共同決定法については,海道 (2005),菊澤 (2004),吉森 (2001),および佐久間 (2003) の中にある拙稿に詳しい。
3) これについて,吉森 (2001) に詳しい。
4) これについては,Werder (2004) を見よ。
5) エージェンシー理論については,Jensen and Meckling (1976),Jensen (2000) に詳しい。また,エージェンシー理論のやさしい説明は,菊澤 (2006 a) および (2006 b) を参考にしてほしい。さらに,エージェンシー理論を用いて,コーポレート・ガバナンスを分析しているのが,菊澤 (2004) である。
6) ドイツ・コーポレート・ガバナンス改革の歴史的な流れについては,菊澤 (2004) および関 (2006) に詳しいので,参考にしてほしい。
7) ドイツ・コーポレート・ガバナンス規範の内容については,関 (2006) に詳しい。
8) これについては,Werder (2004) に詳しい。また,この点については,ラルフ ビーブンロット (2005) にも言及されている。
9) この調査については,Zypries/Kley/Adams/Lutter (2004) S.3－9に詳しい。

《参考文献》

Jensen, M. C. and W. H. Meckling (1976), "Theory of The Firm: Managerial Behavior, Agency Costs and Ownership Structure", *Journal of Financial Economics* 3 : 305－360.

Jensen, M. C. (2000), "*The Theory of the Firm: Governance, Residual Claims, and Organizational Forms*", Harvard University Press.

海道ノブチカ (2005)『ドイツの企業体制論―ドイツのコーポレート・ガバナンス』森山書店。

菊池敏夫・平田光弘編 (2000)『企業統治の国際比較』文眞堂。

菊澤研宗 (2004)『比較コーポレート・ガバナンス論―組織の経済学アプローチ』有斐閣。

菊澤研宗編 (2006 a)『業界分析　組織の経済学―新制度派経済学の応用』中央経済社。

菊澤研宗 (2006 b)『組織の経済学入門―新制度派経済学アプローチ』有斐閣。

ラルフ・ビーブンロット (2005)「ドイツのコーポレート・ガバナンスと共同決定」『大阪経大論集』第55巻6号,215－224ページ。

佐久間信夫編 (2003)『企業統治構造の国際比較』ミネルヴァ書房。

関　孝哉 (2006)『コーポレート・ガバナンスとアカウンタビリティ』商事法務。

Werder, v. A., (2004), Überwachungseffizienz und Unternehmensmitbestimmung, *Die Aktiengesellschafts*, 4, S. 166－172.

吉森　賢 (2001)『日米欧の企業経営―企業統治と経営者』放送大学出版。

第6章　会社機関とコーポレート・ガバナンス

Zypries, B. /Kley, M. /Adams, M. /Lutter, M (2004), Transparenz bei der Managerverguetung-ist die Akzeptanz des Corporate Governance in Gefahr ? *Ifo Schnelldienst,* Okt. Nr. 19.

（菊澤　研宗）

第IV部

韓国のコーポレート・ガバナンス

第7章　外部監視とコーポレート・ガバナンス

はじめに

　1990年代以降，経済のグローバル化が進展する中，アングロ・サクソン型の経済体制が地球規模で拡散している。このような動向は韓国経済にも例外ではなく，さまざまな領域において大きなインパクトを与えている。特に，1997年末に勃発したアジア経済通貨危機を契機に，救済金融の主体であるＩＭＦ（国際通貨基金）やＩＢＲＤ（国際復興開発銀行）からの制度改革の強力な要求とそれへの受容は韓国経済が急激な変化に迫られる主な要因の１つとなった。

　一般的に，経営者を監視する手段には，外部監視，内部監視，法律，企業文化および倫理などがあげられている（未来経営開発研究院，2000）。第１の外部監視を果たすものとして資本市場，貸出市場，労働市場，商品市場などがあげられる。すなわち，経営者の経営能力を判断する基準として知られている株価，企業ランク付け，貸出条件などの結果によって経営者の規律づけを行うことがその典型的な役割である。組織統制ともいわれる第２の内部監視には，株主総会，取締役会，監査役会などがあり，近年もっとも制度的改革をめぐって議論が激しく展開されている領域でもある。第３の法律は，会社法（旧商法），証券取引法，公正取引法，各種政府団体の政策指針などがこれにあたる。これは第１と第２の最低限の制度的な枠組みを決める際の根拠を提供してくれる。そして最後の企業文化および倫理には，当該企業の文化的伝統，企業文化，企業の社会的責任など企業と社会との関係様式を含むものである。これらコーポレート・ガバナンスを決定する諸要因を分析すると，近年，米国から始まり，全世

界に拡散しているさまざまな制度的改革の動向とそれに伴う多様な分野において急激な変化を明確にすることが可能となる。

本章では，上述したコーポレート・ガバナンスを決定する諸要因の中で外部監視機能に注目し，韓国企業における近年の動向を明らかにする。特に，資本市場と貸出市場を中心に近年生じている外部監視機能の変化について検討する。さらに，2002年米国で発生したエンロン，ワールドコムなどの企業不祥事以降，その原因究明とともに注目を集めた監視主体としてのゲート・キーパー（gate keeper）についても取り上げる。

本章は以下のような内容で展開する。韓国におけるコーポレート・ガバナンスの歴史的展開，韓国企業の所有構造の特徴，与信管理と主取引銀行制度，韓国のゲート・キーパー制度などについてそれぞれ取り上げる。

第1節　韓国におけるコーポレート・ガバナンスの歴史的展開

周知の通り，戦後，韓国は戦後開発途上国として出発したため，政府主導による強力な開発経済体制を長年維持してきた。短期間での急激な成長の牽引となった制度的基盤は図表7－1で示しているように，外国の制度を受け入れるような形から始まった。実際に，1948年から1962年までの間は日本の商法を基礎に始まり，それ以降は米国，イギリス，ドイツなど欧米の諸法律が受け継がれるような形でコーポレート・ガバナンスの形式を整えてきたといえる。韓国の会社法は日本とドイツの商法をベースに英米法の諸制度を継受したものとして知られている。1962年にようやく独自の商法典が制定された。1984年には会社法と経済実態との乖離を埋めたものが生まれ，90年代以降は米国型のコーポレート・ガバナンス導入の要求を受けた改正として経営の機動性確保，グローバル化への対応，透明性確保などを主な目的としたものが制定された。

第7章 外部監視とコーポレート・ガバナンス

図表7－1 韓国における法律制度の変遷とコーポレート・ガバナンス

年度及び期間	主 な 内 容	意 義
1948年－1962年	日本の明治32年商法典がそのまま適用	韓国商法典が制定されるまでに適用
1962年	ドイツ法系に属する商法をベースに英米法の諸制度を継受したもの	韓国独自の商法典を制定
1984年	企業経営に影響を与える重要な改正として初の実質的なもの	会社法と経済実態との乖離を埋めたもの
1995年	国際競争力強化	OECD加入後，OECD加盟国からの圧力によるものが中心
1998年	通貨危機で浮き彫りになった問題の解決に集中	M&Aの過程の簡素化，説明責任の強化，少数株主の権限強化など
1999年	1998年度の改正を補完	ストックオプションにおける規制，監査委員会など

（出所） Jang, H. and Kim, J. (2002)，日本監査役協会 (2002)

韓国の財閥大企業の所有・支配構造を見ると，欧米で発生している経営者支配などの問題は基本的に発生しない。なぜならば，所有と経営の分離を前提に株主が経営者に対する監視費用として想定していたエージェンシー・コストは，大株主が最高経営者として会社を支配しているため，韓国の状況では当てはまらない。しかし，オーナー経営者と少数株主間の利益の分配をめぐる問題は常に存在している。例えば，近年，一部の財閥大企業で最高経営者を継承させる過程において，株主全体の利害を十分に反映しないままに，オーナー一族の後継者へ安価な値段で株式を贈与するなどのような不当な利益提供がその典型的な例である。

韓国財閥の大企業のような所有・支配構造を有するものを「内部者支配枠組み」(insider-dominated framework) といい，持ち分文化 (Equity culture) の欠如，少数株主 (minority shareholder) における法的保護装置の欠如，配当金に対する関心の欠如，株主総会に対する関心の欠如，途上国市場においての敵対的M&Aを通した経営規律づけ (Management discipline) の欠如，経営意思決定にお

ける権限誤用あるいは濫用の問題などがしばしば指摘されている (Solomon et. al, 2002)。

一方，従来から財閥経営の問題点などを指摘している動向とは対照的に，近年では同族経営に対して新たに肯定的な評価が行われているのは興味深い (Miller and Breton-Miller, 2005)。2000年初頭から米国で発生したエンロン，ワールドコムなどの企業不祥事以降，経営者監視をめぐる議論のなかで同族経営企業を再評価したものとして考えられる。実際に，Ｓ＆Ｐが企業業績の優れた企業として選定した500社の中で，同族経営者が直接経営にかかわっている割合が1992年から99年までの間に32％，2003年には35％にも上っていることに驚きを隠せない。しかもこれらの企業が全体的な企業業績の面でさらに専門経営者を受け入れた企業を上回っている点がある。これらの企業は創業者のメンバーが経営幹部または大株主として取締役会に参加している点が特徴である。

さらに，韓国では"corporate governance"の訳として「企業支配構造」という表現を使っている。これは日本のそれが「企業統治」という表現で，中国のそれが「企業治理」という表現で訳されているのと同様である。

第2節　韓国の資本市場

1　通貨危機以降の資本市場における法律の変化

韓国は通貨危機が発生した1997年を境に，株式市場が質的・量的な面において急激に変化した。まず，量的な変化を見ると，図表7－2が示しているように，96年の約97万人から2000年に約390万人に増加する過程を経て，2005年現在，353万7千人（そのうち，有価証券に投資している人口が約284万8千人，KOSDAQに投資している人口が約147万6千人）までに至っている[1]。これは韓国企業が従来の銀行などからの借入れによる間接金融から増資などによる直接金融へ移行していることを意味している。

また，GDP（国内総生産）対比で96年に25.0％，97年に14.4％，98年に29.2％，99年に70.4％，そして2000年に35.8％に変化するなど全体的に増加す

図表7-2　韓国における株式市場の規模および投資者数の変化

項目＼年度	1996年	1997年	1998年	1999年	2000年
時価総額／GDP（％）	25.0	14.4	29.2	70.4	35.8
投資者数（百万名）	97.2	137.2	273.6	466.9	387.8

（注）　時価総額は証券取引所を基準にしたもの。
（出所）　崔インチョル（2001）

る傾向を見せている。

　次に，質的な変化を見ると，通貨危機以降，企業支配と関連する制度上の変化に起因するところが多い。図表7-3が示しているように，M&A市場と銀行貸出市場における規制が緩和された。特に，外国人による財閥上場企業への投資制限の撤廃や財閥企業自身の負債比率を大幅に低下することを義務化した措置などは従来までとは異なる競争を促進する結果となった。外国人投資家の

図表7-3　通貨危機以降の企業支配構造関連の主な制度的変化

関連市場	主な内容	関連法令
M&A市場	・義務公開買収制度完全廃止（1998年） ・出資総額制限規制完全廃止（1998年） ・外国人直接投資限度廃止（1998年） ・外国人の株式取得時，財政経済部長官の許可対象縮小：資産2兆ウォン以上の　（1998年） ・外国人の既存株式取得時，取締役会の同意要件の変更：10％から33％へ（1998年） ・TOB期間中の新株発行禁止（2001年） ・TOBの事後申告制度への転換（2001年） ・企業投資ファンド（PEF）の制定（2004年）	証券取引法 公正取引法 証券監督員規定 外国人投資法 外国人投資法
貸出市場	・相互債務保証による新規貸出禁止（1998年） ・既存相互債務保証の完全解消（2000年） ・財務構造改善約定締結 　　負債比率削減 　　新規産業進出時，主取引銀行と協議	公正取引法

（出所）　崔インチョル（1999）を一部修正。柳町（2002）から再引用。

増加は，証券監督院規定による「外国人直接投資制限」の廃止や，外国人投資法による「外国人の株式取得時の財政経済部長官の許可対象の縮小」，外国人の既存株式取得時，取締役会の同意要件の変更（10％から33％へ）などがその重要な理由となった（柳町，2002）。

しかし，韓国の財閥大企業のコーポレート・ガバナンス上の弊害を是正する措置として制定された諸法律はある意味では外国人（外国企業を含む）に対しての規制を緩和してしまう結果となり，規制緩和に対する新たな規制強化が必要なイシューとして取り上げられている。実際に，国内資本の株式所有規制としての措置には，金融機関の同一人の株式所有制限，出資総額制限，相互出資制限，金融系列社による議決権制限などがある[2]。結果的に，外国資本による短期的収益を目的とする敵対的買収にさらされた面もある。2004年6月現在，全体の外国人投資資本の中で，経営システムの改善を目的とする経営多角化型の割合は4.6％にすぎず，短期的な売買差益を目的とする資本は95.4％であることがそれを裏付けている（金融監督院，2004）。換言すれば，シナジー効果の実現，規模の経済性と範囲の経済性の追求，市場支配力の向上，市場取引費用の減少，関連職能の相互補完効果などの目的で行われる前者の経営多角化型の割合が非常に少ないことを意味する。

2 所有構造の変化

では上述した通貨危機以降の制度的変化によって所有構造はいかに変化したのか。図表7－4は通貨危機以降の韓国上場企業の所有構造の推移を示している。1997年末発生した通貨危機以降の韓国上場企業の所有比率は，機関投資家，銀行を含む金融機関の全体的な割合はさほどの変化は見られないのに対し，政府・公共機関の低下と外国人の増加が目立つ。特に，外国人の増加比率は，1999年の18.47％に比べて2005年には37.17％と2倍近くまでに増加している。外国人の持分率が増加している企業グループは比較的にグローバルな事業展開を行う程度が高かったり，企業業績の面において非常に優れた結果を上げているところに集中している。具体的には，2004年4月現在で三星（57.03％），現代

第7章 外部監視とコーポレート・ガバナンス

図表7－4　通貨危機以降の所有者別株式所有分布の推移（時価総額基準）

年度	政府及び政府関連企業（百万ウォン）比率（％）	機関投資家（百万ウォン）比率（％）	一般法人（百万ウォン）比率（％）	個人（百万ウォン）比率（％）	外国人（百万ウォン）比率（％）	合計（百万ウォン）比率（％）
1999	78,647,820	67,589,418	89,996,082	150,144,931	87,553,008	473,931,259
	16.59	14.26	18.99	31.68	18.47	100.00
2000	28,498,580	35,746,581	43,046,102	50,688,944	58,261,939	215,972,147
	13.20	16.43	19.93	23.47	26.98	100.00
2001	27,533,639	47,278,828	52,713,145	81,345,087	99,069,570	307,940,267
	8.94	15.35	17.12	20.42	32.17	100.00
2002	19,418,781	45,247,346	58,683,141	75,644,743	97,089,877	296,083,889
	6.56	15.28	19.82	25.55	32.79	100.00
2003	17,982,016	61,642,246	73,700,544	91,486,298	147,926,300	392,737,405
	4.58	15.70	18.77	23.29	37.67	100.00
2004	18,330,170	75,473,671	79,662,607	92,313,539	177,957,200	443,737,187
	4.13	17.01	17.95	20.80	40.10	100.00
2005	26,527,092	134,752,163	130,849,673	164,005,601	269,837,800	725,972,330
	3.65	18.56	18.02	22.59	37.17	100.00

注)(1)　機関投資家には，証券会社，保険会社，投資信託，銀行，総合銀行，基金などが含まれる。
　 (2)　株式所有比率は，証券取引所とＫＯＳＤＡＱを合算したものである。
（出所）　証券先物取引所（http://www.krx.co.kr/index.html）

自動車（47.23％），ＳＫ（41.64％），韓進（27.71％），ハンファ（18.25％），現代中工業（19.42％），錦湖アジアナ（10.56％）などの財閥グループを中心に持分率の増加が見られている[3]。

　一方，オーナー一族とその系列会社によって支配されている財閥大企業は，2006年現在，オーナー一族の持分が5.04％である。系列会社の持分を含む内部持分率は51.24％まで至っており，通貨危機以降若干増加しているが，大きな変化は見られない。近年，指標として使用している「持分に対してどの程度議

決権を行使することができるのか」を示す所有・支配乖離度は30.55%になっている。

3 外国人持分比率の増加がコーポレート・ガバナンスに及ぼした影響

　外国人の持分率の増加は，実際の企業経営にさまざまな影響を及ぼしている。資本市場の開放以来，外国企業による敵対的買収の脅威にさらされないために，現金の内部留保が増加している傾向がある。2004年に上場企業を対象に大韓商工会議所と中央日報が共同で行ったアンケート調査の結果によれば，敵対的買収に対する企業防衛のため，経営が萎縮されてしまうかも知れないという答えが62.8%もあった。実際に，2003年に資産規模で財界4位のSKグループが豪州系の投資資本であるソバリンに経営権を脅かされ，多額の損失を蒙った事件があった。SKグループの粉飾会計事件の場合，総帥が海外現地法人への連帯保証とのかかわりで拘束されるなどの経営規律付けの性格があったのに対し，ニューキャピタル事件の場合は比較的に財務構造が堅実な三星物産に対して敵対的買収の可能性を示唆するなどの虚偽告示の手法を利用して膨大な売買差益を得たものであった。

　また，310社の上場非金融企業が保有している現金は，1997年に17.6兆ウォン，2004年に36.1兆ウォン，2005年には80兆ウォンまで増加し，通貨危機が発生した1997年と比較すると3倍以上も増加した結果となっている[4]。これは規模だけではなく，売上高に対して占める割合でも増加している。近年，外国人を含む機関投資家の関心事を反映するために証券取引所が発表している指標として KOSPI IT（情報通信株価指数），KODI（配当指数），KOGI（企業支配構造指数）がある。図表7-5が示しているように，市場ポートフォリオで占める割合と外国人ポートフォリオで占める割合ともにIT業種，配当性向が高い企業及びコーポレート・ガバナンス構造が優れている企業に投資していることがわかる。

　このような外国人株主による所有比率の増加は，企業経営に多大な影響を及

第7章 外部監視とコーポレート・ガバナンス

図表7－5 KOSPI IT, KODI, KOGIが占める比重（2004年末基準）

区　分	KOSPI IT	KODI	KOGI
市場ポートフォリオで占める割合	30.0	48.6	46.2
外国人ポートフォリオで占める割合	35.0	60.7	56.5

（出所）　Fn Guide，証券取引所。

ぼしている。株主総会の機能が，2001年までは少数株主に対する権利の強化などの措置により，市民団体や少数株主による議決権行使の場から，2002年以降は外国人株主による権利行使のための場へとその意味合いが変わっている（金, 2002）。特に，従来において本来の機能が形骸化していた株主総会においても新たな動向が生じている。株主総会で取り上げられている主な議題は，図表7－6が示しているように，配当金の配分，社外取締役人の選任，粉飾会計処理に対する処罰，株主総会前の株主への事前情報の提供などになっている。

図表7－6 2003年度株主総会の主な議題

区　分	議　題	主　な　内　容
成果配分	・配当金支給 ・ストックオプション	・配当金への関心と配当率の上昇
経営権変動と議決権行使	・ＣＥＯの選任 ・社外取締役の任命 ・外国人と金融機関の議決権	・銀行頭取の交代及び経営権紛争 ・ＫＯＳＤＡＱ企業への拡大 ・議決権行使とその影響力の拡大
経営判断及び責任追及	・金融機関の監視機能 ・過失処理と経営責任の範囲	・機関投資家の議決権行使 ・市民団体などからの監視
情報開示・会計監査	・会計監査の強化 ・監査役意見の法的拘束力の強化	・内部会計管理制度の導入 ・退出決定への監査役の意見を大幅に反映
株主総会の運用	・株主への事前情報の提供 ・議長の権限	・株主総会召集通知内容の詳細化 ・進行を妨害する株主への制裁

（出所）　金ジョンニョン「2002年決算株主総会の争点とその示唆点」三星経済研究所，2002年3月6日。

第Ⅳ部　韓国のコーポレート・ガバナンス

　その中でももっとも関心が集まっているのが配当金支給率と積極的な経営参加である。前者の配当金の支給率は外国人の投資規制が完全に撤廃された1998年以降徐々に増加している傾向を見せている。具体的に，当期純利益に対する配当支給額が占める割合は99年が45％，2000年に62.5％，2003年には35.1％になっており，配当金額が当期純利益の増加に比べてさほど大きくはなかった。

　では外国人持分比率と配当金支給率とはいかなる相関関係があるのか。朴ヒョンス（2004）の実証研究の結果によれば，外国人の持分比率が高い企業であればあるほど配当性向，一株当たりの配当金及び配当金総額がすべて増加していることが明らかになった。外国人の持分比率が1％増加することによって配当性向は0.7％，一株当たりの配当金1.0％，配当金総額は0.7％がそれぞれ増加する効果が発生する結果となった。したがって，外国人の持分比率の増加は高配当への圧力となっていることを裏づけている。実際に，98年，99年には持分率の増加が株主配当への影響が少なかったが，特に2002年以降は高配当への圧力が高まっている結果となっている。

　しかし，配当金支給とは対照的に外国人の持分比率が高くなればなるほど設備投資は徐々に減少していることになっている。外国人の持分比率が1％増加することによって固定資産増加率は0.09％，有形資産増加率は0.25％が減少する結果となっている。

第3節　主取引銀行制度と与信管理システム

　韓国の借入市場において財閥大企業に対するガバナンス機能を果たした制度として与信管理システムと主取引銀行制度がある。韓国経済においては，政府が経済拡大政策の一環として展開した1960年代の輸出拡大政策，1970年代の重化学工業育成政策が典型的な例として上げられる（Joeng, 2004）。これは開発途上国としての不利な点などを克服するために政策として活用されたが，一部の財閥大企業に開発金融資金が集中的に支援される結果となり，産業間・地域間の不均衡的な発展をもたらすなどの問題点が生じていた。一方，1980年代に入

り，マクロ安定政策と部分的な経済自由化を許容する中で，相対的に大きくなった財閥大企業の経営を監視するシステムとして上述した2つの制度を制定した[5]。1982年に制定された主取引銀行制度が銀行法として法的拘束力を持つことになった。

　第1の与信管理システムは，与信額限度管理，主取引銀行による企業投資，不動産取得規制及び財務構造改善指導などが主な内容である。

　第2の主取引銀行とは「大企業ごとに，指定された1つの主要な取引銀行が与信管理業務を担当することが義務づけられたシステム」のことをいう。

　ではこのような経緯で作り上げられて財閥企業と銀行との間ではいかなる関係を維持しているのか。

　韓国は資本市場発達している英米とは異なり，銀行からの資金調達が主要なウェートを占めている日本やドイツに類似する形態をとっている。したがって，銀行による監視はガバナンス機能として大きな役割を果しているといえる。では主取引銀行制度はガバナンス機能としていかなるものがあるのか。図表7－7は主取引銀行制度の年代別の変遷について整理したものである。

　同図表が示しているように，主取引銀行制度は1980年代以降導入され，徐々に企業経営への監視機能を強化している。しかし，日本のメイン・バンク・システムのような銀行自律的な経営判断による監視機能は果たしているとは言い

図表7－7　主取引銀行関連制度の変遷

年代	1980年代	1990年代	通貨危機以降
制度	・与信管理制度の導入（1984年） ・新規投資や不動産購入条件の強化（1987年）	・非業務用不動産売却した後，不動産の新規取得の禁止 ・与信管理対象を50大企業集団から30大企業集団へ変更（1993年）	・主取引銀行制度から主債権銀行制度へ変更 ・問題企業への銀行役員の派遣

（出所）　金燦皓「韓国財閥におけるコーポレート・ガバナンス改革」赤川元章・唐木圀和編著『東アジア経済研究のフロンティア』慶応義塾大学出版会，2004年，234－237ページを再整理。

第Ⅳ部　韓国のコーポレート・ガバナンス

難い面がある（金燦皓, 2004）。その根拠は, 通貨危機以降「主債権銀行制度」の導入に見られる。ここでいる主債権銀行制度とは各企業と個別に財務構造の改善や債務返済方法に関する約定を行うことによって財閥大企業を監視する新たな制度のことをいう。そのような意味では未だに韓国の銀行は政府代理人としての役割を果たしており, 独自の固有の監視システムを有していないことに他ならない。

第4節　韓国のゲート・キーパー

　近年, 米国で発生したエンロン, ワールドコムの企業不祥事以降, 証券取引所の規制, 公認会計士協会などの自主規制, 金融庁などの監督官庁の規制, 監査法人による監査など当該企業に対して第三者機関として情報開示に関する法律や社会的ルールの遵守を確保する機能を果たす存在であるゲート・キーパー（gate keeper）に対する関心が高まっている。この一連の企業不祥事事件は, このゲート・キーパーの本質的な機能不全にあるという認識には異論の余地がない。ここでいうゲート・キーパーとは「当該会社以外の第三者が資本市場における情報開示に関する法や社会的ルールの遵守を確保すること」[6]を意味する。具体的には, 監査法人, 会計事務所, 格付け機関, 政府機関などがこれに該当する。近年, 米国で制定されたサーベンス・オクスレー法（Sabanes-Oxley Act:以下ＳＯＸ）の制定は米国のゲート・キーパーに対する規制強化を示すものである。

　このような動向のなか, 内部統制システムをめぐる制度的な面においては, 政府主導で2003年末から2004年にかけて公認会計士法（非監査業務の制限, 独立性関連制限対象に配偶者を追加, 会計法人関連職務制限条項の明確化, 公認会計士の修習期間の短縮など）, 株式会社外部監査法（外部監査人の定期的交代義務化, 監査調書の作成および保管義務, 不正行為申告者の保護, 内部会計管理制度, 会計基準の明文化, 監査報告書の作成及び内容の明文化, 監理指摘事項の通報など）, 証券取引法（有価証券申告書及び事業報告書に対するＣＥＯ・ＣＦＯの確認及び署名, 虚偽告示関連刑事処

第7章　外部監視とコーポレート・ガバナンス

罰対象の拡大，監査委員会の専門性向上，半期報告書に対する公認会計士の検討対象の拡大など），証券関連集団訴訟法（集団訴訟の適用範囲，時効期間の明示，訴訟提起の前提条件，損害賠償額の算定など）の改正により形式的な面ではＳＯＸに近い迅速な変化が見られる（文，2006）。実際の運用の面において通貨危機前後を比較すると，米国のＣＯＳＯの定義に基づく統制環境と，ＩＴシステム環境およびモニタリングの２つに分けて分析した結果，韓国企業の全般的な内部統制水準はＡＴＰ加重平均で2.77から3.48に改善された。その中でもっとも改善された要素はリスクマネジメントであり，もっとも改善が見られない要素はＩＴ機能と組織であることが明らかになった。

おわりに

以上，われわれは韓国の財閥企業における外部監視システムについて概観した。韓国経済においては，1997年末に勃発した通貨危機が契機になり，政府主導による強力な法制度上の改革が推し進められた。本章では外部統治機能を果たしている資本市場，与信管理制度と主取引銀行制度，ゲート・キーパー機能の強化などを取り上げた。

第１の資本市場とＭ＆Ａ市場においては，通貨危機以降徐々に改定された諸法律によって政府及び政府関連企業の低下と，外国人投資家による持分率の増加をもたらした。特に，外国人の持分比率が高い企業であればあるほど配当性向，一株当たりの配当金及び配当金総額がすべて増加していることが明らかになった。また，従来形骸化していた株主総会において積極的な議決権行使などの積極的な参加により活性化させるなどの評価はあった。しかし，設備投資の低下に見られるように，経済の活性化や構造改革への貢献の面においては否定的な結果となり，今後の制度的な整備が必要とされる。

第２の与信管理制度と主取引制度は1980年代以降制定され，銀行が政府の代理人として財閥大企業への過剰な経済力集中にある面では貢献した。しかし，通貨危機以降制定された「主債権銀行制度」が各企業と個別に財務構造の改善

第Ⅳ部　韓国のコーポレート・ガバナンス

や債務返済方法に関する約定を行うような銀行独自の固有の監視システムを有していない面では今後の改善が必要とされる。

最後のゲート・キーパー制度においては，公認会計士法，株式会社外部監査法，証券取引法，証券関連集団訴訟法の改正により形式的な面ではＳＯＸに近い迅速な変化が見られている。

（注）
1) 証券取引所（http://www.krx.co.kr/index.html）
2) 朴ヒョンス「外国資本を牽制する方案」『上場』韓国上場会社協議会2005年4月号，6－9ページ。
3) 証券取引所「主要財閥グループの時価総額及外国人保有現況」2004年4月20日。（http://www.krx.co.kr/index.html）
4) 上場企業における外国人保有比率を業種別に見ると，銀行，保険，金融業などの金融関連業種と，鉄鋼及び金属，電子・電機業など比較的に輸出の比率が高い業種や大規模の企業が多い業種に対する割合が高いのに対し，医療，精密機械，繊維・衣類，製紙，木材など内需中心や中小企業が多い業種に対してはその割合が低い状態である。(出所：徐サンウォン「外国人株主の株式売買動向」金融監督院，2006年1月。）(http://www.fss.or.kr/kor/koreanIndex.html)
5) 日本においては，戦後以降，銀行中心のメイン・バンク・システムがコーポレート・ガバナンスとして1つの大きな役割を果たしていきたといわれている。この銀行による監視システムとしてのメイン・バンク・システムについては各国の経済的・社会的・文化的におかれている状況の相異があるため，研究者によって異なる評価がなされたのも事実でもある。
6) Coffee, John C., "The Acquiescent Gate Keeper: Reputational Intermediaries, Auditor Independence, and the Governance of Accounting", Center for Law and Economics Studies Working paper No.191, Columbia Law School, May, 2001.
　　Healy, Paul M. and Krishna G. Palepu, "The Fall of Enron", Journal of Economic Perspectives, Vol.17, No.3, 2003, pp.49－70.

《参考文献》
【韓国語】
金融監督院「証券取引市場での外国人投資現況」2004年8月。
金融監督院「外国人株主の株式売買動向」，（http://www.fss.or.kr/kor/）
韓国銀行金融経済研究院第23巻第12号，2006年1月，107－150ページ。
金ジョンニョン「決算株主総会の争点と示唆点」三星経済研究所，2002年3月。
崔インチョル「株主行動主義の台頭と課題」三星経済研究所 CEO Information（第185号），2001年。(www.seri.org)

第7章 外部監視とコーポレート・ガバナンス

崔インチョル「株主総会,その争点と志向点」三星経済研究所,2000年3月。
崔インチョル「効率的支配構造の模索」三星経済研究所（98企業経営リポート），1999年。(www.seri.org)
徐サンウォン「外国人の株式投資が国内株価に及ぼした影響及び示唆点」『経済分析』第12巻第1号,韓国銀行金融経済研究院,2006年1月,106－150ページ。
全サンヒョン「外国投機資本を牽制する方案」上場会社協議会『上場』2005年4月号,6－9ページ。
朴ヒョンス「外国人株式投資が国内企業の成長に及ぼした影響」三星経済研究所,2004年12月。
李ソン・左スンヒ・鄭キャンソン・金ヨング編著『韓国の企業統治の現在と未来』,未来経営開発研究院編,2000年。
李ヨンジュ「企業の現金保有水準の診断及び示唆点」三星経済研究所,2005年11月。

【日本語】

青木昌彦・寺西重朗編著『転換期の東アジアと日本企業』東洋経済新報社,2000年。
赤川元章・唐木圀和編著『東アジア経済研究のフロンティア』慶応義塾大学出版会,2004年。
金子　隆・金チャンホ「韓国の金融危機と大企業の財務・投資行動：規律付けシステムの検証」『三田商学研究』第45巻第6号,2003年2月,61－84ページ。
松本厚治・服部民夫編著『韓国経済の解剖』文眞堂,2001年。
佐久間信夫編著『アジアのコーポレート・ガバナンス』学文社,2005年。
日本監査役会「韓国のコーポレート・ガバナンス」『監査役』No.465,2002年11月25日,28－50ページ。
文　載皓「韓国の企業倫理と企業統治」中村瑞穂編著『企業倫理と企業統治』文眞堂,2003年。
文　載皓「サーベンス・オクスレー法の制定が韓国企業の内部統制に及ぼした影響」『明大商学論叢』第87巻特別号,2005年3月,99－110ページ。
文　載皓「内部統制とコーポレート・ガバナンス－韓日比較を中心に－」『日本型経営の動向と課題』経営学論集76集,2006年9月,236－237ページ。
柳町　功「韓国財閥における企業統治問題の展開－コーポレート・ガバナンス論の韓国的特徴と今後の方向性－」『アジア経営研究』第8号,2002年,42－53ページ。

【英　語】

Coffee, John C., "The Acquiescent Gate Keeper:Reputational Intermediaries, Auditor Independence, and the Governance of Accounting", Center for Law and Economics Studies Working paper No.191, Columbia Law School, May, 2001.
Harvie, Charles and Lee, Hyun－Hoon, and Oh, Junggun, The Korean Economy, Edward Elgar Publishing, 2004.
Healy, Paul M. and Palepu, Krishna G., "The Fall of Enron," Journal of Economic Perspectives, Vol.17, No.3, 2003, pp.49－70.
H. Jang and J. Kim, "Nascent Stages of Corporate Governance in an Emerging Mar-

ket: regulatory change, shareholder activism and Samsung Electronics", Corporate Governance, Vol. 10, No. 2, April, 2002, pp. 94−105.

Turner, A. John and Kim, Yong−Chan, Globalization and Korean Foreign Investment, Ashagate Publishing Company, 2004.

Jeong, Seung−Il, Crisis and Restructuring in East Asia, Palgrave Macmillan, 2004.

Jung, Ku-Hyun, "Ownership and governance structure of Korean Business Groups", International Journal of Asian Management, vol. 1 no. 1, 2001, pp. 69−83.

Miller, Danny and Breton−Miller, Isabel Le, Managing for the long run, Harvard business school press, 2005.（斉藤裕一訳『同族経営はなぜ強いのか？』ランダムハウス講談社, 2005年。

Solomon, Jill and Solomon, Aris and Park, Chang−Young, "The Evolving Role of Institutional Investors in South Korean Corporate Governance: some empirical evidence", Corporate Governance, Vol. 10 No. 3, July, 2002, pp. 211−224.

（文　　載皓）

第8章　会社機関とコーポレート・ガバナンス

はじめに

　韓国のコーポレート・ガバナンスを考える上で最大の転換点になったのは，1997年のアジア経済通貨危機（外換危機）である。韓国経済を未曾有の混乱に陥れたこの経済危機を契機として，韓国はその後，コーポレート・ガバナンス改革に向けてまっしぐらに突き進んできたといってもよい。しかも，IMF（国際通貨基金）による支援を仰いで経済再生を図ったという経緯からも明らかなように，韓国のガバナンス改革のモデルは好むと好まざるとにかかわらず，グローバル・スタンダードを自負するアングロ・サクソン型を指向するものにならざるをえなかった。こうして韓国はアメリカをモデルとするガバナンス改革を急速に進めていったのであるが，ここで強調しておかなければならないのは，従来から韓国企業の特徴として指摘されてきた財閥のオーナー支配体制までもが根本的に転換してしまったわけではないことである。すなわち今日でも財閥のトップに君臨しているのは依然としてオーナー総帥である。このことを前提にした上でないと韓国企業のガバナンスの実態は十分に理解できないであろう[1]。

　では，経済危機から約10年を経て，果たして韓国のコーポレート・ガバナンスは何がどう変わったのであろうか。あるいはガバナンス改革の成果は着実に上がっているといえるのであろうか。そこで本章では，会社機関を中心に韓国におけるコーポレート・ガバナンス改革の内容を概観し，統治機構の制度的な変更にともなってガバナンスの実態がどう変わってきたのかを検証する。

第Ⅳ部　韓国のコーポレート・ガバナンス

第1節　韓国の会社機関とガバナンス

1　韓国の会社機関

　韓国における会社機関を中心とする統治機構は，基本的には商法と証券取引法（韓国では証券去来法という）によって規定されている。韓国の商法は，旧植民地時代には日本の商法が適用され，解放後の1963年になって新商法が施行された。ただし，これは内容的には1950年に施行された日本の商法を手本としたものであった。また，証券取引法も商法とほぼ同時期の1962年に施行された。こうした成立の経緯からも明らかなように，日本と韓国では該当する法律そのものがきわめて類似しており，会社機関をめぐる法規定もほとんど同じだといってよい[2]。

　図表8－1は株式会社の機関構造を示したものである。会社機関とは，会社の意思を決定し，それに基づく行為を実践する会社組織上の機構である。具体的には，株主総会を頂点にして，取締役会（韓国では理事会という），代表取締役（同じく代表理事という）そして監査役（同じく監事という）で構成されており，名

図表8－1　監査役設置会社の機関構造

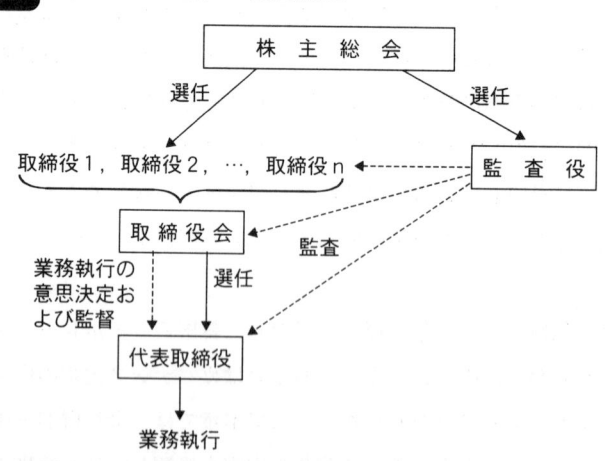

```
            株 主 総 会
         選任         選任
           ↓           ↓
取締役1,取締役2,…,取締役n ←---- 監 査 役
           ↓                      │
        取締役会 ←----- 監査 -----┤
   業務執行の  │                   │
   意思決定お  │選任                │
   よび監督   ↓                    │
        代表取締役 ←---------------┘
           ↓
         業務執行
```

（出所）　李哲松『会社法講義　第13版』博英社，2006年。
（注）　図表の機関名は日本の名称に変更している。

称に若干の違いはあるものの，日韓の会社機関の構造は基本的に同じであることがこの図からも見て取れる。

次にそれぞれの機関の規定を見てみよう。韓国の会社法のテキストでは，およそ以下のような説明がなされている[3]。まず株主総会は，株主で構成され，取締役・監査役の選任，定款変更など法所定の重要事項に関し会社内部の最高の意思決定を行う（361条）。取締役・取締役会・代表取締役に関しては，株主総会で数名の取締役を選任し，これらは取締役会を構成する。取締役会は会社の業務執行に関する意思決定権をもつ（393条1項）。しかし取締役会は数名の取締役で構成される会議体機構のゆえ，現実的に業務執行行為を実行するのは不適当である。したがって，業務執行に関する取締役会の権限は「意思決定」にとどめ，現実的な「執行行為」は取締役会が選任した代表取締役が遂行する。そして代表取締役は対外的に会社を代表して組織法的および去来法的法律関係を形成する（389条3項−209条）。しかし，業務執行の決定は究極的には取締役会の権限であるため，取締役会は代表取締役を「監督」する（393条2項）。最後に監査機関に関しては，商法は取締役会および代表取締役の業務執行を監査する機関として監査役をおいている。監査役は株主総会が選任する独任制的機関である（393条2項）。監査役は取締役会または代表取締役を監査するという権限をもっており，取締役から独立した機関として，取締役会や代表取締役の立場からは外部統制装置となっている。

2　ガバナンスに関連する法改正

ところで会社機関が監督や牽制といった機能を適切に行っていれば，株式会社の経営が誤った方向に大きく突き進んでしまうということはないはずである。しかし，現実には取締役会や監査役といった会社機関がその役割をきちんと果たしていないケースは多々見られ，例えば世界に衝撃を与えたエンロンやワールドコムの事件はまさにその典型的な事例であろう。韓国においても同様に，株式会社のチェック機能の形骸化があったことは否定できない。とりわけ1997年の経済通貨危機は，財閥の拡張主義的な経営に歯止めがかけられないまま，

いわばオーナーによる経営の暴走を許してしまったところに最大の原因があった。

　こうした事態を受けて、韓国では企業が透明で公正な経営を推進していくためのコーポレート・ガバナンス改革が行われた。改革の内容は、経営の透明性向上のための会計制度の変更や外部監視機能強化のためのM&Aの活性化など多岐にわたっているが、会社機関との関連でいえば、取締役会改革、監査役改革、また少数株主権の強化といった点が中心となっている。そしてそのための法改正が数次にわたって実施された[4]。

　まず商法に関しては、経済危機の翌年にあたる98年、99年、そして01年と改正が行われた。主な改正点としては、①社外取締役制度、取締役会内委員会などの導入、②監査役に代わる監査委員会制度の導入、③支配株主の責任強化（業務執行指示者を「事実上の取締役」[5]と見なす制度の新設など）、④少数株主権の強化（株主権行使要件の緩和、累積投票制[6]の導入）などがあげられる。また証券取引法は00年と01年、銀行法は00年と02年に改正され、商法とは別に社外取締役制度の導入や、監査委員会制度の義務化といった内容が盛り込まれた。

3　「監査委員会設置会社」の登場

　商法改正（99年）、証券取引法改正（00年）によって誕生したのが、いわゆる「監査委員会設置会社」である。これは従来の監査役に代えて監査委員会制度を導入したものであり、日本でいえば委員会設置会社に該当する。図表8－2は「監査委員会設置会社」の機関構造を示したものである。この特徴を簡単に纏めると以下のようになる。

①　監査委員会の設置は、総資産額2兆ウオン（日本円で約2,400億円）以上の大型上場会社、大型コスダック（店頭公開）会社、大型証券会社、大型保険会社および銀行等の全金融機関（金融機関には資産額の規定はなし）に義務づけられた（証券取引法・保険業法・銀行法）。なお、商法では監査委員会の設置は任意である。

②　監査委員会は3名以上の取締役で構成され（商法）、委員の3分の2以上

第8章　会社機関とコーポレート・ガバナンス

図表8-2 監査委員会設置会社の機関構造

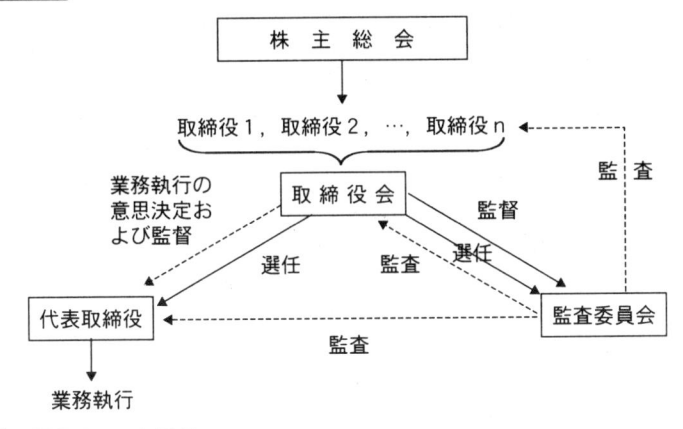

```
                    ┌─────────────┐
                    │  株 主 総 会  │
                    └──────┬──────┘
                           │
              取締役1，取締役2，…，取締役n ←─────┐
                           ↓                    │
     業務執行の      ┌─────────────┐            監 査
     意思決定お  ←┄┄│  取 締 役 会  │ 監督       │
     よび監督       └──┬──────┬───┘            │
                    選任│  監査 │選任           │
                       ↓      ↑               │
              ┌──────────┐      ┌──────────┐
              │代表取締役 │←┄┄┄→│ 監査委員会 │
              └────┬─────┘ 監査 └──────────┘
                   ↓
                業務執行
```

（出所）　図表8-1に同じ。

は社外取締役でなければならない（証券取引法）。また同委員会の委員長は必ず社外取締役でなければならない（証券取引法）。なお，大型上場会社などでは社外取締役候補推薦委員会を設置し，この委員会の推薦を受けた候補者から社外取締役を選任しなければならない。

③　監査委員会の権限は監査役のそれと同じであるが，監査委員会の権限行使は独任制をとる監査役とは異なり，委員会の決議をもって代表委員が行う。

こうした監査委員会の特徴のうち，メンバーが社外取締役中心である点などは日米のそれと同じであるが，その他については以下のような相違点を指摘できる。

①　韓国では監査委員会の設置は大型上場会社などと，全金融機関で義務化されており，それ以外の会社では任意である。これに対して，日本では監査委員会を含む委員会設置型を選択するか否かは株式会社の規模の大小を問わず完全に任意（新会社法）であり，他方，アメリカではすべての株式会社が委員会設置型である。

②　韓国では監査委員会を設置する場合，大型上場会社などでは社外取締役

149

第Ⅳ部 韓国のコーポレート・ガバナンス

図表 8 - 3 社外取締役制度, 監査委員会制度等の概要

	資産規模 2 兆ウオン以上の大型上場会社, 大型店頭公開会社, 大型証券会社, 大型保険会社, および全金融機関	その他の上場会社
社外取締役制度	取締役総数の 2 分の 1 以上（少なくとも 3 人以上）は社外取締役	取締役総数の 4 分の 1 以上は社外取締役
監査委員会制度	設置の義務化 3 人以上の取締役で構成 委員の 3 分の 2 以上は社外取締役 委員の 1 名以上は会計または財務の専門家 委員長は必ず社外取締役(注)	設置は任意
社外取締役候補推薦委員会	設置の義務化 2 人以上の取締役で構成 委員の 2 分の 1 以上は社外取締役	設置は任意

（出所） 著者作成
注） 大型上場会社, 大型店頭公開会社, 大型証券会社が対象

候補推薦委員会を置かねばならないが, その他の委員会の設置は任意である。これに対して, 日本の委員会設置会社では 3 委員会（監査委員会, 報酬委員会, 指名委員会）を必ず置かねばならない。
③ 韓国では執行役員制度は法制化されておらず, したがって業務執行を担う代表取締役が依然として存在する。一方, 日本の委員会設置会社では執行役の設置が法的に義務づけられており, これに伴い代表取締役は廃止されている。またアメリカにおいては同じくオフィサー制度がある。

このように韓国では監査委員会制度は導入されたものの, 制度としては英米型の統治機構をそのままそっくり導入したというわけではなく, そこにはいわば韓国型とでも呼べる特徴を見て取ることができる。

さて, 以上のように韓国企業では, ガバナンス強化を目的とした制度改革が積極的に実施されたのであるが, 問題なのは統治機構の変化に対応して各機関が実際にどのように機能しているかである。以下では株主総会, 取締役会, 監

第 8 章　会社機関とコーポレート・ガバナンス

査役といった会社機関を対象に，ガバナンスの現状と課題を検証する。

第 2 節　株主総会改革の現状と課題

1　株主総会の開催状況

　最高意思決定機関である株主総会の現状はどうなっているのであろうか。韓国の上場会社（証券取引所上場会社数は04年574社，05年576社，06年581社）を対象に株主総会の開催状況を調べた結果，9割以上の会社が3月に総会を実施していた。しかも開催日は例年3月の第3金曜日に最も集中しており，その割合は04年39.1％，05年40.6％，06年40.9％であった。また06年だけとってみると，第3金曜日の40.9％につづいて第4金曜日22.6％，第2金曜日7.7％となっており，実に全体の7割の会社が金曜日に総会を開催していた[7]。このように3月中旬以降の金曜日に総会が集中して開催されているのであるが，会社側はその理由を準備の関係のためだと説明している。しかし，実際は財閥の系列社で同じ日の同じ時間帯に一斉に総会を開けば少数株主や市民団体などの勢力が押しかけてくるのを分散化できるということと，もう1つは，金曜日開催だとそのまま土，日の休みに入るため新聞，テレビといったマスコミが報道せず，世論の関心をあまり喚起せずに済むからだといわれている。さらにこれに付け加えていえば，韓国でも日本と同じく企業にたかる「総会屋」的な株主がおり，開催日の集中はそれを回避する狙いもあると見られる[8]。

　また株主総会に要する時間は，過去においては参与連帯などの市民運動団体の参加で議論が紛糾し総会が長時間にわたるケースが見られたが，06年の場合はほとんどの会社が比較的短時間で平穏に総会を終了した。例えば，（株）ＬＧでは財務諸表の承認，役員の再任，役員報酬の承認などの案件がわずか12分で可決された[9]。こうしたスピーディーな総会の背景には，市民団体などが追求すべき不正や問題が取りあえず会社側になかったということが指摘できるが，逆にかつての日本のシャンシャン総会のように平穏かつ速やかに終了すればよいということになってしまったのでは，総会の意味が問われかねない。

151

2 株主総会における株主の行動と決議の内容

(1) 株主の行動

株主総会において株主たちはどう行動しているのか，総会への対応を簡単に見ておこう[10]。

まず，少数株主は従来企業経営への関心度が低く，株主総会への出席も少なかったが，近年は逆に積極的な姿勢が目立つ。例えば，業績の悪い企業の人事や，株価に悪影響を与える可能性がある事項に対しては，少数株主が連帯して案件を評決の場で否決に持ち込む事例なども見られるようになってきている。同じく機関投資家もこれまで株主総会では必ずしも積極的な行動はとらず会社側に賛成するため「挙手機」の汚名があったが，株主行動主義に立脚して積極的に議決権を行使する姿勢を見せるようになってきている。ただし，韓国における機関投資家の所有比率は決して高くないため，その影響力は必ずしも大きくないのが実状である。

これに対して外国人の場合は全体の持株比率が大きく，議決権行使の動向が経営を左右する場合がある。特に海外の投資ファンドの中には経営権を積極的に狙う姿勢を示すものも出てきており，大株主の持ち株比率が低い企業などでは，外国人株主の存在は株主総会における緊張感をいやが上にも高めるものとなっている。

(2) 決議の内容

図表8－4は上場会社の株主総会（2004年）の議案を示したものであるが，全部で2,691件の議案が提出され，2,674件が可決されている。その主な内容は，役員報酬，役員の選任・解任，計算書の承認，定款変更などである。他方，議案が否決されたのは17件となっており，1つは経営権問題を抱えている会社の取締役選任，もう1つは定款変更に関連するものであった[11]。このうち経営権をめぐる争いは毎年のように起こっており，今後も株主総会を舞台に役員の選任案件で票対決が行われる可能性は高いといってよかろう。

第8章　会社機関とコーポレート・ガバナンス

図表8－4　2004年度株主総会の案件

区　　　　分	議案件数	議案可決／否決
取締役および監査役報酬限度額承認＊	1,013	1,013／0
取締役選任および解任＊＊	757	757／7
財務諸表などの承認＊＊＊	584	584／0
定　款　変　更	280	271／9
ストックオプション	21	20／1
外 部 監 査 選 任	3	3／0
株　式　償　却	4	4／0
そ　の　他＊＊＊＊	29	29／0
計	2,691	2,674／17

＊　　　　社内取締役，社外取締役の報酬および退職金
＊＊　　　社内取締役，社外取締役の選任および解任
＊＊＊　　貸借対照表，損益計算書の承認など
＊＊＊＊　合併，会社分割，額面分割，資産売却承認など
（出所）　韓国企業支配構造改善支援センター（KCGS）「2004年上場企業の株主総会議案および決議内容の分析」2004年4月。

3　株主総会の課題

　緊張感のある経営を行っていくためには株主総会の活性化が望ましい。これまで大きな発言権がなかった少数株主を議論の場に引き出すために，株主権強化の方策すなわち株主提案制度，累積投票制度，書面投票制度の導入，少数株主権の行使要件の緩和といった改革が実施された。しかし，こうした制度改革が効果を上げているとは単純にはいえないようである。例えば，累積投票制度は導入されたにもかかわらず，実際は多くの会社が定款を変更してこの制度の適用を排除しており，一部の会社を除いては有名無実化しているのが実態である[12]。これまで沈黙していた株主が積極的に発言するようになってきていることは事実であるが，株主総会の活性化は必ずしも容易ではなさそうである。

第Ⅳ部　韓国のコーポレート・ガバナンス

第3節　取締役会改革の現状と課題

1　取締役会改革とガバナンス

　韓国の大企業では，オーナーである総帥が経営の実権を握っており，取締役会もまたその強い影響下にある。そのため韓国のガバナンス改革の大きな柱は取締役会改革であり，中でもその目玉は，取締役会の独立性ならびに監視機能の強化を目指した社外取締役制度の導入であった。

　韓国の社外取締役制度は，経済通貨危機直後の1998年2月，有価証券上場規定の改正に伴い導入された。この上場規定では，すべての上場会社は取締役総数の4分の1以上（最低1人）は社外取締役でなければならず，もし遵守出来ない場合は上場廃止とされた。ただしこれは韓国証券取引所の内部規定に過ぎず，社外取締役制度が法制化されたのは，2000年1月の証券取引法の改正による。この法改正によって，資産総額2兆ウォン以上の大型証券会社および大型上場会社は取締役総数の2分の1以上（少なくとも3人以上），またその他の証券会社および上場会社はその4分の1以上になるように取締役会を構成しなければならなくなった。そしてこれに加えて，社外取締役候補推薦委員会の制度も導入され，株主総会での社外取締役の選任にあたっては，同委員会の推薦を受けた者でなければならなくなった。なお同委員会の委員の2分の1以上は社外取締役で構成される。社外取締役をめぐるこうした規定は保険業法の改正によって保険会社にも適用されているし，また2000年1月の銀行法の改正で，全金融機関に社外取締役の選任が義務づけられた。

2　取締役会の現状

(1)　取締役会の構成

　韓国企業の取締役会の構成は，社外取締役制度の導入を契機に大きく変化した。有価証券上場規定の改正等で一定割合を社外取締役にしなければならなくなったため，各企業は直ちに取締役の定数を従来よりも大幅に削減した。具体的には，これまで多数いた登記役員を非登記役員に変更する措置をとった。

第8章　会社機関とコーポレート・ガバナンス

では，韓国企業の取締役会の構成は現在どうなっているのであろうか。04年に韓国企業支配構造改善支援センター（以下，ＫＣＧＳと表記）が行った調査[13]によれば，上場会社407社の1社あたりの平均取締役数は6.15人で，このうち社外取締役が2.25人，外国人取締役が0.24人となっている。大型上場会社などを除けば社外取締役は取締役総数の4分の1以上いればよく，上記の数字はこの設置基準をクリアしている。またガバナンスで高評価をえた上位41社だけをとって見ると，平均の取締役数は9.24人，また社外取締役の数は5.41人となっており，取締役会の過半数は社外取締役で占められていた。

このように改革を通じて，かつて肥大化していた取締役会は最大でも10人程度にまでスリム化され，しかも大型上場会社を中心に取締役会の過半数が社外取締役で占められるようになった。

(2)　取締役会内専門委員会の設置

取締役会がスリム化されるとともに，意思決定の効率化を目的として，取締役会に専門委員会が設置されるようになった。このうちもっとも代表的なのが監査委員会と社外取締役推薦委員会の2つである。すでに述べたように，資産規模2兆ウオン以上の大型上場会社などでは両委員会の設置が義務づけられており，2005年には該当する大型上場会社は75社あった。

また委員会を1つ以上設置している会社は全部で165社あったが，このうち107社は委員会を1ないし2設置している会社であった。委員会を最も多く設置しているのはウリ金融持株会社で8つ，ＫＴ，ＰＯＳＣＯ，ＳＫなどが6つとなっている。委員会の具体的な種類としては，監査委員会が131社，社外取締役候補推薦委員会が99社，経営委員会が39社，報酬委員会が27社，リスク管理委員会が22社，取締役会運営委員会が16社などとなっている[14]。

3　社外取締役の現状

(1)　社外取締役の数と出身など

社外取締役制度の実態はどうなっているのか，ここでは制度導入後の現状をもう少し詳しく見ておこう。

第Ⅳ部　韓国のコーポレート・ガバナンス

　社外取締役は，06年に上場会社（660社）で1,502人，コスダック（店頭公開）会社（639社）では948人いた[15]。両者合わせると全部で2,450人の社外取締役が選任されており，1社あたりの平均社外取締役数は1.89人である。これは，03年の1.84人，04年の1.83人，05年の1.86人と比べて微増である。また社外取締役の分布状況を見ると，全体の約半数にあたる625社で社外取締役の数は1人である。特にコスダック（店頭公開）会社では，社外取締役1人の比率は62.6％にもなる。他方，上場会社では社外取締役2人のケースがもっとも多く，その比率は38.5％である。業種間での違いも見られ，上場会社のうち1社あたりの社外取締役が多いのは金融業で3.67人，つづいて非製造業2.48人，製造業2.05人となっている。また，個別企業で社外取締役数の多いのは，新韓銀行が10人でトップ，つづいて2位は国民銀行，ＫＴ＆Ｇ，ＰＯＳＣＯの9人，3位はＳ－オイル，ＫＴ，ハイニックス半導体，韓国電力公社の8人，4位は斗山，三星電子，ＳＫ，韓国ガス公社などで7人となっている。

　次に社外取締役の出身等を見ると，経営者出身の社外取締役がもっとも多く，その数は1,031人（42.1％）である。2位は大学教授563人（23.0％），3位は弁護士278人（11.3％），4位は会計士・税理士161人（6.6％）とつづいている。社外取締役の平均像は，商経系の専攻で学歴は大学院卒以上，満56歳で経営者出身となっている。

　また社外取締役に占める外国人の数は72人（2.9％）で，このうち大部分の54人が上場会社の取締役である。

　社外取締役の任期は3年がもっとも多く，これに該当するのは1,946人と全体の79.4％を占めている。つづいて2年が12.9％，1年が7.6％となっている。また社外取締役の兼職は法律上2社までとなっており，全体では160名の兼職が見られる。

(2)　**社外取締役の取締役会出席状況**

　社外取締役は取締役会にどの程度出席しているのであろうか。上場会社（647社）を対象とした調査[16]によれば，社外取締役の出席率は03年度67.8％，04年度69.6％，05年度70.4％となっており，少しずつではあるが上昇傾向にある。

156

第8章　会社機関とコーポレート・ガバナンス

　このうち社外取締役の出席率が100％の企業はＳＫガス，キョンドン都市ガスなど174社（26.9％）となっている。しかしその一方で出席率０％の企業も19社（2.9％）あった。一般的に，規模が大きくなるほど社外取締役の取締役会への出席率は高くなる傾向にあり，資産規模２兆ウォン以上の大型上場会社の場合，出席率は86.9％なのに対し，１兆ウォン以上２兆ウォン未満では70.7％，１兆ウォン未満では67.8％と低くなっている。

　興味深いのは，誰が推薦人かを基準に分類した結果，株主の推薦を受けた社外取締役の場合，出席率は93.5％と最も高く，つづいて債権者93.3％，特殊関係人90.9％，委員会85.3％，取締役会67.9％，裁判所55.7％の順になっている点である。また外国人・社外取締役の平均出席率は03年45.3％，04年45.4％，05年45.5％と低水準で推移しており，これも特徴的な点であろう。

(3) 社外取締役の選任

　社外取締役の選任において影響力を行使しているのは一体誰なのか。この点は社外取締役の独立性とも関連して，きわめて重要な問題である。図表８－５は社外取締役の選任形態を調査したものであるが，これによれば「経営陣の推薦を受けて推薦委員会で社外取締役候補を選任」するというケースがもっとも多く，全体では58.7％，また上位100社でも51.0％と過半数を占めている。さらに上位41社だけに限って見れば，「社外取締役である推薦委員会委員が個別に推薦した候補の中から選任」するという回答が43.9％ともっとも多くなっている。これに対して，「推薦委員会において少数株主，機関投資家（非系列社），社外取締役推薦機関等の推薦を受けるか，公募手続きを通じて候補を選任」と回答した企業はＰＯＳＣＯ，ＫＴ，ＳＫテレコム，三星電子など21社，全体のわずか5.2％に留まっている[17]。すなわち社外取締役の候補者を実際に推薦しているのは主に経営陣ないし社外取締役自身ということであり，株主など外部からの推薦で選任されるケースはきわめて少数派だということになる。

　社外取締役選任の透明性と公正性を高めるために社外取締役候補推薦委員会が設置されたにもかかわらず，この調査結果を見る限り，実際は会社側に都合のよい人物のみが推薦されて取締役になっている可能性は否定できず，制度運

図表8-5　社外取締役選任手続きの主要な形態

区分	回答企業	イ		ロ		ハ		ニ	
		会社数	比率	会社数	比率	会社数	比率	会社数	比率
全体	407社	21社	5.2%	34社	8.4%	239社	58.7%	113社	27.8%
上位100社	100社	14社	14.0%	24社	24.0%	51社	51.0%	11社	11.0%
上位41社	41社	10社	24.4%	18社	43.9%	11社	26.8%	2社	4.9%

* 全体の回答企業は，韓国企業支配構造改善支援センター（KCGS）が実施した2004年企業支配構造評価設問調査に回答した企業。
** 上位100社と上位41社は，2004年企業支配構造評価結果の点数による。
** イ）推薦委員会において少数株主，機関投資家（非系列社），社外取締役推薦機関等の推薦を受けるか，公募手続きを通じて候補を選任
　　ロ）社外取締役である推薦委員会委員が個別に推薦した候補の中から選任
　　ハ）経営陣から推薦を受け推薦委員会で候補を選任
　　ニ）最大株主および特殊関係人が推薦

（出所）韓国企業支配構造改善支援センター（KCGS）「取締役会の構成と社外取締役の業務支援現況分析」2004年。

用の実効性が問われかねない。

(4) 社外取締役のチェック機能と課題

　社外取締役の役割とは，一般的に会社側の経営陣とは一線を画し，外部の専門家として客観的な立場から会社の経営に意見を述べ，もし経営政策に誤りがある場合は軌道修正させることである。すなわち社外取締役は必要に応じて取締役会で積極的に発言し，経営陣を牽制する役割を担わねばならない。しかし，社外取締役の行動が必ずしもそうはなっていない実態が明らかになっている。

　三星，現代自動車，斗山，ロッテなど国内12大財閥の上場会社71社を対象に行った金融監督院の調査[18]によれば，05年に取締役会に提案された1,306の案件のうち否決されたのはわずか9件のみであった。賛成比率は実に99.32％にのぼっている。社外取締役であるからといって提案された案件に対してむやみに反対する必要はないが，一方で上場会社の経営に必ずしも問題がないわけではないことを考えると，社外取締役の行動に対しては「挙手機」という批判も出てこよう。

第8章　会社機関とコーポレート・ガバナンス

またその一方で，社外取締役に就任した元政府高官や官僚出身者などが事実上政府に対する財閥のロビイスト的役割をはたしているのではないかという指摘も見られる[19]。

4　執行役員の現況

いわゆる委員会設置型企業では監督と業務執行が分離されており，取締役とは別に執行役員がいるのが普通であるが，韓国ではいまだ執行役員制は法制化されていない。実際は執行役員（非登記役員）が多数活動しているにもかかわらず現行の法律には規定が一切ないため，業務執行指示者に対しては取締役と見なして関連法が適用されることになっている（商法第401条の２）。なお，全上場会社664社のうち178社（26.8％）では，定款の中に執行役員に関連する規定が設けられている[20]。

執行役員の設置状況について見てみると（図表８－６参照），まず上場会社655社（05年７月現在）のうち512社（78.2％）で執行役員がおかれていた[21]。また06年の上場会社の登記役員（監査役を含む）は全部で4,807人（40.8％）いたが，執行役員はそれを大きく超える6,972人（59.2％）となっており，１社平均では登

図表８－６　登記役員および執行役員の現況

区　分		年　度	06年（673社）		1社あたり平均	
			人　数	比　率	人　数	増　減
登記役員	取　締　役		4,156	35.3%	6.18人	▲ 0.01
	監　　　査		651	5.5%	0.96人	▲ 0.06
	小　　　計		4,807	40.8%	7.14人	▲ 0.07
執　行　役　員			6,972	59.2%	10.36人	0.59
全　体　役　員　計			11,779	100.0%	17.50人	0.52

（出所）「2006年度証券上場法人　経営者の現況」韓国上場会社協議会・月刊『上場』2006年８月号。

記役員が7.14人なのに対し，執行役員は10.36人である。また個別企業で見ると，763名の執行役員を擁する三星電子が最多で，2位ＬＧ電子218名，3位現代自動車169名となっている22)。

執行役員が企業経営の最前線で重要な役割を担っていることは間違いなく，その身分，任期，選任および解任，業務評価，報酬決定などを明確にするためには，この制度の早期の法制化が望まれるところである。

5 取締役改革の課題

オーナーの専断的な経営スタイルを変革するためには，何よりも取締役改革を通じて経営の透明性や公正性を向上させることが必要である。すでに見てきたように，社外取締役制度を始めとするさまざまな制度変更が行われ，企業側もそれに迅速に対応してきている。しかし，その実効性となると問題がないわけではない。アナリストやファンド・マネジャー等を対象にした調査によれば23)，回答者の71％が社外取締役は経営陣および支配株主から独立的ではないという評価を下している。また，社外取締役の専門性が不足しているという回答も58％あり，社外取締役の独立性と専門性の問題が大きな課題であることが浮き彫りになっている。またこうした背景には，社外取締役の選任過程におけるオーナーや会社側の影響が排除できていないことが要因としてあげられよう。

第4節　監査役改革の現状と課題

1　監査役改革とガバナンス

従来の監査役制度が機能せず形骸化していることは，かねてより指摘されてきた。その具体的な問題点としては，①監査役の権限が事後的な適法性監査に限られている，②監査役の取締役会への参加が保証されていない，③監査役に業務執行機関の選任・解任権がない，④監査・監督機能の重複で実効性が低下した，といった点があげられる24)。しかし，より根本的には，オーナー支配のもとで監査役の独立性が確保されない限り，監査の実効性にはそもそも疑問が

第8章　会社機関とコーポレート・ガバナンス

残らざるを得ないという点が問題である[25]。これに対して監査役改革の切り札として登場してきたのが、社外取締役中心の監査委員会制度であった。

2　監査役と監査委員会の現状と課題

06年の全上場会社の登記役員のうち監査役の人数は651人（常勤423人、非常勤228人）おり、全役員の5.5%を占めている。また1社あたりの監査役の平均人数は0.96人となっている。

06年に監査委員会を設置している会社は145社（全上場会社の21.5%）あり、05年と比べるとその数は10社増加している。監査委員会の設置が義務化されているのは大型上場会社などであるが、それ以外にも任意で設置する企業が徐々にではあるが増えてきていることがわかる。しかし、全体としては従来型の監査役を置く会社が約8割を占め、依然多数派である。

また監査委員会設置会社だけをとってその構成を見ると、上場会社の監査委員は全部で440人おり、その内訳は社外取締役の監査委員が394人と全体の89.5%を占めている。法律では社外取締役を3分の2以上置くように決められているが、実際にはそれを超える水準の社外取締役が就任しており、中には100%社外取締役で構成されている会社も多数見られる。またこれらの会社には社外取締役は全部で608人おり、このうち監査委員として活動している比率は64.8%とかなり高い[26]。すなわち社外取締役の多くが監査委員として活動している実態がここから見て取れる。

ところで、監査委員会制度が企業の透明性の向上やコーポレート・ガバナンスの改善に役立ったかという問に対しては、設置している会社の77.8%が役立った、18.5%がどちらかといえばそうであると回答している。導入している企業に限っていえば、高い評価が出ているといってよかろう。また、監査役あるいは監査委員会がどの程度、オーナー、支配株主、経営陣から独立して監査機能をはたしているのかを問うたところ、非常に独立的だという企業が29.0%、独立的な方だという企業が59.0%となっており、比較的プラスに評価する結果が出されている[27]。

第Ⅳ部　韓国のコーポレート・ガバナンス

しかしその一方で，先に引用したアナリストやファンド・マネジャー等を対象とした調査によれば[28]，内部監査人の監査活動が適切であると回答したのはわずか9％に過ぎず，逆に45％が不適切であると答えている。その理由としては，経営者による内部監査人の推薦および選任に問題があるという回答が67％を占めた。同様の評価は外部監査人に対しても下されており，その理由としては，外部監査人の企業への従属関係（58％），長期間担当することによる癒着（15％）などがあげられている。

このように監査活動をめぐっては企業側と投資家側とで相反する評価となっており，これをどう解消していくかが今後の課題であろう。

おわりに

韓国のコーポレート・ガバナンス改革は，統治機構を中心とした制度改革が急速に進み，97年以前と比べてシステムが整備されてきたことは高く評価できよう。実際，ガバナンスの格付け等級で高い得点を上げる企業も出てきており，韓国企業のガバナンスの改善を積極的に評価する声もある。しかし，その実態を検証してみると，依然としてオーナー支配による影響が随所に見られ，せっかく導入した社外取締役制度や監査委員会制度が本来の機能を十分に発揮しているとは必ずしもいえない面がある。そうした課題にどう応えていくのか，今後さらなる努力が韓国企業には必要であるように思われる。

そして最後にもう1つ指摘しておかねばならないのは，韓国のガバナンス改革を評価していく上で，会社機関などによる経営のチェック体制や牽制の側面にのみ目を奪われてはならないという点である。統治機構の改革の必要性には疑問の余地がなく，またその実効性の向上も重要なポイントではあるが，それがガバナンス問題のすべていうわけでは必ずしもない。韓国の大企業＝財閥が国民経済に決定的な影響をもっていることを考えれば，むしろ会社を誰のためにどのように動かしていくべきかといった問題こそが重要であり，韓国企業をめぐるこうした課題が依然として残されていることは忘れてはならないであろ

第8章　会社機関とコーポレート・ガバナンス

う[29]。したがって，今後とも，韓国企業のガバナンス改革の行方を注目していく必要があろう。

（注）
1） 勝部伸夫「韓国の財閥改革とオーナー支配体制の維持」『海外事情研究』（熊本学園大学）第30巻第2号，2003年を参照。
2） 李哲松『会社法講義　第13版』博英社，2006年，序論「会社法の歴史」を参照。
3） 李『前掲書』，377ページ。また崔基元『商法学新論（上）　第16版』博英社，2006年を参照。
4） 李『前掲書』，序論「会社法の歴史」を参照。韓国のコーポレート・ガバナンスをめぐる法改正に関しては，王舜模「韓国企業法制とコーポレート・ガバナンスの現状と今後の課題」森淳二朗編著『東アジアのコーポレート・ガバナンス－中国・韓国・日本における現状と課題』九州大学出版会，2005年所収が詳しい。また，同「韓国会社法の最近の動向－経済危機を克服するための会社法の改正－」『比較会社法研究　奥島孝康教授還暦記念　第1巻』成文堂，1999年所収，梁東錫「ＩＭＦ経済危機（1997年）以後の韓国商法・商法関連法改正－企業支配構造改善を中心として－」志村治美編『東アジアの会社法－日・中・韓・越の現状と動向－』法律文化社，2003年所収，金在淑「会社機関とコーポレート・ガバナンス」佐久間信夫編著『アジアのコーポレート・ガバナンス』学文社，2005年所収も参照。
5） 従来，オーナー総帥などが正式に取締役に就かないまま，会長などの名称で実質的に業務執行を指示していたが，こうした場合でも業務執行指示者を「事実上の取締役」と認定し，その経営責任を厳しく問うようにしたものである。
6） 累積投票制度（韓国では集中投票制という）は，複数の取締役を選任する場合，株主が持つ複数回分の議決権を1人の候補者に累積的に投票することが出来るようにし，少数株主の意見を反映しやすくしたものである。例えば，議決権を1票持つ株主が2名の取締役を選任する場合，別々に1票投じるのではなく2票分を1名に累積的に投票することが可能となる。
7） 韓国上場会社協議会「12月決算証券上場法人2006年定期株主総会の開催日程等調査・分析」月刊『上場』2006年4月号。
8） 「株主総会はなぜ金曜日に開かれるのか」『朝鮮日報』2006年3月28日。
9） 『ソウル経済』2006年3月17日（インターネット版）。
10） 韓国上場会社協議会「12月決算証券上場法人2006年定期株主総会のイッシューおよび示唆点」月刊『上場』2006年4月号。
11） 韓国企業支配構造改善支援センター（ＫＣＧＳ）「2004年上場企業の株主総会議案および決議内容の分析」2004年4月。
12） 韓国のたばこ会社ＫＴ＆Ｇの2006年3月の株主総会では，2名の取締役選出をめぐって，経営陣と大株主であるスティール・パートナーズ＝アイカーン連合が争った。この事案で初めて累積投票制が実施され，47.9％の株主の支持を得たアイ

第Ⅳ部　韓国のコーポレート・ガバナンス

カーン側からも1名の取締役が選出された。(『毎日経済新聞』2006年3月18日)本来は支配者側が2名の指名権を得るところであるが，両陣営が1名ずつ取締役を獲得することになったのは累積投票制がその効力を発揮した結果である。しかし，こうした展開は非常に珍しく，一般的には累積投票制を定款から外す会社が圧倒的多数を占めている。

13) 韓国企業支配構造改善支援センター（KCGS）「取締役会の構成と社外取締役の業務支援現況分析」2004年。
14) 韓国企業支配構造改善支援センター（KCGS）「有価証券市場上場法人取締役会内の専門委員会現況分析」2005年。
15) 韓国上場会社協議会「2006年証券およびコスダック上場法人　社外取締役選任現況分析」月刊『上場』2006年10月号。
16) 韓国企業支配構造改善支援センター（KCGS）「2006年度上場法人の社外取締役の取締役会出席率現況分析」2006年。
17) 韓国企業支配構造改善支援センター（KCGS）「取締役会の構成と社外取締役の業務支援現況分析」2004年。
18) 『毎日経済新聞』2006年3月17日。
19) 孫珠瓚「韓国における最近の株式会社法の改正とその問題点」『証券研究年報』第15号（大阪市立大学証券研究センター），2000年。
20) 韓国上場会社協議会「執行役員制度の法制化に関する意見」月刊『上場』2006年1月号。
21) 同上論文，月刊『上場』2006年1月号。
22) 韓国上場会社協議会「2006年度証券上場法人　経営者現況」月刊『上場』2006年8月号。
23) 韓国企業支配構造改善支援センター（KCGS）「第4回企業支配構造改善のための設問調査結果」2006年。
24) 王舜模，前掲論文「韓国企業法制」，142ページ。
25) 徐聖浩「韓国商法における監査役制度」『比較会社法研究　奥島孝康教授還暦記念第1巻』成文堂，1999年所収を参照。
26) 韓国上場会社協議会「2006年度証券上場法人　経営者現況」月刊『上場』2006年8月号。
27) 韓国上場会社協議会「2006年度監査（監査委員会）および監査室運営現況設問分析」月刊『上場』2006年9月号。
28) 韓国企業支配構造改善支援センター，前掲報告書「第4回調査結果」2006年。
29) 勝部伸夫「韓国のコーポレート・ガバナンス改革とその課題」経営学史学会編『ガバナンスと政策―経営学の理論と実践―』文眞堂，2005年を参照。

（勝部　伸夫）

第 V 部

中国のコーポレート・ガバナンス

第9章 外部監視とコーポレート・ガバナンス

はじめに

　中国における上場会社の歴史は10年余りを経過している。社会環境，法律制度の整備等の関係で中国の上場会社の統治構造は英米，日，独などと異なっている。中国上場会社の統治構造は数千年の文化の伝統と長年実行してきた計画経済との切り離すことができない関係を反映している。特に，株式所有構造における国有株の存在を始め，"株式権利双軌制"[1)]，"連鎖取締役"[2)]，"関連取引"[3)]と呼ばれる異常な行動はまさに中国独特の特徴である。

　中国企業，特に上場企業の企業統治に関する研究には，外部監視に対する研究より，内部監視体制に関する研究が多い。内部監視と外部監視はともに相互補完の関係を持ちともに重要，必要不可欠機能である。企業統治構造改革が本格的に打ち出されたのは近代企業制度実施に伴う所有権と経営権の分離，そして委託代理関係の形成による内部者統制が問題になってからである。

　企業統治機構は，企業価値と連動した業績評価，監視および報酬体系を持つ仕組みなどを企業の内部的管理機構として構築する必要があるが，同時にそれらを外部利害関係者に対して，一貫性・継続性・透明性を確保した必要情報として開示する義務がある。それによって，経営責任を果たし，また必要情報を適時・適切に提供することによって外部監視機構が有効に機能するようにすることが求められる。

　企業統治に関する外部監視の中で，直接又は短期的に大きな影響を与えているものは製品市場である研究調査報告が明らかにされている。『中国企業統治

第Ⅴ部　中国のコーポレート・ガバナンス

図表9－1　企業統治に与える外部監視の影響力の割合

主　な　要　素	割　合（%）
製品市場	79.1
証券市場	4.8
経営者市場（取締役，経営陣補充など）	4.5
労働市場（優秀人材）	4.0
消費者	3.3
金融市場（銀行）	2.7
主力取引先	1.3
新聞メディア	0.3
合計	100.0

（出所）上海証券取引所研究センター編『中国企業統治報告』
　　　　（2003年）復旦大学出版社2003。

報告』2003年，上海証券取引所研究センター編（図表9－1を参照）。外部監視にとって理論的には資本市場と金融市場による影響力が主要であると考えられ，経営者市場，労働者市場および世論のメディアは最終的に一定の影響を与えると考えられるが，図表9－1から企業統治に与える外部監視の影響力の割合は，トップが製品市場（79.1%）であることに注意したい。次が証券市場で4.8%と非常に低い。調査結果と理論上では大きなギャップがある。これは，証券市場と金融市場による経営陣への監視が弱いことを示している。調査結果自体は，中国における客観的な現実の状況を反映していると考えられるが，一方では証券市場と金融市場の遅れている現状とこれが企業統治への外部監視システムの強化が課題として残されていることを示唆している。

　本章では，中国の企業統治改革の歴史をはじめ，上場企業を中心にその所有構造を取り上げ，経営行動の立場から中国証券監督管理委員会，証券取引所などを中心に外部監視機能を検討することにする。

第 9 章　外部監視とコーポレート・ガバナンス

第 1 節　企業統治改革の歴史

1　企業統治改革の背景

　中国では，企業統治の概念に関する議論が活発に行われ，制度上の観点から企業統治とは"会社の各方面にわたる責任と権利を規範的に示したもので，現代企業制度の中でもっとも重要な枠組であると理解されている。その中には，経営陣，取締役会，株主およびその他利害関係者が含まれており，この枠組を通じて企業目標と目標実現の為の手段が確保される"と認識されている[4]。

　所有権，経営権分離の背景および今日までの企業統治構造の改革の背景を振りかえると，西側の諸国と大きな相違のあることが明らかである。根本的な違いは西側の諸国の企業統治のベースが私有制であるに対し，中国は主に計画経済体制，公有制企業制度がベースであったことである。時代の変化，企業行動のグローバル化に伴い，中国もその時代の流れに従い大きく変わりつつある。自国における企業モデルの規範化，企業を規制する制度などが収斂し統一化に向かっている。中国の企業統治も外国の経験を参考しながら中国の状況を踏まえて自国の企業統治システムの構築に力を入れている。

　改革開放実施後の1979年から，中国の法曹界と経済界では西側諸国の会社制度の研究，分析が行われた。1981版の米国モデル会社法（Model Business Corporation Act）が早速中国語に訳され，研究された[5]。特に，1990年代からの世界経済のグローバル化に伴い，企業統治問題がますます世界各国から重視されるようになり，米国以外の国々への研究も行われてきた。その中で取り上げられた1つがイギリスの企業統治改革のケースである。企業統治の財務に関するCadbury Report（1992），上場会社取締役の内部財務統制に関するRutterman Report（1994），取締役の報酬に関するGreenbury Report（1995），企業統治原則のHampel Report（1998）などが取り上げられた。なお，それ以外にも例えば，1999年採択されたOECDの"企業統治原則"（OECD Principles of Corporate Governance）および日，独などの諸国のさまざまな経験も中国の企業統治理論の研究と構築に大きな参考となっているようである。

第Ⅴ部　中国のコーポレート・ガバナンス

なお，エンロン事件やワールドコム事件など1990年代末から2000年代初めにかけて多発した不正会計スキャンダルを受けて，米国では監査制度やディスクロージャーの強化・徹底，コーポレート・ガバナンスのあり方等に関して抜本的な改革を行われてきた。2002年7月 Sarbanes Oxley Act of 2002がＳＥＣによる上場企業の規制を主としている点などの上場企業規制の方向で展開を図っていたが，これも中国特に上場会社企業統治システムの構築に重要な影響を与えている。

2　企業統治改革の歩み

1949年の新中国の誕生から，中国は計画経済とその後の市場経済の道を歩んできた。経済制度の発展に適応しながら中国の企業統治メカニズムは大きな変化をもたらしている。企業統治は大きく3つの段階に分けられる。第一は，改革開放実施の1978年前までの企業への行政統治の段階。第二は1978年～1992年の計画経済と市場経済とが併存する企業統治段階。そして第三は1993年から現在に至る近代企業（株式制企業）制度確立に伴う企業統治構築の段階である。株式制企業における企業統治はこうした背景の下で，1990年代からスタートを切った。証券取引所の設立，会社法，証券法等の採択，株式上場規則，独立取締役制度の導入，上場会社の企業統治原則，国有資産管理条例などが施行され株式会社，特に上場会社における企業統治システムの構築の時期をむかえた。2002年1月，中国証券監督管理委員会（以下，証監会と略す）と国家経済貿易委員会は共同で『上場会社企業統治準則』を発布し施行されたが，これは中国の強力な拘束力をもつ企業統治の規則であると評価されている。また，その年，証監委と国家経貿委は共同でこの『準則』を基に，全国1,100の上場会社における企業統治の実施状況の検査を行ったが，中国ではこの2002年を"企業統治の年"と名付けている[6]。

米国など西側国家における企業統治の特徴は分散型所有構造を反映しれた会社制度を基礎にしている。中国が行っている企業統治の改革は，まず国有企業を全部掌握している行政統治，つまり国家行政機関から独立させ，企業の経営

第9章　外部監視とコーポレート・ガバナンス

管理を行政の直接関与から分離させることであった。この時期に，企業改革のねらいは"請負経営"，"放権譲利"などと上げられる方式によって企業を真に"自主経営，損益自己負担，自己管理，自己発展"の独立企業法人へと成長させることであった。"国営"企業から"国有"企業へと転換したのはまさに大きく踏み出した一歩であろう。

1992年以前までの国有企業の改革は主に放権譲利と呼ばれるように，企業自主権の拡大などが主要な内容であった。92年からの国有企業の改革は所有制改革の新しい道を探り始め，国有企業の株式制転換を図った。国有企業への投資主体多元化，株主多元化，財産権多元化を打ち出したが，これに伴い取締役会メンバーと経営陣の多元化問題が浮き彫りとなった。続いて打ち出されたのが近代企業制度の実施であった。近代企業制度実施の意義は，西側の企業制度を参考に中国式の社会主義市場経済制度を確立することである。つまり，伝統的な所有制による企業制度の区分から国際化に向かい，投資者が負うリスクと享受すべき権益の特徴を反映した企業制度を構築し，これによって中国の企業制度をいち早く国際化の動きにリンクさせることである。

1993年の共産党第14期3中全会で，国有企業改革の方向は近代企業制度の確立であることを示し，1999年の第15期4中全会では，企業統治システムの構築が近代企業制度確立の要であると強調した。2003年温家宝国務院総理が第16期3中全会学習キャンペーン時，"企業統治システムの確立は企業近代化制度確立の根本である"と語った[7]。また，2004年3月2日，国務院常務会における"中国銀行，中国建設銀行の株式制度転換試行調整会"では"株式制転換遂行の要となるものは企業統治システムの確立である"と示唆した。

実際執行状況は，1990年〜2001年間新しく設立された企業の90％が株式制企業であった。2002まで，国有企業の87.3％が株式制への転換をし，1,224社（2003年には1,287社）が上場を果たした。その他企業は依然として"企業法"に則って設立されたものである。2003年まで，189の中央級企業の中180の国有独資企業が株式会社に転換を果たしたのは10％未満であった[8]。政府は，135の中央企業における株式所有構造の改革を2006年6月末までにできる限り完成さ

せ，11の地域における上場企業の株式所有構造の改革を2006年内に完成させる目標を打ち出した[9]。

国有企業改革に伴い，多数の企業が株式制度への転換を果たし，取締役会と監査役会を設置し，経営陣が任命され近代化的企業制度への確立へ大きく踏み切っている。優良企業は海外で上場を実現し，株式所有構造が多元化されグローバル化の進展のなかで中国企業の企業統治システムが構築しつつあり競争力も向上しつつある。しかし残されている課題も少なくない。"中国への投資のなかで一番困っていることは企業統治システムの構築が余りも遅れていることである"というアメリカからの指摘[10]も興味深い。

第2節　上場企業の所有構造と機関投資家の役割

1　上場会社の所有構造

中国の株式会社特に上場会社の所有構造は外国ではあまり例がない「一株独大」と呼ばれる集中型所有である。集中的所有というのは，大株主順位上位の株主の持株比率が3分の1を超え[11]，中国の上場企業の多くは，政府機関または国有法人が非流通株式として発行済み株式の6割以上を所有しており（図表9－2），集中的所有を示している。

国有企業の制度から転換された株式企業の所有構造は国家株，法人株（法人株はまた国有法人と一般法人に分けている），従業員株とその他（自然人株）などに分けられている。企業が上場した場合，流通株が生ずるが，国家株と法人株の流通はできない。まさに中国独特の特徴である。これは私有化の発展を一定の程度に抑制し，国有資産の"流失"を防ぐのが主な狙いであると考えられ言わば集中型所有である。図表9－2は上場企業の株式分布状況である。

なお，2004年版『中国証券期貨（先物）統計年鑑』（中国証券監督管理委員会編）によると，2003年度とほぼ同じく，非流通株が全体の64％，その内，国家株：47％，法人株：17％であり，A，B，Hの3つの流通株が36％であった。依然として「一株独大」といわれる構造が変わってないことを示している。

図表9－2　上場企業の株式分布状況

	1995	2000	2001	2002	2003
非流通株	64.5	64.3	65.3	65.3	64.7
国　家　株	38.7	38.9	46.2	47.2	47.4
法　人　株	24.6	23.8	18.3	17.4	16.4
従　業　員	0.4	0.6	0.5	0.3	0.2
そ　の　他	0.7	0.9	0.3	0.5	0.5
流　通　株	35.5	35.7	34.7	34.7	35.3
A　　　株	21.2	28.4	25.3	25.4	26.7
B　　　株	6.7	4.0	3.1	2.9	2.7
H　　　株	7.7	3.3	6.4	6.1	5.9

（出所）　中国証券監督管理委員会の公開データより作成。

2　所有構造の特徴

上場会社の株式構造には以下4つの独特の特徴が見られる。

①流通株比率の低さ。大多数の株式は流通はできない，②流通できない株式が集中した結果"一株独大"が生まれた，③流通株式の過度な分散のため機関投資家の比率が非常に低い，④上場会社の最大株主は，通常は持株会社となっており自然人ではない。

こういう不合理な株式構造はいろいろな問題を提起している。

①国家株の株主権利執行のメカニズムが健全でないため，行政と企業との不分離，企業目標の政治化，内部者支配，内部者による株主資産と会社資源の濫用，株主価値最大化の企業目標が実現されない，などの問題が提起されている。②並行型またはピラミッド型の持ち株構造が上場会社の利益を損なう関連取引に便宜又は刺激を与えている。③上場会社に対する一般株主の有効かつ直接統制力が欠けている。

しかし，実際中国における上場会社の殆どは国有企業の制度転換によるものであり，流通できない国有株，国有法人株は大半を占めているため，大株主または親会社は取締役会，社長の任免をコントロールしており，取締役会と社長

を含む経営陣が互いに兼任したり，親会社，子会社，孫会社などの多階層構造になっている。したがって，こういう内部者支配のなかで，中・小株主による経営陣への監督機能が発揮できず，なお大株主の代表者である経営者は上場会社を利用し，支配している。

こうした所有構造の下では，①財産権所有者の行政化，②真の企業リスクを負う者の不在，③異なるガバナンス主体間の相互牽制ができなくなる，④企業経営者行動の官僚化，⑤国有資産"流失"の加速化，などが現れている。もちろん集中型にはメリットはあるもののデメリットも少なくない。しかし，委員会設置の導入の形で国際化を推進し，アングロサクソン型の企業統治に近づいている特殊性も見られる。なお，証監会は資産価値の不当な操作などとくに不正が多いため，上場会社のＭＢＯについては，買収価格の根拠や出所など通常の買収より厳しい基準を設けているが[12]，集中型所有構造であるため所有権をめぐるＴＯＢなどの抗争，敵対的買収の発生の余地は少ないといってよい[13]。

3　機関投資家等の監視能力

機関投資家の上場会社への監督能力は決して大きくない。主な原因は，(1)国家株と法人株を中心とする非流通株が60％以上を占めている現状の下で，機関投資家の株の持ち分が上場会社を統制するに至らないこと，その上証券投資基金における持ち株比率に関する政府の２つの規定がある。つまり，①"機関投資家が持つ１つの上場会社の株式総額が基金純資産総額の10％を超えてならない"，②"同一基金管理人が管理する全ての基金の投資は１社の発行済証券総額の10％を超えてはならない"ことである。(2)資本市場の発展がまだ未成熟と規範化されていない状況の下で，機関投資家の行動は往々にして短期投資行動の傾向を示し投資先の企業統治への参与の意欲が欠けている。(3)大多数の機関投資家（図表９－３）は国有証券会社，国有信託会社より発起した関係で委託人不在，"内部者支配"などの統治メカニズムなどが不健全である。したがって，企業統治への参与力と効率が欠けている。

第9章　外部監視とコーポレート・ガバナンス

図表9-3　中国機関投資家の状況

政府投資信託基金	2002年末現在：54の固定型政府投資信託基金，17の非固定型政府投資信託基金基金管理資産総額：1,319億人民元（以下，元）
証　券　会　社	2002年末現在：証券会社：124社，資本金総額：1,040億元 1992年～2002年A，B株発行総額：8,773.81億元
保　険　会　社	2002年末現在：230社。1999年10月証券投資業務を開始，2002年7月まで証券取引市場への投資総額232.91億元，現在中国最大の機関投資家
社 会 保 険 公 司	2002年末現在，資産総額：1,240億元　証券取引市場への投資総額：500億元　証券市場におけるもう一つ大手機関投資家
一般法人投資家	国有企業，国有持ち株会社，上場会社と民間企業が主なメンバーである。例えば，上海久事集団，北京首創集団，新彊徳隆集団など。3社の証券市場への投資総額が1,000億元余り。

（出所）　上海証券取引所研究センター編『中国企業統治報告』（2003年）復旦大学出版社2003関係資料より作成。

第3節　証券監督管理委員会による規制

1　『証券法』の制定と証監会による規制

　永年棚上げされてきた『証券法』は，1998年12月29日，第9回全人代常務委員会で可決された。これにより，銀行と証券業の分離，銀行借入による株式投資売買の禁止，国有企業による株式の投資売買の禁止，信用取引の禁止，株貸しの禁止などが行われた。1998年4月国務院の構造改革に従い，元国務院証券委員会[14]と元中国証券監督管理委員会[15]の2つ組織を合併し国務院直属の中央省庁の1つに昇格させ，名称を中国証券監督管理委員会（China Securities Regulatory Commission, CSRC）に統一し，中国における証券，先物取引市場の監督，管理の主管部門と位置づけた。新証監会はディスクロージャー関連の7つの規則を修正・公表した。『証券法』は中国初の政府主導ではない立法といわれている。ここ数年来の規制として，会計基準の改定（財政部），監督体制の整備

第Ⅴ部　中国のコーポレート・ガバナンス

(CSRC, 証券取引所), メディア公表の指定 (CSRC), 罰則の強化 (CSRC) などの施策が行われている。

　証監会は，2001年1月7日，上場会社のコーポレート・ガバナンス規定 (Code of Corporate Governance for Listed Companies) を公表し，同年8月16日，独立取締役の導入に関するガイドライン (Guidelines for Introducing Independent Directors to the Board of Directors of Listed Companies) を公表した。これは米国型のコーポレート・ガバナンスを導入した規定となっている。加えて，日本より明確でわかり易い規定となっていること，かつ，早期に導入していることが注目される。

　中国証券法では，証券市場における主管機関は証監会であると定めている。証監会および派出機構は法律，法規に基づいて証券業全体業務の集中統一管理を実施し，中国銀行監督管理委員会（銀監会），中国保険監督管理委員会（保監会）との間に定期または不定期の3者連絡会議を開き，重複されている監督管理分野に関しては即時の連絡と協調をとりながら，抜け穴の防止に努め，法律法規執行の有効性と実施の規範性の確保に力を合わせることを定めている。

　持続，公平，透明，健全に発展し，証監会としての執行能力を高めるため，証監会内に査察第二局を設置し専ら証券市場での監督管理に力を注いでいる。なお，『会社法』に基づき連続3年間赤字の企業は上場を取り消している。

　証監会は権力機関として，立法権，執行権，採決権の3権を掌握して，いわば三位一体となっている。社会主義市場経済のスローガンの下にまだ計画経済の性格が保持され，試行，規則，規定，指導意見などを策定しながら問題がない場合法律を作って法規制を行う。すべてを直ちに法規制で取り組むことはやらない。なお，市場経済，資本市場，証券市場は市場経済に依存して国際的な投資に適応できるようになっている

　1993年最初の『会社法』(公司法)，98年最初の『証券法』の採択から今日までの企業統治の構築の課程を見ると，まず最初に規則，規定，指導意見などが打ち出され，つぎに執行状況を検証しながら最後に立法化するという方法がとられている。企業統治関係の規則，通知，意見などはおよそ以下の通りである。

第9章　外部監視とコーポレート・ガバナンス

①『元有限責任公司と株式有限公司が「公司法」に則り規範化させる国務院の通知』(1995年，国発第17号)，②『国務院の元有限責任公司と株式有限公司が「公司法」に則り規範化する通知を貫徹する通知』(国家経済貿易委員会，国経貿企1996年第895号)，③『上場会社定款ガイドライン』(中国証券監督管理委員会，1997年12月16日公表)，④『上海証券取引所株式上場規則』(1997年制定，2004年4月改正)，⑤『深セン証券取引所株式上場規則』(1997年制定，2004年4月改正)，⑥『海外上場会社におけるディスクロージャー制度をさらに進めていくことに関する意見』(中国証券監督管理委員会，1999年3月)，⑦『上場会社における独立取締役制度の確立に関する指導意見』(中国証券監督管理委員会，2001年8月)，⑧『証券取引所管理弁法』(中国証券監督管理委員会，2001年12月12日公布，施行)，⑨『証券会社管理弁法』(中国証券監督管理委員会，2001年12月28日公布，2002年1月7日施行)，⑩『上場会社の企業統治準則』(中国証券監督管理委員会，国家経済貿易委員会，2002年1月)，⑪『企業国有資産監督管理暫定条例』(2003年5月国務院378号令)などである。2004年だけで『上海証券取引所株式上場規則』(改正)，『深セン証券取引所株式上場規則』(改正)，『社会公衆株主権益保護に関する若干規定』，『証券会社債務管理暫定規定』，『証券会社経営者管理方法』，『資本市場改革開放の推進と安定発展に関する若干意見』などがある。なお，大幅に改正され2006年元旦から施行された新会社法と証券法に基づいて3月16日に『上場会社定款ガイドライン』(2006年改正)を公布し同日実施(1997年の同ガイドラインは同時廃止)となったが，すべての上場会社はこのガイドラインに従い株主総会を開き各会社の定款の修正が求められている。主な内容は，株式の発行，譲渡，株主総会，取締役会，監査役会，財務会計制度，増資・原資・Ｍ＆Ａなどへの新しい規定などである。

2　現状と問題点

証監会としての問題点をあげれば，

①上場会社への外部監視が欠けている。ベンチャービジネスなどの中国版のナスダックといわれている二部市場の不正操作などへの監視に偏り，"大株主

支配", "内部者支配" を是正し, "中小株主の権益" の保護などの上場会社への監視能力が乏しい。

②外部監視は往々にして情報開示が中心で実質的な問題には触れていない。上場会社および持ち株会社の大株主らは様々な手段を講じて企業の資産を移転, 横領, 偽帳簿作りというような不正が蔓延する状況の下で外部監視機能の責任の重さと重要性が強調されるべきである。

③上場会社への監督管理にも限度がある。証監会は上場会社の銀行口座を調査することができないし, 上場会社の株主でさえ調査権限がない。証券監督管理主体の複雑化および違法行動に対する各行政機関の抵抗またはこれを越える行政権力の制約を受け, 証監会としては十分な執行権がなく, 証拠を収集するチャンネルも整備されていない。

証券市場における自律組織は上海, 深セン両証券取引所と中国証券業協会である。中国証券業協会は証監会の管理下に置かれている証券管理機構から組織された全国的会員組織である。協会設立のねらいは, 証券の発行と取引等での公正な進行, 投資者の権益の保護, 証券業の健全な発展のためである。しかし, 協会自体が半官半民のため, 自律的な監督管理面では限度があり違法または不正行為への必要な処罰もできない。したがって, 実際, 上海と深セン両証券取引所が自律組織となっている。

第4節 証券取引所による規制

1 証券取引所による規制

1990年に上海, 1991年に深センの両証券取引所が設立され, 2006年6月現在上海証券取引所に上場された企業が831社, 深センに540社で, 上場会社数は全国で計1,371社となっている[16]。上海証券取引所, 深セン証券取引所と証券業協会は中国証券市場における管理機関である。定款および業務規則などを通じて証券業務の行動を規範化し, 規定, 規則に基づいて取引所の会員, 上場会社, 証券発行, 上場および取引などの活動に関して監督管理を行う。不正行為,

ルール違反，企業内容の報告・開示等に不正があった場合などには厳重に処分をすることになっている。

1997年に制定した（2004年改正）『上海証券取引所株式上場規則』と『深セン証券取引所株式上場規則』は中国における最初の上場会社に対する系統的なお規範化された企業統治構築への指導的指針ともいえ，証券取引所による外部監視を明確に定めている。

証券取引所と証券業協会は単一の自律組織である。証券業協会は証監会の指導を受けている証券経営機構の全国的な組織である。設立の目的は，証券発行，取引の公正な進行，投資家利益を守り，証券業の発展等に寄与する。しかし，組織自体が半官半民であるため自立的な監督管理職能発揮の面では進展が遅く，処罰を下す権限もない。したがって，上海と深センの証券取引所が主な自律組織となっている。

2　現状と問題点

内部管理体制の不健全。証券取引所は，①法人統治制度の不完全。取締役会，監査役会と株主総会に依拠し3者共同でリスク管理を監督する面で欠けている。②管理形式が不完全。中国の証券会社は殆どが本社と支店の組織構造を持っているが，危機管理上では2つの方式をとっている。つまり，本社から各支店へ逐一権限を委譲する方式と，本社から各職能部門へ逐一権限を委譲する方式である。前者の場合，管理上死角（漏れるなど）と情報の不完全が発生しやすく，後者の場合，最後まで徹底することができず，管理の権威も低い。

管理効果にも限度がある。①株式の発行には定額制限があり，実質上許可制をとっている。上場会社への証券取引所の管理には限度があるため外部監視と管理の効果は十分とは言い難い。②上海，深セン証券取引所は証券会社の利益の代理人と証券主管機関における監督管理の執行者であると位置づけているが現実との間にギャップが大きい。上場会社への責任，市場行動などへの監督管理の有効性が欠けている。③地方政府にとって証券取引所は税収と資金面で必要不可欠の財源となっていて，取引所自体の自律的な監督管理に常に関与して

いる。従って，真の監督管理の役割は明らかに弱まっている[17]。

第5節　監査法人による規制

1　監査法人による規制

　外部監視の役割は益々増大しつつある。2005年まで48項目に上る公認会計士に関する準則，指導意見などが制定，執行され，2005年の1年間だけで1,400余りの監査法人における監査の業務の検査を行う[18]など，力を入れている。

　しかし，中国の市場経済発展サイクルが短く，規範的管理が不十分であるのも現実である。監査法人は既に政府部門と大型国有企業とは分離されており，自主経営，リスク自己負担，自己制約，自己発展の市場競争の主体となりつつある。現在，全国で会計事務所が6,639，公認会計士は59,800人，2005年度の会計事務所の売上総額が183億元に達している[19]。会計事務所は主に財務部（省），会計監査署（院）と証監会など政府部門の監査管理を受けると同時に中国会計事務所協会と各地方協会の業務検査をも受けている。公認会計士全体の素質，業務，法律レベルなどは高くなく，個別事務所または公認会計士における不正，粉飾などの問題がしばしば発生している。

　2004年5月から9月までに，国家会計監査署は上場会社の会計監査資格を持っている16の会計事務所で行われた監査業務検査の結果，14の事務所の37名の公認会計士が提出した監査報告が事実と大きく食い違ったことが明らかになり財務省と証監会が告発した。上場会社による不正行為は深刻であり，監査資格を持つ会計事務所の責任も問われている。不正の主な特徴は以下の通りである[20]。

①　上場会社の不正行為は集団化，全面化，普遍化しつつある。
②　上場会社の財務不正行為は隠蔽，深化し，より巧妙になりつつある。
③　上場会社の財務不正行為は収斂されず更に猖獗している。
④　少数監査法人は自ら会社の粉飾に加わっている。

　なお，近年処罰を受けた会計事務所と公認会計士は図表9－4の通りである。

第9章　外部監視とコーポレート・ガバナンス

図表9－4　近年処罰された会計事務所と公認会計士

	1993～2001年	2002年2月	2005年7月＊
処罰された会計事務所および公認会計士	24の会計事務所 46名の公認会計士	中天勤，華倫，中聯信，深セン同人，深セン華鵬等5の事務所	8つの会計事務所 23名の公認会計士

（出所）　2002年までのデータは，上海証券取引所研究センター編『中国企業統治報告』（2003年）216頁，2005年のデータは財務部2005年会計情報品質検査公表（第11号）2005年7月28日より作成。なお，2005年処罰を受けた8つの会計事務所の中，資格取り消し1社，営業停止1社，警告3社，監査やり直し3社となり，処罰された23名の会計士の中，資格取り消し1名，職務停止6名，警告処分が16名となった。

　監査法人という独立性，専門性から会計監査事務所による監督，制約する役割は必要である。公認会計士は監査と指導という2つの機能があるが，粉飾まで行かなくても数字を良く見せたい企業風土の下で結果的には経営者に利用されることと，企業の中に味方がいないため会計士自身の立場が弱くなり，なお経営者から報酬をもらうという立場からみると，第三者として厳しい意見をいえなくなると考えられる。会計監査は企業統治の監督・管理への監査となって企業が自律を守る最重要な防火壁ともいえる。会計事務所は独立人格で企業に対し監査を行い，客観，公平で信頼できる監査報告を提出し，企業と経営者行動に対する規制の役割の発揮が求められている。これによって，市場を浄化する目的の達成ができると考えられる。

2　現状と問題点

　企業統治構造の不合理性とそれによって発生する会計監査のアンバランスは証券監査市場における不正を生み出す根源である。実際，企業の意思決定権，経営権，監督権は会社発起人または大株主に一任され，株主総会は形式に過ぎなく大株主のワンマン化となっている。経営者は監査を受ける立場から監査の委託者となり監査人の任命，解任，報酬などの決定者としてまるで完全に会計事務所の"衣食住"まで配慮している"親"となった。会計事務所の監査執行

は企業から報酬をもらう側で立場が弱く，一種の"取引"契約の行動で明らかに受け身になっている。現行の監査環境および公認会計士の監査職責と処罰などの規制の下で，彼らは激しい市場競争の中でやむを得ず企業と妥協し，ひいては企業と共に不正を働くことがほぼ理性な選択となっている。従って，共謀は責任の追及と損害賠償の確立が小さく，得ている利益が負っているリスクより大きい。しかし独立，客観的な立場から得られる未来の収益は大きな不確定性を持っている。

とはいえ，企業不祥事の多発にともなう会計不信が高まり，少なくない会計士が処罰を受けている現状と監査法人のレベル的にも質的にも大差がない実情の下で，会計監査が企業の不正を見逃してきたことから会計士という専門的職業人としての倫理観が欠けていたことは明らかである。企業統治における公正な外部監視の立場から会計士資格に更新制を導入し，更新時には継続教育を義務づけるなど，会計士にプロ意識を植え付けることが必要であると考えられる。

おわりに

(1) 集中型所有構造は中国上場企業の主な特徴である，「一株独大」とよばれる現状では機関投資家らにおける経営行動への監督には限度がある。

(2) 中国の企業統治，とくに上場会社における企業統治の歴史は長くないが，企業行動のグローバル化に伴い，企業モデルの規範化，企業を規制する制度などが収斂し統一化に向かっている。外国の経験を参考しながら自国の状況を踏まえて自国の特徴を活かした企業統治システムの構築に力を入れている。

(3) 証券取引業における権力機関である証監会は，企業統治の外部監視における一連の規制，ルール等の制定と役割の発揮に重要な役割を果たしている。しかし，グローバル化進展の下で直面している課題も少なくない。

(4) 自律機関としての証券取引所と監査法人における外部監視機能の発揮には限度がある。企業統治や監査関係の法令も整備されつつあり，経営者の意識改革も進んでいるが，制度上の改革はむろん，監査における質と倫理の向上

第9章　外部監視とコーポレート・ガバナンス

などが前提であり課題であると考えられる。

(注)

1) "株式権利双軌制"とは，中国資本市場の中で流通株と非流通株は共に上場会社が発行している株式であるが，公開発行している株式だけが流通でき，国家株と法人株は流通できないことを意味している。
2) "連鎖取締役"(interlocking directorates)は，2社または2社以上の企業で取締役を兼任していることを指す。2003年12月31日現在，調査を受けた上海証券取引所131社上場会社の内，"連鎖取締役"企業が111社で，全体の84.73％を占めている。——『発展研究参考』東北財経大学，2004年第21期，2004年12月3日3ページ。
3) "関連取引"とは，1つの会社またはそれに従属している会社がこの会社と直接または間接的利害関係持っている関連会社との間に行われている取引を指す。上場会社の関連取引には，仕入，販売から株式権利，財産権の譲渡などまで広がり，有形資産の取引から無形資産の取引まで幅広く行われている。1997年，上海，深センの両証券取引所の719の上場会社のなかで，609社で関連取引の内容が開示され上場企業全体の84.6％を占めている。1年後の1998年には80％まで下がったが，200年にはさらに93.2％まで大幅に上昇している。——秩名，「我が国における上場会社関連取引の探求」『無撫論文網』2003年10月9日。
4) 張雪「企業統治と内部統制」『合作経営と科技』2005年2月17日。
5) 奚暁明「企業統治導入の背景とその主要な法律的措置」『中国民商審判』2003年第1巻。
6) 上海証券取引所研究センター編『中国企業統治報告』(2003年）復旦大学出版社，2003, 1ページ。
7) 温家宝『社会主義市場経済体制を完全化する綱領的な文書』党建出版社，2003年。
8) 何家成「企業統治案件の国際比較」『学習時報』2004年3月25日。
9) 「国有企業改革をさらに深化させよう」国務院弁公庁国研室，2006年3月15日。
10) W. Gamble. Investing in China, QUORUM, 2002
11) 拙稿「中国国有企業改革の新動向と経営行動—WTO加盟後を中心に—」『アジア経営研究』(アジア経営学会）第10号　2004年5月　11～22ページ。
12) 証監会の「『上場企業のM＆Aに関する規定（案）』公開意見を求める通知」2006年5月22日。
13) 菊池敏夫「中・日企業における企業統治システム—比較からみた特徴と課題—」『MBA人』中国科学技術大学管理学院MBA・MPA人センター編集　2005年7月　26－29ページ。
14) 1992年10月国務院の直轄機構として設立された。国家を代表して，証券市場におけるマクロ的な統一管理を行う主管機関であった。
15) 同じく1992年10月設立され，国務院証券委員会の監督管理機構であった。
16) 上海証券取引所，深セン証券取引所のHPより計算。

第Ⅴ部　中国のコーポレート・ガバナンス

17)　劉偉「中国証券会社リスク管理の発展探索」『上海財経大学金融科学学会学術会』2003年11月。
18)　第三回公認会計士フォーラムでの王軍財政部副部長（副大臣）の挨拶　2006年5月29日　中国・北京。
19)　劉仲藜（中国公認会計士協会長）「公認会計士業界の更なる発展と強化」『第三回公認会計士フォーラム』2006年5月29日　中国・北京。
20)　呉波「監査院の最新公告からみた上場会社の4大スキャンダル特徴」『証券導報』2005年10月3日。

《参考文献》

李恵，等著『中国　政企治理問題報告（China Government and Enterprise Govern Issue Report）』中国発展出版社，2003年1月。

上海証券取引所研究センター編『中国企業統治報告』（2003年）復旦大学出版社，2003年9月。

趙月華著『母子公司治理結構（Governance structure of group)』東方出版社，2006年3月。

金山権著『現代中国企業の経営管理』同友館，200年3月。

菊池敏夫・平田光弘　編著『企業統治の国際比較』文眞堂，2000年5月。

勝部伸夫　著『コーポレート・ガバナンス論序説』文眞堂，2004年6月。

菊澤研宗　著『比較コーポレート・ガバナンス論』有斐閣，2004年11月。

佐久間信夫　編著『アジアのコーポレート・ガバナンス』学文社，2005年10月。

（金山　権）

第10章　会社機関とコーポレート・ガバナンス

はじめに

　本章では中国の上場会社の内部統治システムを考察する。1993年末に会社法『公司法』が制定、94年から施行されたが、2005年10月27日に会社法の修正案が成立、2006年から施行されている。今回の改正により、コーポレート・ガバナンスが強化され、また支配株主の責任が規定された。しかし、新会社法が施行された後の関連統計はまだ入手できないため、以下では旧会社法時期の調査データを使わざるを得ない。

第1節　会社機関の概要

　中国の会社法に規定されている会社機関制度は、先進市場経済国のものと似ているが、現実には中国独特の特徴もいくつか見られる。近年、中国証券監督管理委員会（CSRC）と証券取引所が改革を主導してきた結果、中国のコーポレート・ガバナンスは制度面で、国際的な水準に近づいたといってよい。

　中国の会社法における会社の機関には、①株主総会［股東大会］、②取締役会［董事会］、③監査役会［監事会］がある。株主総会は会社の権力機関であり、取締役会は経営戦略決定機関であり、監査役会は会社内部の監督機関である（図表10-1）。また、党委員会・従業員代表大会・労働組合［工会］と呼ばれる「老三会」は、現在も存続しており、内部統制の主体として理解され、とりわけ党委員会が大きな影響力をもっている。

第Ⅴ部　中国のコーポレート・ガバナンス

図表10－1　会社法で規定される会社機関

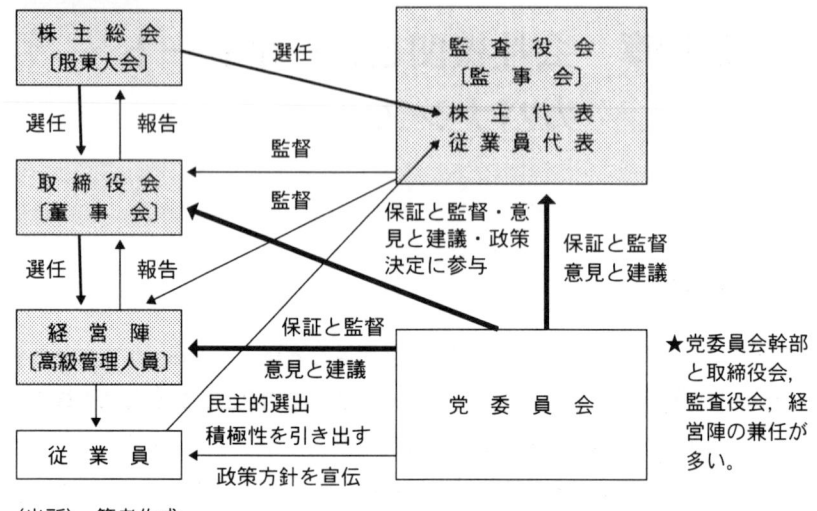

```
株主総会           選任      監査役会
〔股東大会〕      ─────→   〔監事会〕
                              株 主 代 表
選任 ↓ ↑ 報告    監督          従業員代表
                ←─────
取締役会          監督
〔董事会〕       ←─────
                         保証と監督・意
選任 ↓ ↑ 報告            見と建議・政策    保証と監督
                         決定に参与        意見と建議
経営陣            保証と監督
〔高級管理人員〕 ←─────
                  意見と建議           ★党委員会幹部
       ↑          民主的選出            と取締役会，
                  積極性を引き出す       監査役会，経
従業員            政策方針を宣伝         営陣の兼任が
                                党委員会     多い。
```

（出所）筆者作成。

第2節　株主総会［股東大会］

　株主総会［股東大会］は，会社定款の変更，増資や社債発行の承認，財務計画や利益処分案の批准，董事・監事の人事や報酬の決定などの権限を持つ。

　上場会社は会計年度終了後6カ月以内に，年次株主総会を開かなければならない。日本と異なり，総会の開かれる時期は分散しており，4月～6月に開かれる会社が多い。出席する株主の中央値は30人ほどである[1]。

　先進国では，株主総会は一般株主と経営者との交流の場として位置づけられるが，中国では一般株主（流通株の保有者）との交流は重視されていない。しかし，株主総会の議事録は，上場会社のウェブサイトや証券取引所で一般公開されている。

第10章　会社機関とコーポレート・ガバナンス

1　「一株独大」と株主総会の形式化

　中国の上場会社の所有構造面での特徴は，集中と分断に見られる。分断とは，上場企業の株式が保有主体の属性により，国家株・法人株・流通株の3種類に分かれている［股権分置］ことである。そして，株式所有における集中は，「一株独大」という言葉に象徴されるように，筆頭株主の持株比率が非常に高くて，支配的な地位にあることを意味する。2001〜2003年度の835社を対象とした統計の結果は図表10－2の通りである。

図表10－2　大株主の持株比率（平均値，%）

	1位	2位	3位	4位	5位	前5位合計	前10位合計
2001年	45.1	8.1	3.1	1.7	1.1	59.0	61.3
2002年	44.2	8.3	3.2	1.8	1.1	58.6	60.9
2003年	43.0	8.7	3.4	1.8	1.1	58.0	60.3

（出所）　饒玉蕾・曾陽（2005）「中国上市公司大股東対公司績効影響的実証研究」南開大学第三届公司治理国際研討会論文集。

　図表を見て分かるように，筆頭株主が絶対的な優位にあり，第2位以下の大株主が結束しても，筆頭株主に対抗できない。会社法では株主総会が会社の最高権力機関でありながら，実際には形式化・大株主会化の現象が一般化している。小株主は広大な中国各地に分散しているため，株主総会に出席するための時間・精力・費用を負担することが難しい。ほとんどの小株主が総会に欠席している。統計によると，小株主の投票率は大体10%以下である[2]。

　緩和措置として，多くの上場会社が進んで新聞記者などを呼び，株主総会を傍聴させている。また，新聞記者専門席を設ける会社もある。たとえば，武漢鋼鉄株式会社は毎回多数の記者を出席させている。佛山照明株式会社は記者の招待出席を『公司股東大会議事規則』に明記している[3]。

　記者の傍聴と報道は，多数の中小株主の知る権利を満足できるばかりでなく，世論の監督を通して上場会社の情報開示促進が期待されている。

　2006年末までに非流通株改革の終了後，筆頭株主の所有比率が現在より低下

図表10-3 全流通改革前後筆頭株主の持株比率変化

	50％以上	35～50％	35％以下
全流通改革前	476社	314社	568社
全流通改革後	230社	335社	793社

（出所） 蒋健蓉「股改堵塞価値滲漏、三類価値回帰公司値得関注」『新財富』2006年8月号。

するが，それでも35％以上を保有する会社数が改革前の790（476＋314）社から565社の低下にとどまる（図表10-3）。

2　新会社法における株主権の拡充

株主権の拡充によって少数株主の保護を図ると同時に，この数年間失われつつある投資者の株式投資意欲を取り戻そうという姿勢が新会社法に見られる。株主権について以下の改正を行った。

① 株主の閲覧権。旧法は会社定款・株主総会の議事録と財務会計報告を株主の閲覧範囲としていたが，新法では，董事会の決議，監査会の決議，株主名簿，社債の債券原簿・財務会計報告書も閲覧できるものとなった。

② 株主総会への提案権。会社の発行済み株式の3％以上（旧法では5％以上）を有している一人または複数の株主は，株主総会会議が開催される10日前，書面をもって董事会に臨時提案を提出することができる。

③ 会社解散の請求権。議決権の10％以上を有する株主が，裁判所［人民法院］に会社の解散を求めることができる。

④ 株式の買取請求権。現実に，会社が長期に渡って連続して利益を計上したにもかかわらず，株主総会決議により，株主にその利益を配当しないケースが多く存在している。新法では，一定の事項に該当する場合，株主総会の当該決議に反対投票を行った株主は，自ら所持している株式を会社に合理的な価額で買い取らせることを請求できる。

⑤ 株主の権利が侵害されたときの救済。株主総会決議・董事会決議が法

律・行政法規に違反した場合，無効となる。株主総会・董事会の招集手続き，議決方式が法律・行政法規または会社定款に違反した場合，あるいは決議の内容が会社定款に違反した場合，株主は決議が終えた日から60日以内に，裁判所に取消し請求を提起することができる。

⑥ 株主からの訴訟提起。董事・高級管理者などが法律・行政法規または定款に違反し，株主の権益を侵害した場合，被害者となる株主は当該董事・高級管理者に対し，裁判所に訴訟を提起することができる。株主は連続180日以上かつ1％以上の株式を有していることが必要である。

⑦ 董事，監事の選任における株主総会の累積投票制度を採用するか否かに関しては，定款または株主総会で決定しうる[4]。

3 株主総会の規範化に向けて

ＣＳＲＣが2006年3月19日に，『上場会社株主総会規則』（上市公司股東大会規則）を公布した。主な改正点[5]は，①株主総会の招集と司会の手順を明確に規定した。②董事会が株主総会を招集する職責を履行しないまたはできないとき，監事会が招集できる。③株式10％以上を保有する株主は株主総会の開催を要求したにもかかわらず，董事会がそれに応じない場合，監事会に対し開催を求めることができる。④株主が議題の事項について合理的な判断を下せるために，株主総会の招集通知には，十分かつ完全な提案内容を書かなければならない。⑤株主総会の開催通知を出した後，正当な理由がなければ，延期や取消はできない。通知にあった議題事項も取消できない。⑥株主総会は現場参加を基本としながら，非現場参加を補助的な方式で認める。株主総会は会場を設置し，現場会議の形式で行わなければならない。その上，上場会社はインターネットなどの方式で，会場に来られない株主に参加の便宜を図ることができる。⑦株主総会は会社所在地または定款に規定した場所で開催すべきである。⑧年次株主総会の通知は開会20日前，臨時株主総会は開会15日前に公告する方式で知らせる（旧規則ではどちらも30日前であった）。⑨すべての董事・監事・董事会秘書が株主総会に出席し，経理やその他上級管理者が列席すべきである。株主からの

質問に対して解釈と説明を行わなければならない。

さらに，ＣＳＲＣが2006年3月21日に『上場会社定款の手引き（2006年修訂）』（上市公司章程指引）を公布した。その中，株主総会に関して以下の改正は注目に値する。

① 会計事務所の選任は株主総会によって行わなければならない。董事会は株主総会の決定前に会計事務所を委任してはいけない。
② 関連取引に対する議題について表決を行うとき，関連株主による表決回避の結果，決議が通過できない場合，会社はより多くの非関連株主の参加を呼びかけ，再度株主総会を開催して表決を行わなければならない。

第3節　取締役会［董事会］

会社法では，董事会の構成員［董事］は5～19人と規定されている。董事会では，董事長（取締役会長）1人を置き，副董事長を置くことができる。

旧会社法では董事長を会社の法定代表者とされていたが，新会社法では，会社の法定代表者の選任を会社定款に任せ，董事長，執行董事または経理のいずれも，代表者になれるという柔軟な規定が設けられている。

調査によれば，上場会社の董事会は平均して9～10名で構成され，年間7回前後開催している（図表10-4）。

なお，董事のうち大株主から派遣される者が圧倒的に多い。上海証券取引所の調査によると，筆頭株主が派遣した董事が，96年45％，97年47％，98年50％，99年には54％に達し，過半数を超えた。また，上海証券取引所研究センターが2004年に208社のアンケート調査によると，筆頭株主の推薦で当選した董事の人数は半分以上を占め，国有株主の推薦で当選した董事は45％を超えている。独立董事を除けば，国有株主の董事が平均して董事会メンバーの60％以上を占めている[6]。

2001年度のある調査では，国家機関と国有法人が39.2％の株式を持っているが，57.7％の董事を派遣していた。一方，流通株主が合計して35.9％を持って

図表10-4　上場会社の董事会，監事会および経営者報酬

	平均値	中位数	標準偏差	最小値	最大値
董事会の規模（人）	9.94	9	2.19	5	19
監事会の規模（人）	4.29	5	1.44	2	12
董事会の回数（回／年）	7.44	7	3.05	0	32
監事会の回数（回／年）	3.45	3	1.70	0	12
筆頭株主からの兼職董事の比率	31%	33%	19%	0	90%
上級管理者の報酬（万元）	49.42	36.00	48.07	2.30	512.00

（出所）　程新生・劉燕（2005）「公司治理，財務組織系統特徴与会計失信関係研究－来自我国上市公司的実証証拠」南開大学第三届公司治理国際研討会論文集より作成。2003年～2005年6月30日のサンプル1,101社に対する計算結果。

いるものの，わずか2％の董事しか派遣していない[7]。2001年に942社上場会社を対象とした調査によれば，大株主から派遣された取締役が全体の80.7％に達しており，そのうち，筆頭株主により派遣されたのが，株主派遣の取締役総数の53.3％を占めている[8]。まさに，董事会は筆頭株主から派遣される董事に支配されている状況にある。

　董事が基本的に大株主，とりわけ筆頭株主から派遣される一方で，董事の多くが企業内部で経理を兼任している。中国の上場会社の現実は，市場経済における所有と経営の分離とは異なり，所有と経営が基本的に一致した状況であり，そこにおいて所有の集中と内部者の支配が併存している状況を示している点で，極めて特徴的である。

　集団公司・事業会社が大株主の場合，親会社（多くの場合発起人会社である）から董事を派遣するのが一般的である。また，国有資産管理局など政府機関が大株主の場合，直接董事を派遣することは極めて少ない。多くの場合，集団公司の董事長が国家株の代表権を授権されている。その結果，集団公司の経営者が傘下の上場会社の董事長を兼務して支配権を掌握することにより，結果として内部者支配の状況が生まれやすい。

第Ⅴ部　中国のコーポレート・ガバナンス

いくつかの調査データで確認しておこう。1998年度上場企業315社のサンプル統計によれば，①上場会社の董事長のうち，親会社の董事長を兼ねる者が47.5％，②上場会社において，董事長が総経理を兼任している者が41.9％，③上場会社の董事長が総経理を兼任し，同時に親会社の董事長を兼任する者が18.7％である[9]。

近年，董事長と総経理の兼任がやや減少し，3割弱になっている。具体的には，2000年29.1％，2001年27.5％，2002年29.1％である[10]。

要するに，集団企業の子会社または単独企業の改組で成立した上場会社において，親会社や元国有企業の経営者が董事および経営者として，強い支配権をもっている。董事の多くが高級管理職を兼任することから，董事会の独立性が喪失し，形骸化していると指摘されている。

このような状況から，CSRCが2006年3月21日に公布した『上場公司章程指引（2006年修訂）』では，「経理や他の高級管理職を兼任する董事，および従業員代表董事は，合計して董事総数の2分の1を超えてはならない」と定めている。

1　独立取締役の導入

上に述べたように，中国の上場会社の董事は十分な独立性と監督機能をもっていない。経営の健全化および中小株主の保護を図るため，近年，独立取締役［独立董事］の導入が試みられた。

2001年8月に，CSRCが「上場会社における独立董事制度の創設に関する指導意見」を公布し，独立董事の資格要件，独立性の確保，選任の手続きなどについて詳細に規定した。2003年6月30日までに，董事会の中で，少なくとも3分の1が独立董事でなければならないとした。

独立董事は，上場会社運営の基本的な知識を有し，関連する法律・行政法規・規定および規則を熟知し，5年以上の法律・経済または他の独立董事の職責履行に必要とされる仕事の経験をもたなければならない。ただし，独立董事の適任性について，CSRCが最終判断権を留保している。上場会社所在地の

第10章　会社機関とコーポレート・ガバナンス

ＣＳＲＣの出先機関は，選任された独立董事の独立性を認定しなければならない。

　会社法に定められた董事の権限の他，独立董事に次のような特別職権を与えている。①董事会に対して，会計事務所の招聘または解任を提案する，②董事会に対して，臨時株主総会の開催を提案する，③董事会の開催を提案する，④外部の会計監査機関またはコンサルティング機関を独立して招聘する，⑤董事の提出した株主総会の議案について，独立財務顧問報告の提出が必要な場合，独立財務顧問を招聘する。

　なお，独立董事は中小株主の権利・利益を害する恐れがあると判断した事項については，董事会または株主総会に対して，独自の意見を発表しなければならない。

　ＣＳＲＣの発表によると，2003年6月末現在，深圳と上海の両証券取引所で上場している1,250社のうち，1,244社が独立董事を導入した。独立董事の総数が3,839名で，平均一社あたり3名を超えている。独立董事が3分の1以上を占めているのは800社，つまり，65％の上場会社が期限内にＣＳＲＣの指導要求に達した。82％の上場企業において，独立董事が4分の1を超えている。

　注目すべきなのは，2001年〜2003年の間に，433人の独立董事が辞任した。しかも2001年20人，2002年109人，2003年304人と次第に増えている。辞任の原因は図表10－5に示されている。

　独立董事の職業背景をみると，大学と研究機関の著名学者が全体の46％を占め，独立董事の主体となっている。その他に，実業界が19％，会計士・弁護士・業界の協会・金融証券会社の専門職業者がそれぞれ約5〜8％を占めている（図表10－6）。

　彼らは既に本業で成功しており，独立董事の就任は人生経験を豊かにする1つのチャンスと考える人が多い。また，独立董事の仕事を通じて，間接的に本業の一層の発展を促進したい。上場会社は学者や専門家にとって研究価値の高い対象であるばかりでなく，上層社会と付き合う過程で新しい情報やヒントも得られる。さらに一部の人は社会的責任感から，新しい会社統治制度づくりの

図表10-5　独立董事辞任の原因（複数回答）

会社の経営者との意思疎通が困難となり，または大きな衝突が生じた	68%
時間がなく健康状況が良くない	68%
会社に高いリスクが潜んでいることを意識した	66%
報酬は普通であるが負担すべきリスクが大きい	51%
重大な関連取引，訴訟，投資や担保などの発生回数が多く金額が大きい	28%
監査報告がリスクの存在を示した	11%
支配株主または董事会が交替した	10%

（資料）　羅党論・王莉（2005）「上市公司独立董事辞職行為研究」南開大学第三届公司治理国際研討会論文集，1256ページ。中山大学大学管理学院が2004年6月～9月に行われたアンケート調査の結果。

図表10-6　辞任した独立取締役の個人特徴（サンプル423人）

職業背景		学　歴		年　齢	
大学・研究機関	46.0%	本科以下	27.9%	50歳以下	55.3%
一般企業	19.4%	修　士	27.4%	50～60歳	20.1%
金融・証券会社	8.3%	博　士	25.8%	60歳以上	21.8%
司法・法律	7.5%	不　明	18.9%	不　明	2.8%
協会・学会	5.4%	任　期			
会計事務所	4.7%	半年以下	12.0%		
政府機関	3.8%	半年～1年	18.2%		
退職者	2.4%	1年～2年	45.4%		
不　明	4.5%	2年以上	24.4%		

（出所）　唐清泉・羅党論・王莉（2005）「上市公司独立董事辞職行為研究」南開大学第三届公司治理国際研討会論文集，1252－1267ページより整理作成。

実践に自ら参加・体験することに多くの感動を期待しているのであろう。

　しかし，独立董事の就任は確かにさまざまな利益をもたらすと同時に，多くのコストを伴う。職責を履行するために費やす時間と労力のほか，法律上や名

第10章　会社機関とコーポレート・ガバナンス

誉上のリスク，連帯賠償責任などを負わされる恐れもある。

　統計分析結果によると，独立董事の辞職行為については，報酬が有意な説明変数になっていない。独立董事の年間報酬の平均値は3.14万元（最高26.5万元，最低0.3万元）にすぎず，既に高い本業収入を持っている著名人や専門職業者の彼らにとって，重要な収入源ではないため大きなインセンティブにもならない。その代わり，重大事項発生（訴訟，世論の譴責など），筆頭株主の異動，資産負債比率，資産利益率，監査の意見などが有意な説明変数であることが明らかになっている[11]。

　なお現実において，独立董事の効果は疑わしいとの見方も少なくない。独立董事候補の90%は筆頭株主によって決められていること，独立董事の董事会における比率はまだ半数に達していないこと，学者や著名人が多く実務経験が乏しいことなどが原因としてあげられる。35%の独立董事が内部董事と異なる意見を提出したことが一度もなく，「失語症状」にかかったと揶揄され[12]，独立董事が「人情董事」「花瓶董事」と呼ばれることもしばしばある。

　現在中国の独立董事は独立性に欠けるという問題を抱えている他に，役割を発揮できる制度環境が用意されていないことも指摘されている。大部分の上場会社において監査・報酬・指名委員会が設置されていないし，ＣＳＲＣの指導意見が独立董事に特別な職権を与えているものの，制度の建設を軽視している[13]。

　さらに，会社法は監督権を監事会に与えている。独立董事制度はＣＳＲＣの指導意見および企業統治準則で規定されているが，上場会社にしか強制していないし，監事会との役割区分や調整について明確な規定がないため，職責の重複と衝突が生じる恐れがある。新会社法でも「上場会社は独立董事を設置し，具体的なやり方は国務院によって規定される」と抽象的に規定しているにすぎない。

2　董事会内の専門委員会

　ＣＳＲＣが公布した『上場会社の企業統治準則』によると，株主総会の決議

に基づいて各種専門委員会を設置できるが，強制するものではない。また，指名委員会や報酬委員会は上海証券取引所の「上場会社の統治手引」［上市公司治理指引］において，設置することができると明記されている。

しかし，各種委員会に一定の事項について検討・提案する権限しか認めておらず，それら専門委員会の提案は，董事会が審議し決定しなければならないと規定している。こうした規定を見れば，中国会社の各種委員会は実質的な権限を有さず，董事会の諮問機関のような存在にとどまっている。

上海証券取引所研究センターが2004年に行った208社のアンケート調査によると，半数近くの上場会社に専門委員会（投資委員会，監査委員会，戦略委員会など）が設置されているが，あまり役割を発揮していない。その原因として，専門委員会の独立性が保障されておらず，また，独立董事の人数が少ないため，一人の独立董事が複数の専門委員会で参加して時間と精力を確保できない。さらに，専門委員会は十分な情報と調査権を持っておらず，監事会などとは機能上の衝突が生じているなどがあげられている[14]。

第4節　監査役会［監事会］

会社法では，監事会の設置が義務付けられている。その構成員［監事］は3人を下回ってはならないとされる。監事は株主側と従業員代表から選ばれるが，その比率は定款によって定められる。ただし，新会社法では，従業員代表の比率が3分の1を下回ってはならないと規定している。監事は董事，経理および財務責任者を兼任してはならない。また，監事は董事会に出席しなければならない。

上海証券取引所研究センターの調査によると，監事会主席の73.4％は企業内部者である。監事会は年3回程度開催され，平均参加人数は約5名である[15]。現実には党委員会のメンバーが監事会に加わることが多い。ある調査によると，監事会において共産党委員会の幹部が35.1％，労働組合の幹部が25.7％を占め，従業員代表の割合は19.3％に過ぎない[16]。

監事会の無機能化が良く指摘されている。原因としては，①支配株主が任命権を握っているため，監事の独立性が保たれていないこと，②監視活動を遂行するために会計士や弁護士などを雇う必要があった場合，誰がその費用を負担するのかについて，旧会社法で明確に定めていなかったため，監視活動の実施が困難であること（新会社法では，監事の職務執行につき必要な費用または会計事務所に支払う必要な費用について，会社が負担すると定めた），③大部分の監事は法律・財務・技術などの専門知識が不足しているため，董事や高級管理職の背信行為や違法行為を判別できない，などがあげられる[17]。

調査によると，監事会メンバーの教育水準が相対的に低く，大専以下が72％も占めていた。しかも，政治工作幹部の比率が高く，専門人材が少ない。特に会計・法律の専門人材の比率が低い。なお，2004年7月に，国家統計局重慶市企業調査隊が81社に対する調査の結果，監事会の年間会議回数は，2回34社，3回19社，4回以上8社，1回14社，1回以下6社であった。ある会社は3年間に1回も開いていなかったという極端のケースもある[18]。

1　新会社法における監事会の権限強化

旧会社法において，監事会に業務監督権，財務検査権，株主総会の招集請求権および取締役等の違法行為についての是正権などを定めていた。新会社法では，上述した権限の他に，次のような権限を追加した。

①　董事・経理に対する解任提案権
②　董事会は株主総会の招集・主宰職務を履行しない場合に，株主総会を招集・主宰する権限
③　株主総会への議案提起権
④　董事・経理に対して，訴訟を提起する権限
⑤　董事会に出席し，董事会の決議に対して質問または意見を提出する権限
⑥　会社経営につき異変が起きた場合に，それを調査する権限
⑦　必要なときには，会計事務所を選任する権限

同時に各監事はその職務を怠った時，また法律や行政法規および定款を違反

した場合，董事・経理と同様，株主代表訴訟の対象となる。

第5節　内部統制機関—共産党委員会の役割を中心に

　1970年代後半まで，中国の国営企業における党委員会は，企業幹部の任免，生産経営上の指揮，従業員の福祉全般にわたる指導など，あらゆる面において影響力を発揮した。改革初期の基本路線は「党政分離」であった。1982年に，国有企業においては「党指導下の工場長責任制」が公式に規定された。つまり，党の方針・政策と思想政治活動に関しては，党委員会が指導権を持ち，工場の生産経営活動に関しては，工場長が統一指揮の責任を全面的に負うのである。

　1993年に公布した会社法では，会社における党組織の位置については何も明記していない。また，党規約でも，株式制企業における党活動については，具体的な規定はない。しかし，1994年4月に党中央組織部は「株式制企業における党の活動を強化するためのいつくかの意見」を提出した。その後に公布した一連の文書で規定されている株式制企業における党活動の枠組みは以下のように整理できる[19]。

①　株式制企業において，党は政治的核心の地位にある。

②　党の指導的役割として，会社における重要問題の政策決定に対する党組織の関与と規定している。重大問題の範囲は，一般に会社が株主総会，董事会に提出し審議決定される問題である。関与の具体方法については，経営側から事前に議案を提出させ，党組織で審議検討して承認を経てから，会社法の規定する公式の決定プロセスを踏むことなどが想定されている。

③　党の指導的役割として，会社役職者の人事に対する党の統制を規定している。人事への統制は2つの面にわたる。1つは，高級管理職の選出への関与である。董事会が招聘予定の総経理，総経理が指名する副総経理と管理部門の責任者の人選に対して検討を行い，意見と建議を提出する。もう1つは，会社法の規定する役職者の中に，党員幹部を配置することに関する方針である。

第10章　会社機関とコーポレート・ガバナンス

　共産党委員会の影響力を反映して，上場会社において董事の約6割，董事長と総経理の91%は党員である。2001年末に，上海市政府管理下の集団公司において，党委書記と董事長を兼任する事例が86%，党委書記と副董事長を兼任する事例が10%を占めると報告している[20]。

　例えば，中国の代表的な国有上場会社である中国石油天然ガス株式会社（PetroChina）の董事会構成員を見ると，内部董事10人のうち実に9名が党委員会メンバーである。しかも独立董事を除いた10人の董事は，全員親会社の高級管理職を兼任している[21]。

　上場会社であっても，大株主が国家行政機関または国有法人である場合，董事だけでなく，董事長や総経理の選任についても，一般的に，まず共産党の組織部門が役員の候補を選び，そして各級の共産党委員会の審査・許可を得た後，候補者を企業の董事会に推薦するという形になっている。

　また，党・政府機関の幹部が企業経営者へ転身し，業績を上げた企業経営者が政府幹部に抜擢されるなど，幹部と経営者の交流が良く見られる。したがって，中国の国有上場会社の経営者は，国家幹部と企業経営者という二重の性格を有しているといえる。

第6節　企業倫理──会計不正と関連取引を中心に

　新会社法では，関連当事者取引を規制する規定が導入された。関連当事者が会社に対する影響力を利用して，会社に損害を与えることを禁止する。損害を与えた場合，損害賠償責任が発生する。

　会社は支配株主または実質支配者に対して担保を提供する際，株主総会決議によらなければならない。被担保者となる当該株主または実質支配者が，その議決に投票回避をしなければならない。

　関連当事者とは，会社の支配株主，実質支配者，董事，監事および高級管理者，または会社の利益が移転される恐れがあるその他の関係者を指す。関連取引とは，商品の売買，商品以外のその他の資産の売買，労務の提供・受取，代

理，貸借，資金の提供および担保等である。

　中国の市場経済体制や法制度などの不備で，一部企業が会計不正で「包装上場」したり，支配株主が上場会社の資金を不正に流用したり，不当な価格で生産設備や知的所有権などを上場会社に売却したりするなどの不公正な取引を行い，上場会社の少数株主に大きな損害を及ぼした事件が頻発している。

　中国上場会社の関連取引が多い特殊な背景として，90％以上の上場会社が国有企業の改組より成立しており，国有企業である親会社から一部の事業や機能を分離独立して形成された事例がきわめて多いことがあげられる[22]。

　2000年頃まで，毎年の上場枠制限と財務指標の厳格な要求があったため，会社が上場する前に，一連の資産の再編と包装を実施していた。極端な場合は1つの職場を単位として上場した。このような上場会社は，出身企業の分業体制の中に組み込まれざるを得ない。その結果，上場会社は原材料調達と製品販売を親会社に依存し，また関連会社と不可分の連携を持ち，すべて自己完結的に市場に対応することができない場合が多い。

　調査によると，関連取引を行っている上場会社の比率は，1997年84.6％，1998年80％，2000年93.2％と次第に増大している[23]。2000年度に関連取引を行った949社のうち，製品の関連取引を行ったのは937社であり，他方，資本取引面での関連取引を行ったのは214社である。2000年に関連取引総額の47％は，上場会社と支配株主（親会社）との間で発生したものであった。

　統計によると，2001～03年に，平均して一社あたり2件以上の関連取引があった。上場会社の関連取引の内容を見ると，株式の譲渡や資産売買が，金額と件数ともに6割前後を占めている。原材料とサービスの取引は15％前後である。2002年までに上場会社は関連方との資産の譲渡を通じて利益を調節することが多かったが，財政部の規制を受けて急に減少してきた。その代わりに，株式の譲渡が利益操作の主要手段になっている。また，上場会社による担保行為が急増している[24]。

　資産再編および株式の譲渡は，ＳＴ会社とＰＴ会社[25]がもっとも多く行われる取引である。上場会社の資産状況を改善するため，不良資産の剥離や優良資

第10章　会社機関とコーポレート・ガバナンス

産の注入が図られる。そこには往々にして移転価格や帳簿上の操作が行われ，偽りの財務諸表再編を伴う。

　ＣＳＲＣが2006年３月21日に『上市公司章程指引（2006年修訂）』を公布する際に，支配株主または実質支配人による資金占用，違法担保，関連取引，内部者支配，そして会計事務所の「悪貨による良貨の駆逐」という逆選択現象を，当面中国の上場会社に存在している突出問題として指摘した[26]。

おわりに

　1990年から中国の政府機関や国有法人が発行済み株式の大部分を占める国有株・法人株などの非流通株を所有し続けてきた。しかし，「一株独大」と呼ばれる集中型所有構造には，非流通株の改革に伴いようやく変化が見られてきた。他方，流通株は過度に分散しており，経営者に対するモニタリングの期待がかかる機関投資家の持株比率も10％未満であるため，株式市場のモニタリング機能はいぜん弱い。

　内部者支配・関連取引が顕著に見られる上場企業にあっては，大株主による企業資産の移転・横領・偽帳簿作り・決算粉飾など，会計不信を招くような不正行為が蔓延し，深刻化している。会計事務所や公認会計士による監査業務にまで不正行為は広がってきている。経営者や会計士らのプロフェッショナルとしての資質・適性・倫理観の欠如が，こうした事態を助長する大きな一因になっている。

　近年の中国におけるコーポレート・ガバナンス改革は，制度の確立や規範化に重点をおいて推し進められてきた。それは要するに，より良いルールへの改正であった。その新しいルールが，大幅な改正を経て，2006年１月１日から施行された『会社法』や『証券法』であり，また，2006年６月１日から施行された『会計基準』なのである。それとともに，中国のコーポレート・ガバナンスは制度面で，国際的な水準に近づいたといってよい。しかし，法が求めるものは現実との間に大きな隔たりがあり，これまでは「違規」が常態だった上場企

第Ⅴ部　中国のコーポレート・ガバナンス

業が，これからは「合規」が常態となるような企業へ脱皮できるかどうかは，少なからず疑問がある[27]。

いまなお頻発する企業不祥事を抑止・防止し，経営を健全化し，企業の理念・倫理・法令遵守・社会責任を経営者の行動規範に摂取・具体化し，自己統治力を強めること，さらにガバナンスの制度や枠組み作りよりも，優れた人間教育と倫理観を持つ革新的経営者や従業員の育成に，一層力を注ぐことが必要となるであろう。

(注)
1)　佐久間信夫編著 (2005)『アジアのコーポレート・ガバナンス』学文社，149ページ。
2)　「公司治理低効警惕公司治理中的'仮性肌無力'」http://finance.tom.com，2005年6月3日。
3)　劉俊海「譲媒体成為股東大会的有効監督力量」http://www.oursee.com, 2005年12月29日。
4)　累積投票とは，各株主に一株につき選任される董事・監事の数と同数の議決権を与え，株主がその議決権を一人に集中して投票するか，または数人に分割して投票するかは自由であり，投票の最多数を得た者から順に，董事・監事として選出する方法である。
5)　夏麗華「上市公司股東大会規則解読」中国証券網，2006年3月20日。
6)　上海証券交易所研究中心 (2004)『中国公司治理報告 (2004)：董事会独立性与有効性』。
7)　佐久間信夫編著 (2005)『アジアのコーポレート・ガバナンス』学文社，151ページ。
8)　川井伸一『中国上場企業』創土社，2003年，93ページ以下参照。
9)　川井伸一 (2002)「中国の株式会社におけるインサイダー・コントロール」愛知大学『愛知経営論集』第145号。
10)　楊馨・候薇 (2005)「中国上市公司董事会，高管層分析与公司治理」南開大学第三届公司治理国際研討会論文集，302-321ページ。
11)　唐清泉・羅党論・王莉 (2005)「上市公司独立董事辞職行為研究」南開大学第三届公司治理国際研討会論文集。
12)　「公司治理低効警惕公司治理中的'仮性肌無力'」http://finance.tom.com, 2005年6月3日。
13)　英鷲敏 (2005)「論我国上市公司治理結構中独立董事制度的構建」南開大学第三届公司治理国際研討会論文集。
14)　上海証券交易所研究中心 (2004)『中国公司治理報告 (2004)：董事会独立性与有

第10章　会社機関とコーポレート・ガバナンス

効性』復旦大学出版社.
15) 上海証券交易所研究中心 (2003)『中国公司治理報告 (2003)』復旦大学出版社.
16) 李維安・張亜双 (2002)「如何構造適合国情的公司治理監督機制—論我国監事会的効能定位」『当代経済科学』第22号.
17) 李建偉 (2004)「論我国上市公司監事会制度的完善—兼及独立董事与監事会的関係」『法学』第2期.
18) 李孝林・李慶 (2005)「比較公司治理結構,創新監事会制度」南開大学第三届公司治理国際研討会論文集.
19) 劉仁華 (2005)「中国の上場企業のコーポレート・ガバナンスと党委員会」明治大学大学院商学研究科『商学研究論集』第24号.
20) 李玉賦 (2003)『国有企業党風廉政建設実践与探索』中国方正出版社.
21) http://www.petrochina.com.cn, 2006年8月末現在.
22) 川井伸一 (2003)「中国上場会社の取引構造——関連取引の実証的検討」愛知大学『経営総合科学』第80号.
23) 陳夢根 (2006)『中国上市公司制度効率研究』社会科学文献出版社.
24) 範剣他 (2004)「上市公司関聯交易的実証与監管研究」『中国証券市場発展前沿問題研究』中国金融出版社.
25) 上場会社が2年連続して赤字となると,株式がＳＴ (Special Treatment:特別扱い) 銘柄扱いとなり,他の株式とは区別されて特別に処理されることになる.また,3年連続赤字となると,株式はPT (Particular Transfer:特別譲渡) 銘柄の扱いを受け,株式取引の一時中止,金曜日のみの特別譲渡が認められる.
26) 「証監会就《上市公司章程指引 (2006修訂)》答記者問」『上海証券報』2006年3月21日.
27) 平田光弘・葉剛 (2006)「違規から合規へ:新段階に入った中国のコーポレート・ガバナンス」『月刊監査役』No.517.

(汪　志平)

第 VI 部
その他の国のコーポレート・ガバナンス

第IV章

第11章　イギリスのコーポレート・ガバナンス

はじめに

イギリスでは，1992年に公表された「キャドバリー報告書」以降，コーポレート・ガバナンス改革が進展し，上場企業によるコーポレート・ガバナンス関連情報の開示が拡充している。「キャドバリー報告書」は，キャドバリー (Adrian Cadbury) を委員長として，コーポレート・ガバナンスの財務的側面に焦点を当てて設立された委員会により作成されたものである。そこでは，取締役会付委員会の設置，取締役会会長とＣＥＯ（イギリスでは，Chief Executive と表記され，厳密には最高業務執行取締役を意味する）の分離，遵守状況に関する報告等を内容とする「最善慣行規範」(code of best practice) が示され，その後のイギリス内外のコーポレート・ガバナンス改革に影響を与えている。遵守状況に関する報告では，「遵守せよ，さもなくば説明せよ」("Comply, or Explain") という原則の下，遵守できなかった場合にはその理由を説明することが企業に求められたのである。この原則は，その後のコーポレート・ガバナンス改革においても採用されている。1999年に内部統制に関するガイドラインが示され，2002年に非業務執行取締役 (Non Executive Director) の役割と実効性に関する報告書も公表されたことを受けて，2003年には，1998年に制定された統合規範 (combined code) が改正され，さらに，2006年6月にも，イギリスの会計基準の設定に関わる Financial Reporting Council（財務報告評議会；以下，FRCとする）により数点を修正した改訂版も出されている[1]。

こうした企業外部の機関を含んだ自主規制を中心とした，一連のコーポレー

ト・ガバナンス改革は，イギリスの株式会社における会社機関のあり方に影響を与えている。特に，上場会社はコーポレート・ガバナンス関連の情報開示を拡充させており，株主総会のみならず取締役会に関する事柄についても透明性が向上している。本章では，イギリス企業により開示されているコーポレート・ガバナンスに関する情報を参照しながら，イギリスにおける会社機関とコーポレート・ガバナンスについて企業倫理や企業の社会的責任（Corporate Social Responsibility；以下，ＣＳＲとする）への取り組みを含めて考察する。

第1節　株主総会

　現在，株主総会は，1年に最低1回開催されるとされている。イギリスで進められている会社法の改革作業においては，株主総会の召集通知に関する規定などが盛り込まれている[2]。2003年に改訂された統合規範において，株主総会は，独立した項目と取り上げられてはいないが，取締役会が株主総会を建設的に利用することなどが求められている[3]。具体的には，取締役会が投資家との意思疎通を図り，投資家の参加を奨励すること，会長が監査委員会，報酬委員会，指名委員会のそれぞれの委員長の株主総会への出席を手配すべきこと，監査委員会委員長が株主総会で株主からの質疑に応答すべきことである。また，株主総会では，経営者の報酬などが決定されることになる。委任状については，2006年6月にＦＲＣにより示された統合規範の改訂版において，株主総会で委任される項目の詳細についてホームページを通じて公開することが求められている[4]。

　石油業界大手のBritish Petroleum（以下，ＢＰ）のホームページには，2005年のＢＰの株主総会において，株主総会での議決の投票率は62％で，取締役会の提案に対しては98％の支持が得られたことが開示されている[5]。Royal Dutch Shell（以下，シェル）では，2006年のシェルの株主総会において，経営者が提案した14の議案について，94％以上の賛成票を集めて成立したことと，株主である宗教団体からの1つの議案については，取締役会が全会一致でこれに反対し

第11章 イギリスのコーポレート・ガバナンス

たこともあり,約7％の賛成しか得られなかったことが示されている[6]。流通大手の Marks & Spencer（以下,M＆S）と Tesco（以下,テスコ）の株主総会では,次のような結果であったことが公表されている。まず,M＆Sの株主総会では,経営者からの22の議案のうち,21について96％超の賛成票を集め,M＆Sグループの業績連動型報酬計画については,約86％の賛成であった[7]。テスコの株主総会では,経営者からの22の議案のうち,すべてが95％超の賛成票を集めている[8]。両社とも株主提案は行われてはいない。

このようにイギリスの株主総会は,経営者の提案を一般的に支持しているのであるが,2003年に製薬大手の Glaxo Smith Kline（以下,グラクソスミスクライン）の株主総会で起きたように,経営者報酬に関する提案について,機関投資家が反対票を投じることも少なくない。例えば,2002年7月には,イギリス労働組合会議（Trades Union Congress；TUC）が Vodafone の経営陣の報酬案について株主総会で反対票を投じ,機関投資家の株主議決権行使に助言等を与えている Pensions and Investment Research Consultants Limited（以下,PIRC）は,2004年には British Telecom（以下,BT）の経営者報酬案について反対票を投じるよう,機関投資家に呼びかけている[9]。

イギリスでは,年金基金などの機関投資家が株式保有割合の約5割を占め,さらに,1990年代以降,機関投資家の議決権行使のあり方に対しても強い批判がなされたため,機関投資家の議決権行使に変化が見られている[10]。2003年の改正統合規範においても,機関投資家に会社との対話を図ることが求められ,さらには,機関投資家には議決権行使に対して責任を負うことも求められている。2005年9月,イギリス保険業協会,投資信託協会,イギリス年金基金協会などが参加する機関株主委員会（Institutional Shareholders' Committee）は,2002年に公表した「機関株主及びその代理人による責任に関わる原則ステートメント」に関する調査報告書を公表し,同原則ステートメントを改定している[11]。そこにおいても,議決権行使を含む株主行動の方針を明示することや,取締役会が機関株主の期待に対して的確に対応しない場合には取締役会を変えるために特別総会（Extraordinary General Meeting）の開催を求めることが述べられて

209

いる。そのため，イギリスの株主総会においては，機関投資家の果たす役割が大きなものとなっている[12]。

第2節　取締役会改革

　イギリスは，ドイツなどとは異なり一層制の取締役会制度が採用されている国である。それは，取締役会が，コーポレート・ガバナンスにおいて中心的な役割を果たしていることを意味する。なぜならば，一層制の取締役会においては，取締役会が執行機能と監督機能を同時に果たすことになるからである。たとえば，1992年に公表されたキャドバリー報告において，コーポレート・ガバナンスは「会社が指揮され，統制されるシステム」であるとされ，取締役会は個々の会社のコーポレート・ガバナンスにおいて責任を負い，戦略目標の設定，リーダーシップの発揮，経営に対する監督，スチュワードシップについて責任を負うものとされている[13]。

　また，2003年に改訂された統合規範においても，その主要原則の最初の項目において，すべての会社は実効的な取締役会により率いられ，取締役会は集団として会社の成功に責任を負うとされている。取締役会の構成についても，業務執行取締役 (executive directors) と非業務執行取締役 (non-executive directors)，特に独立した非業務執行取締役との構成上の均衡を図ることが求められ，業務執行を担当するものを取締役会から排除してはいないのである。また，特定の個人や小集団が取締役会の意思決定を支配することのないようにするためにも業務執行取締役と独立した非業務執行取締役との均衡が求められることになる。改訂統合規範においては，独立した非業務執行取締役の資格要件としては，以下のものがあげられている。すなわち，過去5年間会社およびグループ会社の従業員でなかったこと，過去3年間取締役や取引先として会社と実質的な関係を有していなかったこと，取締役としての報酬以外に会社から付加的な報酬を受けていないこと，会社の取締役などと親密な関係にないこと，取締役連結関係にないこと，大株主を代表していないこと，最初の選任から9年以上を経て

第11章　イギリスのコーポレート・ガバナンス

いないことである[14]。

　改訂統合規範において,取締役会の役割は賢明な実効的な統制の枠組みの中で,企業家的なリーダーシップを提供することとされている。これらの機能は,一層制の取締役会を有するイギリスにおいて,会社を指揮・統制するという取締役会の主要な職能を業務執行取締役に,統制活動にかかわる活動を非業務執行取締役に分担させることで果たされている。さらには,取締役会会長とＣＥＯとの分離を求め,取締役会の内部に取締役会付委員会を機能別に設置することにより,取締役会の機能を分化させている。統合規範等で求められている取締役会付委員会は,指名委員会,報酬委員会,監査委員会である。指名委員会は,その過半数を独立した非業務執行取締役で占められるものとされ,取締役の指名において指導的な役割を果たすことが求められている。報酬委員会は,最低3名の独立した非業務執行取締役で構成されるとされ,他社や従業員の賃金などにも考慮しながら取締役の報酬を決定するとされている。監査委員会は,次節で述べるように,最低3名の独立した非業務執行取締役で構成され,監査を担うことになる。

　1992年以降のコーポレート・ガバナンス改革の進展により,取締役会に最低3名以上の非業務執行取締役を選任している企業や取締役会において3分の1以上を非業務執行取締役が占める企業は9割を超え,過半数を非業務執行取締役が占めている企業や取締役会会長とＣＥＯとの分離を行っている企業も上場企業全体の9割近くにおよび,取締役会付委員会については,上場企業のほぼすべてに設置され,それが独立した非業務執行取締役で占められる割合についても増大している[15]。

　イギリスでは,1987年に,非業務執行取締役の導入を促すことを目的として設立されたPromotion of Non-Executive Directors（以下,PRONED）が,「非業務執行取締役の行動規範」を公表し,従業員1,000人以上の企業において非業務執行担当取締役を3名以上置き,取締役会の3分の1を非業務執行担当取締役にすることを求めてから,非業務執行取締役の導入が進展しているのである。非業務執行取締役を導入する理由として,外部の視点を導入できること,

会長や最高業務執行取締役を統制すること，企業家的能力を代替できること，国際的視野を導入できること，困難な時期に会社を運営できること，取締役会の過程を改善できること，専門知識を利用できること，倫理的風土を維持するのに役立つことなどがあげられる[16]。

BPの取締役会は，2006年9月時点において，6人執行取締役と10人の非業務執行取締役で構成され，非業務執行取締役により指名委員会，報酬委員会，監査委員会，倫理・環境保全委員会が構成されている[17]。また，会長とCEOは分離されている。シェルの取締役会も，2006年9月時点において，6人執行取締役と10人の非業務執行取締役で構成され，非業務執行取締役をメンバーとする指名委員会，報酬委員会，監査委員会に加えて，SR (Social Responsibility) 委員会も設置されて，会長とCEOとは分離されている[18]。M&Sの取締役会は，2006年9月時点において，執行取締役3人，非業務執行取締役6人で構成され，非業務執行取締役をメンバーとする指名委員会，報酬委員会，監査委員会に加えて，会長や秘書役，執行担当者をも加えたCSR委員会も設置されている[19]。また，会長とCEOは分離されている。テスコの取締役会は，2006年9月時点において，執行取締役6人，非業務執行取締役8人で構成され，非業務執行取締役により指名委員会，報酬委員会，監査委員会が構成され，会長とCEOは分離されている[20]。女性の取締役会の参加については，4社の業務執行取締役には1人も女性がおらず，非業務執行取締役としてBP，M&Sにそれぞれ1人，シェルとテスコにそれぞれ2人となっている。

イギリスの取締役会においては，一層制の取締役会制度を採用しているために，非業務執行取締役が多数派を占めるものの，一定数の業務執行取締役が加わっている。BPのようにグループ最高執行取締役，グループ代表取締役のように企業グループ全体の執行を担当する取締役が見られるほか，研究開発，生産，財務，マーケティングなどの主要な事業活動を担当するものが業務執行取締役として加わっているのである。こうしたことから，取締役会改革において業務執行能力の向上が求められ，取締役会のチームワークが重視されているとの指摘も行われている[21]。それは，ハンペル委員会やヒッグス・レビューにおい

第11章　イギリスのコーポレート・ガバナンス

ても確認されている。

　非業務執行取締役の出自について，それぞれの会社で確認できるところでは，他社の経営者や他社の非業務執行取締役であるものが少なくない。非業務執行取締役により構成される報酬委員会により経営者の報酬が決定されるようになっているが，2006年10月2日付の"The Guardian"紙が公表した2005年度の役員報酬ランキングによれば，FTSE100に登録されている企業の役員報酬は，2004年に比べて28％も上昇し，それはインフレ率の2.5倍，平均所得の伸び率の7倍になっている。最高執行取締役の平均所得は，240万ポンドで，最高額は，1,487万6,109ポンドであり，会長の最高額でも，559万7,673ポンドにもなっている。こうしたことから，コーポレート・ガバナンス改革が進められているにもかかわらず，株主からの経営者に対する高額報酬が批判されている。

第3節　監査委員会

　統合規範は，取締役会が少なくとも3名の独立した非業務執行取締役からなる監査委員会を設置するよう求め，そのうち1人は関係する財務の経験を有していることを求めている[22]。監査委員会の役割としては，会社の財務諸表と会社の財務業績に関係する公式発表の誠実性の監視，会社の内部監査機能の実効性の監視と評価，外部監査人の指名に関して取締役会に勧告すること，外部監査人の独立性，客観性，監査過程の実効性の評価と監視，外部監査人が監査以外の役務の提供にかかわる場合の実施方針の作成である。また，監査委員会の権限は開示すべきであるとされている。

　その結果，イギリスの上場企業は，監査委員会についてその構成のみならず，権限の内容等までそのホームページで公開している。例えば，BPでは，監査委員会は，独立した非業務執行取締役により構成され，それぞれの委員は委員会の義務を果たすのに必要な財務の経験を有しているということが述べられている[23]。さらに，監査委員会は，統合規範が想定しているよりも広い職務があるとして，取締役会が権限を委譲し，執行を担当している経営陣から必要な情

第Ⅵ部　その他の国のコーポレート・ガバナンス

報を得て，必要があれば独立した助言を受けられるようになっている。シェルでは，監査委員会は，少なくとも3人で構成され，取締役会により委員会の構成員は全員独立の要件を満たすことが求められるとしている[24]。さらに，監査委員会は，内部統制と財務報告に関する責任を履行することにより取締役会を支援し，取締役会のために特定の監視機能を遂行するとされ，監査委員会は，リスクの評価と管理の点から会社の方針とその実践を評価する責任を負う一方で，会社がリスクにさらされているレベルが適切かどうかを決めることは，監査委員会の責任ではないとしている。

M&Sでは，監査委員会は，少なくとも3人の独立した非業務執行取締役により構成され，少なくとも，1人は関連した財務の経験を有することが望まれるとして，その機能としては，統合規範が規定しているように，財務諸表および他の株主への情報の誠実性について監視すること，内部統制とリスク管理のシステムを評価すること，会社の監査人と適切な関係を維持し，監査の過程の実効性と客観性を評価することがあげられている[25]。テスコでは，監査委員会は独立した非業務執行取締役で構成され，監査委員会の第一の責任は，財務諸表を評価すること，リスク管理を含む内部統制システムを評価すること，外部監査人の指名とその独立性を考慮すること，委員会自体の実効性を評価することであるとされ，会社の内部通報の手続きの定期的な評価も含まれるとされている[26]。

これら4社の監査委員会に関する開示された情報から統合規範の文言に類似した表現により監査委員会に関する情報が開示されていることが明らかになる。「最善慣行規範」を示し，その遵守状況に関する報告を求める，「遵守せよ，さもなくば説明せよ」という原則は，より具体的で詳細な遵守項目のリストを示し，項目ごとに何ら考えることなくチェックを入れる「空欄チェック」(box ticking)と呼ばれる事態を回避させるためであるといわれている。しかしながら，現実には，4社の監査委員会に関する情報開示のように，統合規範の文言が企業にとって「雛形」になり，それに倣って情報開示が行われている。また，4社の監査委員会の年間の開催回数は，4，5回であり，監査委員会の実際の機

能は，統合規範が規定しているように，限定的な監視・評価機能であるといえる。

第4節　内部統制の整備状況と実際の機能

内部統制については，1999年にターンブル・ガイドラインが公表されている。そこでは，内部統制が業務の実効性と効率を高め，内外の報告の信頼性を保障することを助け，法律と規制の遵守を支援することが求められる[27]。ターンブル・ガイドラインを包摂した統合規範において，取締役会は健全な内部統制システムを維持して株主の投資と会社の資産を保護すべきであるとされている。取締役会は，少なくとも年に1回，内部統制システムの実効性の評価を行い，株主に対してその事実を報告することが求められている[28]。そこで，取締役会は，会社が直面するリスクの性質と範囲，会社が受け入れられるリスクの範囲と分類，当該リスクが顕在化する可能性，リスクの発生可能性と顕在化したリスクの事業への影響を低める会社の能力，関連したリスクを統御するための費用などの要因を考慮することが求められることになる。

BPでは，取締役会が内部統制を評価することを支援するために，監査人が，監査委員会と倫理・環境保全委員会に報告書を提出する。2つの委員会は，定期的に経営のリスクを監視している。重大な事象が起き，経営者がそれに対応した場合，委員会によりそれらが評価されるようになっている[29]。シェルには，リスク管理と内部統制の適切さを保障する過程として，グループの目的の達成に関わるリスクを特定し評価する構造化された過程，内部監査によるグループの事業活動に対するリスクに基づく監査，倫理法令遵守プログラムなどがある。こうした確立した手続きにより，シェルの取締役会は，監査委員会によって，定期的に内部統制システム全体の実効性について考慮し，毎年，十分なシステムの実効性の評価を行っている[30]。M&Sでは，取締役会が，確立された枠組みの中で，内部統制の実施を執行担当者に委ねているが，取締役会は責任の系統と権限の委譲を明確にし，計画，資本支出，情報と報告制度の手続きとグルー

プの事業と業績に関する手続きを明確にしている[31]。M＆Sは，グループレベルで，財務方針が定期的に財務委員会により評価され，いかなる変更も財務委員会により承認されるようにし，ＣＳＲ委員会が，グループのＣＳＲ戦略を調整している。そこには，地域社会への参加，環境管理，倫理研修，健康と安全，雇用方針が含まれる。テスコでは，リスクの評価は管理者により定期的に行われ，重大なリスクや統制の失敗は上級の経営者と取締役会に委ねられるようになっている[32]。

イギリスにおいては，統合規範により示されているように，取締役会が内部統制について最終的な責任を負っている。ＢＰ，シェル，Ｍ＆Ｓ，テスコの開示された情報によっても，その事実が確認できるが，開示されている内容については多様であり，取締役会が内部統制に関する手続きを定め，監査委員会などの取締役会付委員会や上級経営者にその権限を委譲している。

第5節 企業倫理のための組織の整備状況と実効性

統合規範には，報酬委員会，指名委員会，監査委員会，内部統制などについて詳細な規定があるが，企業倫理，ＣＳＲについては具体的な規定はない。しかし，2000年の年金法の改正では，年金基金が投資先を選定する際にどのように社会的責任，企業倫理を評価しているか，公表することが求められた。その結果，倫理綱領を制定する企業が増加し，内部通報窓口としての非業務執行取締役からなるガバナンス委員会のような組織も設置されるようになっている。

イギリスにおけるＳＲＩ（Social Responsible Investment；社会的責任投資）は，1997年には227億ポンドに過ぎなかったが，2001年には，2,245億ポンドに急増している。ＳＲＩへの取り組み自体は，フィナンシャルタイムズとロンドン証券取引所（Financial Times & LSE）が，1991年にFTSE 4 GoodをＳＲＩ指数として設定し，以下の3つの領域が含まれていることが指数に組み込まれる条件であるとしている。すなわち，「自然環境の持続可能性に向けて取り組んでいること」（Working towards environmental sustainability），「利害関係者と積極的関

係を発展させていること」(Developing positive relationships with stakeholders),「普遍的な人権を擁護し支持すること」(Upholding and supporting universal human rights) である[33]。また，ＡＢＩ (Association of British Insurers；イギリス保険業協会) は，2001年にＣＳＲに関連する投資ガイドラインを公表し，「社会，環境，倫理に関する事柄からの企業の長期的価値」(long-term value of the business from social, environmental and ethical matters) に対するリスクを特定する必要性を説き，個々の会社の取締役会は，年次報告書に自社の「社会，環境，倫理に関する事柄」の影響について記載することを求めている。

イギリスの典型的な企業倫理の取組みは，社会的使命 (mission) や価値理念 (values) の声明 (statement)，倫理綱領，通報・相談制度，倫理担当者および倫理委員会，倫理コンサルタント，倫理教育および訓練，監査・説明・報告であるとされる[34]。貿易産業省が2003年に公表した『ＣＳＲ白書』からは，個別企業による企業倫理への取り組みが活発になっていることがわかる。価値理念や社会的使命に関する声明を有しているところは，1996年に60％であったものが1999年には81％になり，より具体的な行動憲章 (code of conduct) を設けている企業も1996年の57％から78％になっている。また，「環境業績」や社会的影響に関する情報を開示する企業も増加している。

ＢＰは，取締役会に倫理・環境保全委員会を設置し，世界の指導的なエネルギー会社として，倫理的企業であるために，法令を遵守し，高い基準を設定する責任を有するとしている[35]。外部の調査によれば，同社の従業員の70％が自社の社会業績を好ましいものとして捉えているという。ＢＰは，誠実性を持って事業を行うことを目的とし，異なる文化，尊厳，個人の諸権利を尊重することを明らかにしている。倫理綱領により求めていることは，会社で倫理的な文脈における正しい方法が定かでないとき，開かれた環境においてそのことを争点とすることができるとされている。ＢＰは，自社の行動が外部に及ぶときには，政府，地域社会，ＮＧＯなどと連携を図っている。ＢＰは，海外での法令や自社の倫理綱領を遵守させることを目的として，2004年にグループ全体の倫理綱領として，The Group Compliance and Ethics function (GCEF；グループ

遵守・倫理機能）を策定している。その結果，組織全体に倫理綱領が浸透し，'Open Talk' と呼ばれる，グループの従業員が各種懸念を表明できる仕組みが導入されている。また，納入業者に対しても法令の遵守を求めている。

シェルは，1995年にブレント・スパーの海洋投棄計画をめぐって，これに反対する環境保護団体であるグリーン・ピースと深刻な対立を経験しているが，1997年，シェルは，1976年に制定した，General Business Principle（ＧＢＰ；全般的事業原則）を改訂し，1998年には，最初のサステナビリティ報告書を公表している[36]。取締役会には，ＳＲ委員会が設置されている。2005年に改訂されたＧＢＰには，同社の従業員が実直さ，誠実性，他者への尊敬などの価値理念を共有していることが述べられ，持続可能な発展を求めることが述べられている。また，株主，顧客，従業員，取引先に対する責任が示され，経済性，競争，事業の誠実性，政治活動，健康・安全・環境保全，地域社会，意思疎通と連動，遵守が原則として示されている。2005年のサステナビリティ報告書は，ＡＡ1000に基づき，外部の専門家からなる評価委員会の評価を受けている[37]。また，同社のホームページには，管理者向けに人権，児童労働，賄賂などに関する教育用のファイルも公表されている。

Ｍ＆Ｓは，従業員，取引先，広く社会と良好な関係を構築することが長期的な成功を保証する最善の方法であると，ＣＳＲを上手く行うことにより，会社は潜在的なリスクを確認し，十分な業績をあげていない領域に対応することができるとしている[38]。Ｍ＆Ｓは，ＣＳＲに取り組むことにより，自社を競争他社と差別化する機会を確認できるとし，店にお客が集まり，優秀な職員を惹きつけ，取引先をパートナーとし，株主のために価値を創造することができるとしている。そのため，取締役会には，ＣＳＲ委員会が設置されている。2006年4月に公表された倫理綱領は，価値理念が示される部分と，顧客，従業員，株主，取引先，環境，法律と規制，寄付行為について細目が示された部分によって構成されている[39]。価値理念の部分では，Ｍ＆Ｓが，品質，価値，サービス，革新，信頼に専心すると書かれている。信頼は，Ｍ＆Ｓが長期に守られている価値理念と倫理的な方法に関与する結果として得られるものであり，信頼があ

第11章　イギリスのコーポレート・ガバナンス

ることはM＆Aを特別な会社にするというのである。そのため，行動と発言のすべてにわたってこの信頼という受け継がれてきた財産を守る責任を負うことになる。このためには，事業活動を行っている英国を含む諸外国において法律を遵守すること，会社の方針と手続きに従うこと，いかなるときにも実直さと誠実さを持って専門職として行動すること，疑わしければ，正しいことをすることが明記されている。

　テスコのホームページには，同社が倫理的社会的責任のある方法で事業活動に専心しているとある[40]。これは，事業活動のあらゆる面に及び，従業員，顧客，取引先，株主に対して公正に実直に接し，意思疎通の経路が絶えず開かれている。テスコは，職員向けの倫理綱領を有し，そこには，贈答品の受領と不平を伝える手続きが盛り込まれ，従業員が懸念を表明するための内部通報制度を整備している。テスコは，倫理的社会的責任のある事業活動を行うために，企業責任委員会を設置している。同社の企業責任委員会は，事業全体を通して取締役を集め，社会，環境，倫理上の課題事項が事業を行う上で必然的に考慮されなければならないことを保障する支援を行っている[41]。

　企業責任委員会の目的は，事業活動に対して持続可能な接近方法とることを，すなわち，株主，顧客，取引先，地域社会に対して正しいことをすることを保障することである。企業責任に対するリーダーシップは，上級執行役員の横断的な委員会によりなされ，委員会の議長は会社秘書役が務めている。企業責任委員会は，年に4回開かれ，社会，環境，倫理上のリスクを評価し，企業責任戦略を展開し，社会，倫理，環境に関する方針と実践を評価し，事業全体に最善慣行を奨励し，事業の実効性と持続可能性の改善の機会を特定し，企業責任報告書を評価し，内部の企業責任への認識を高め，利害関係者との意思疎通と連動を改善することなどを行っている。

　企業倫理，ＣＳＲに関しては，統合規範のような自主規制のルール等は定められてはいないが，ＡＡ1000，ＴＢＬなど民間の組織が策定した各種規格が企業により利用されている。これは，ＦＴＳＥ４ＧｏｏｄのようなＳＲＩインデックスの存在や年金基金を中心とした機関投資家によるＳＲＩと無関係ではない。

第Ⅵ部　その他の国のコーポレート・ガバナンス

こうした規格に基づいて自社の企業倫理やCSRへの取組みを示すことで，外部からの容易に評価されうるからである。

おわりに

イギリスでは，個別の企業がコーポレート・ガバナンスの実効性を向上させるよう，外部からの規制や監視も行われている。まず，Department of Trade and Industry（貿易産業省；以下，DTIとする）は，1998年に会社法改正に関する最終提案書を公表し，2006年にコーポレート・ガバナンスに関する規定を含めた会社法を改正した。イギリスは，慣習法の国であり，コーポレート・ガバナンスに関する実践が変化する中で，時間をかけた作業が行われたのである。また，DTIは，イギリスにおけるCSRの促進においても積極的な役割を果たしている。上場規則を通じた上場会社への規制は，Financial Services Authority（金融サービス庁；以下，FSAとする）により行われている。FSAは，イギリスにおける金融制度改革を背景にして，1997年に組織された機関であるが，金融市場全体に対する監督を担っている。FRCは，コーポレート・ガバナンスに関する統合規範を公表し，上場企業にその遵守を求めている。「ソフト・ロー」と呼ばれる緩やか規制ではあるが，「遵守せよさもなくば説明せよ」の原則の下，多くの企業が統合規範を遵守し，コーポレート・ガバナンスに関する情報開示を拡充している。そうした情報は，機関投資家が投資を行う際にも利用されるため，企業外部からの監視に一定の役割を果たしている。その一方で，コーポレート・ガバナンスに関する情報は，数値等により示される客観的なものであるが，形式的なものになってしまう側面も有している。

企業倫理についても，統合規範のような自主規制のルール等は定められてはいないが，開示されている情報については，何らかの基準を参照して作成された情報もある。そのため，自社の尊重すべき価値理念についても，相似した内容が含まれることになる。1992年のキャドバリー委員会がこうした事態を危惧して，細目を明記せずに「最善慣行規範」を策定したにもかかわらず，今日のイギリス企業の一部においては，統合規範や各種の規格に基づいてコーポレー

第11章 イギリスのコーポレート・ガバナンス

ト・ガバナンスや企業倫理，ＣＳＲの形式を整えることが行われているところもあるのである。

（注）
1） 統合規範の改正の経緯については，以下を参照のこと。
 http://www.frc.org.uk/corporate/combinedcode.cfm
 （2006年9月30日アクセス）
2） 貿易産業省の会社法改正作業については，以下を参照のこと。
 http://www.dti.gov.uk/consultations/page13957.html
 （2006年9月20日アクセス）
3） 統合規範については，以下において公開されている。
 http://www.frc.org.uk/corporate/combinedcode.cfm
 （2006年9月20日アクセス）
4） 2006年の統合規範の改正内容については，以下を参照のこと。
 http://www.frc.org.uk/corporate/combinedcode.cfm
 （2006年9月30日アクセス）
5） 以下を参照のこと。
 http://www.bp.com/sectiongenericarticle.do?categoryId=9007095&contentId=7014795
 （2006年9月15日アクセス）
6） 以下を参照のこと。
 http://www.shell.com/home/Framework?siteId=investor-en&FC2=/investoren/html/iwgen/shareholder/agm/zzz_lhn.html&FC3=/investor-en/html/iwgen/shareholder/agm/agm_2006_result.html
 （2006年9月17日アクセス）
7） 以下を参照のこと。
 http://www2.marksandspencer.com/thecompany/investorrelations/shareholderinformation/2006/poll_results.shtml
 （2006年9月18日アクセス）
8） 以下を参照のこと。
 http://www.tescocorporate.com/images/voting%20results%202006_0.pdf
 （2006年9月18日アクセス）
9） 以下を参照のこと。
 http://networks.silicon.com/telecoms/0,39024659,39121831,00.htm
 （2006年9月20日アクセス）
10） イギリスの機関投資家及びその規制の強化については，以下を参照。
 関孝哉稿「イギリスの企業統治構造」佐久間信夫編著『企業統治構造の国際比較』ミネルヴァ書房，2003年。

第Ⅵ部　その他の国のコーポレート・ガバナンス

11) 2002年に公表した「機関株主及びその代理人による責任に関わる原則ステートメント」は、以下にも紹介されている。
　　関孝哉稿、前掲稿、102－103ページ。
12) チャーカム（Jonathan Charkham）は、株主総会において機関投資家の介在が際立った最近の事例として、2003年のカールトン（Carlton）の最高経営陣の構成と指名、2004年のシェルの問題、2004年のセインズベリー（Sainsbury）における会長職の継承についてあげている。詳しくは、以下を参照のこと。
　　Charkham, J., Keeping Better Company, New York: Oxford University, 2005, p.342.
13) キャドバリー報告書については、以下に全文の翻訳が掲載されている。
　　日本コーポレート・ガバナンス・フォーラム編『コーポレート・ガバナンス―英国の企業改革』商事法務研究会、2001年、259－311ページ。
14) 改訂統合規範については、以下において公開されている。
　　http://www.frc.org.uk/corporate/combinedcode.cfm
　　（2006年9月20日アクセス）
15) 出見世信之稿「イギリスの企業倫理と企業統治」中村瑞穂編著『企業倫理と企業統治－国際比較－』文眞堂、2003年、95ページ。
16) 出見世信之稿、前掲稿、93ページ。
17) 以下を参照のこと。
　　http://www.bp.com/sectiongenericarticle.do?categoryId=32&contentId=2015331およびhttp://www.bp.com/sectiongenericarticle.do?categoryId=33&contentId=2002735
　　（2006年9月20日アクセス）
18) 以下を参照のこと。
　　http://www.shell.com/home/Framework?siteId=investor-en&FC2=/investoren/html/iwgen/leftnavs/zzz_lhn2_2_0.html&FC3=/investor-en/html/iwgen/company_information/board_of_directors/boards_of_directors.html
　　（2006年9月20日アクセス）
19) 以下を参照のこと。
　　http://www2.marksandspencer.com/thecompany/whoweare/boardofdirectors/boardmembers.shtml
　　（2006年9月20日アクセス）
20) 以下を参照のこと。
　　http://www.tescocorporate.com/page.aspx?pointerID=D023A3DA737C46AAAD13C7893C5F8464
　　（2006年9月20日アクセス）
21) 関孝哉著『コーポレート・ガバナンスとアカウンタビリティー』商事法務、2006年、103－104ページ。
22) 改訂統合規範C3を参照。

第11章　イギリスのコーポレート・ガバナンス

　　　http：//www.frc.org.uk/corporate/combinedcode.cfm
　　　（2006年9月20日アクセス）
23)　BPの監査委員会については，以下を参照。
　　　http：//www.bp.com/sectiongenericarticle.do？categoryId=9007108&contentId=7014806
　　　（2006年9月20日アクセス）
24)　シェルの監査委員会については，以下を参照。
　　　http：//www.shell.com/static/investor-en/downloads/company_information/committees/revised_auditcom_30112005.doc
　　　（2006年9月20日アクセス）
25)　M&Sの監査委員会については，以下を参照。
　　　http：//www2.marksandspencer.com/thecompany/investorrelations/committees/audit.shtml
　　　（2006年9月20日アクセス）
26)　テスコの監査委員会については，以下を参照。
　　　http：//www.tescocorporate.com/page.aspx？theLang=001lngdef&pointerid=4ED2AEFA66264290BBDB510DC60371A8
　　　（2006年9月20日アクセス）
27)　ターンブル・ガイドラインの全文が以下に掲載されている。
　　　http：//www.frc.org.uk/corporate/combinedcode.cfm
　　　（2006年9月20日アクセス）
28)　改訂統合規範の内容については，以下を参照のこと。
　　　http：//www.frc.org.uk/corporate/combinedcode.cfm
　　　（2006年9月20日アクセス）
29)　以下を参照のこと。
　　　http：//www.bp.com/sectiongenericarticle.do？categoryId=9007099&contentId=7014814
　　　（2006年9月20日アクセス）
30)　以下を参照のこと。
　　　http：//www.shell.com/static/investor-en/downloads/publications/2006/2005_annual_review.pdf
　　　（2006年9月20日アクセス）
31)　以下を参照のこと。
　　　http：//www2.marksandspencer.com/thecompany/investorrelations/downloads/p08-09.pdf
　　　（2006年9月20日アクセス）
32)　以下を参照のこと。
　　　http：//www.tescocorporate.com/page.aspx？theLang=001lngdef&pointerid=F6F76C42B3CE4BF99D1F0FE3CE93221D

第Ⅵ部　その他の国のコーポレート・ガバナンス

　　　（2006年9月20日アクセス）
33) FTSE 4 Goodについては，以下を参照のこと。
http://www.ftse.com/japanese/About_Us/FTSE_Corporate_Responsibility/FTSE4Good.jsp
　　　（2006年9月20日アクセス）
34) A. Crane, D. Matten, Business Ethics, Oxford University Press, 2003, p.143.
35) BPの企業倫理については，以下を参照のこと。
http://www.bp.com/sectiongenericarticle.do?categoryId=9001093&contentId=7002063
　　　（2006年9月20日アクセス）
36) シェルの企業倫理については，以下を参照のこと。
http://www.shell.com/home/Framework?siteId=investor-en&FC2=/investoren/html/iwgen/company_information/shell_general_business_principles/zzz_lhn.html&FC3=/investor-en/html/iwgen/company_information/shell_general_business_principles/shell_business_principles_10072003.html
　　　（2006年9月20日アクセス）
37) シェルのサステナビリティ報告書は，以下でダウンロードができる。
http://www.shell.com/home/Framework?siteId=envandsoc-en&FC2=/envandsoc-en/html/iwgen/our_approach_reporting/our_latest_report/zzz_lhn.html&FC3=/envandsoc-en/html/iwgen/our_approach_reporting/our_latest_report/the_shell_sustainability_report_24042006.html
　　　また，AA1000は，1999年にISEA (Institute for Social and Ethical Accountability；社会的倫理的説明責任研究所) により公表された，社会的説明責任を履行する際のプロセスに関する規格である。詳しくは，以下を参照のこと。
http://www.accountability21.net/aa1000/default.asp
38) M&SのCSRへの取組みについては，以下を参照のこと。
http://www2.marksandspencer.com/thecompany/ourcommitmenttosociety/our_approach/csr_means.shtml
　　　（2006年9月22日アクセス）
39) M&Sの倫理綱領については，以下を参照のこと。
http://www2.marksandspencer.com/thecompany/ourcommitmenttosociety/csr_reports/code_of_ethics.pdf
　　　（2006年9月22日アクセス）
40) テスコのCSRについては，以下を参照のこと。
http://www.tescocorporate.com/page.aspx?pointerid=2C8F604AACC54868963C4121B14294BD&faqelementid=21E9718653C44259ABFBB11BCE564D78
　　　（2006年9月22日アクセス）
41) 企業責任委員会については，以下を参照のこと。

第11章　イギリスのコーポレート・ガバナンス

http://www.tescocorporate.com/crreport06/b/crinourbusiness.html
（2006年9月22日アクセス）

（出見世　信之）

第12章　タイのコーポレート・ガバナンス

はじめに

　タイには2005年6月現在で，265,557の有限責任形態の会社と808の市場に公開された有限責任形態の会社がある。これらのうちの約450は，タイ証券取引所（ＳＥＴ）に上場されている会社である。もちろん，先進諸国と比べて上場企業の数は，相対的に低いといえよう。それに加えて，一般的に，発展途上国はコーポレート・ガバナンス改革が進んでいないとの認識が支配的である。しかし，小島大徳［2006ｃ］でも指摘したように，アジアには，先進諸国よりもコーポレート・ガバナンスに対して積極的，精力的に改革を行っていこうとする姿勢が顕著である。タイにおいても種々の問題が山積しているが，先進諸国が見習うべき改革の姿勢や結果が多くあることも事実である。

　前稿である佐久間信夫編著『アジアのコーポレート・ガバナンス』の「タイのコーポレート・ガバナンス[1]」でタイにおける基本的なコーポレート・ガバナンス構造とアジアにおけるタイのコーポレート・ガバナンスの位置づけを行った。本章では，それ以降のタイにおけるコーポレート・ガバナンスの展開を検討することを目的とする。具体的には，タイにおける最近のコーポレート・ガバナンスに関する動きを紹介し，タイのコーポレート・ガバナンス構造やコーポレート・ガバナンス改革の動きを明らかにしようとするものである。

第Ⅵ部　その他の国のコーポレート・ガバナンス

第1節　タイにおけるコーポレート・ガバナンスの新展開

1　タイにおけるコーポレート・ガバナンスの概要

　タイでは，1998年以降，コーポレート・ガバナンス改革がホットに議論されるようになり，上場企業のコーポレート・ガバナンス構造の確立に向けて動き出した。それらの動向は，タイ取締役協会（IOD）やタイ証券取引所（SET）による15以上のコーポレート・ガバナンス原則（以下「原則」という）の策定にあらわれている[2]。また，最近では少数派株主の権利を補強する法律が成立に向けて動き出している。さらに，タイ証券取引委員会（SEC）は上場会社の財務諸表のモニタリングを改善し，違反のために制裁を強化した。くわえて，タイ証券取引委員会（SEC）は取締役行動原則を公表し，取締役登録制度の創設を支持した。タイ監査役・公認会計士協会（ICAAT）も，技術と会計係と監査役についての知識を向上させるその努力を強めている。

　このように，タイでは各方面でコーポレート・ガバナンスに関連する規制強化や制度設立などが活発に行われており，これら動きは他国のそれと比べても活発であると評価することができるだろう。反面，さまざまな機関によりコーポレート・ガバナンスの取り組みがなされているため，どこに焦点をあてて企業経営を行えばよいのかというジレンマを抱えることも容易に想像できる。これは，タイのコーポレート・ガバナンスを分析し検討する私たちにも大きな難題として立ちはだかるのである。そこで，タイのコーポレート・ガバナンスを解明するために，原則に焦点をあてて検討を行うことにする。なぜならば，アジア諸国の中でもタイは，世界標準原則の受け入れに積極的であり，かつ国内原則の策定にもとても熱心であるからである。雑多なコーポレート・ガバナンスに関するシステムがある国を検討する場合に，原則の分析を抜きにしては語ることができないともいえよう。

第12章　タイのコーポレート・ガバナンス

2　タイにおけるコーポレート・ガバナンスと各機関の取り組み

　1998年以降，タイはコーポレート・ガバナンス構築に対して大きな動きがあった。そうした中，政府は2002年に，コーポレート・ガバナンス委員会を設立した。このコーポレート・ガバナンス委員会には，民間人も参加し首相によって統轄された。そのなかの6つの小委員会は，様々なコーポレート・ガバナンス実践を行うために，規制強化を行い，市場規律を設けて自己規制を進めることに力を入れたのである。

　このようなコーポレート・ガバナンス委員会を中心にして，図表12－1のような取り組みが精力的に行われている。まず，タイ格付情報サービス社（TRIS）は，タイにおける上場会社のための唯一のコーポレート・ガバナンス評価会社として，タイ証券取引所（SET）等から認証を受け活動を行っている。特筆すべきは，タイ取締役協会（IOD）は，トレーニング・コースを取締役に対して提供し，タイ証券取引委員会（SEC）は，全ての取締役に少なくとも1回はトレーニング・コースに出席することを強く勧告している。そして，タイ証券取引所（SET）とタイ証券取引委員会（SEC）は，企業やタイ格付

図表12－1　コーポレート・ガバナンスに関する各機関の取り組み

実　施　機　関	実　施　内　容
タイ格付情報サービス社（TRIS）	タイの上場会社のための唯一のコーポレート・ガバナンス評価エージェンシーとして，当局によって認められ活動を行っている。
タイ証券取引所（SET） タイ証券取引委員会（SEC）	SETとSECは，TRISによって良い実行を促進する手段と評価されるために，企業への原則を提供した。いくつかのリストアップされた会社は，すでに評価を終えている。
タイ取締役協会（IOD）	2005年5月現在，1,600人以上の取締役が入会するにいたり，認証が行われている。
タイ監査役・公認会計士協会（ICAAT）	会計・監査の技術および監査役についての知識を向上させるその努力を継続している。また，公認財務役員（Certified Financial Officer）などの公認経営会計プログラムを確立した。

（出所）　筆者作成。

情報サービス社（TRIS）へ原則を公表し，それに基づいて活動することを求めていく制度を確立しつつある。さらに，タイ取締役協会（IOD）では，多くの上場企業の取締役が加入し，取締役認証を受けつつ研修を行う機関として活動している。そして，会計監査を担当するタイ監査役・公認会計士協会（ICAAT）では，構成員の監査の質を上げるためのあらゆる努力を行っているという。その他にも，公認財務役員などの会社経営に関する認証および研修体制を整えつつある。

3 タイにおけるコーポレート・ガバナンスの現状と全体的課題

これらのタイにおけるコーポレート・ガバナンスに関する活動は，他の国に類を見ないほど活発に行われている。しかし，これらが自主的な運用の域を出ていないことが多く，コーポレート・ガバナンスの実行を行っていく改革課題の解決については，不完全なままであることが問題である。そのためにも，現在では，国営会社法を含む関連した法律を改正することや，証券取引法や証券取引所法，集団訴訟法[3]などの制定が望まれている[4]。

タイにおけるコーポレート・ガバナンスの課題は，いままで見てきた改革内容を体系的に把握し解決しなければならないことである。コーポレート・ガバナンス構築は，いうまでもなく長い時間と過程を必要とする。そして，さまざまなコーポレート・ガバナンスの問題を解決し資本市場の整備を行うことで，経済における未完成の課題を解決し，その企業競争力を強化していくことが重要であろう。以下では，タイにおけるコーポレート・ガバナンスの現状の解決策を体系的に把握していくことにする。

4 タイにおけるコーポレート・ガバナンスの基本構造

タイの基本的なコーポレート・ガバナンス構造については，小島大徳［2005d］に譲るとして，ここでは，より具体的な基本構造の内容について，「株主保護」「情報開示・透明性」「取締役会」「企業法制度」を取り上げて，その課題を取り上げる[5]。

第12章 タイのコーポレート・ガバナンス

図表12－2 タイにおけるコーポレート・ガバナンスの基本構造

項　　目	課　　　題
株　主　保　護	基本的な株主権利は保護されているが，集中した支配は少数派株主の権利を制限している。株主総会への株主参加について，若干の制約が存在する。
情報開示・透明性	基本的には先進国と変わりない制度設計が行われている。そして，既存の監査役を監視する制度の確立が行われた。
取　締　役　会	タイの企業法制度は，AGMで選ばれた者が取締役の候補者に指名されることになっている。しかし，実際には，株主が取締役を候補者に指名することになり，AGMの承認は単なる形式である。なお，特に小規模の会社において，取締役の独立は，完全に制限されている。
企　業　法　制　度	企業法制度は，未だ改正を順次行っている段階にあり，完全とはいえない状況にある。特に，少数派株主権利を強化するために，さらに法律が完備される必要がある。

（出所）　筆者作成。

　まず，株主保護は，基本的な株主権利保護が法律などにより行われているが，ファミリー企業が多数を占めるタイにおいて，依然として少数株主の権利を制限している事例が見受けられる。例えば，株主総会への参加などの制限である。また，情報開示・透明性は，先進諸国と同様の制度設計がなされているなど，タイ証券取引委員会（SEC）を中心に精力的な改善が行われている。さらに，取締役会は，株主総会で選ばれた者が，取締役の候補に指名される制度が設計されており，一定の取締役の能力の確保が行われていると考えられるが，実質的には制度自体が機能していないとの評価もある。そして，企業法制度は，株主の権利の保護を法律で明記しないなど，未だ完全に確立したとはいえず，早急に立法化が行われることが期待されている現状にある[6]。

第2節 タイにおけるコーポレート・ガバナンスとOECDコーポレート・ガバナンス原則

1 OECDコーポレート・ガバナンス原則の概要

1999年,経済協力開発機構（OECD）は,『OECDコーポレート・ガバナンス原則（旧OECD原則）[7]』を公表した。この原則の策定により,経済がグローバル化する中で重要な役割を担う国際機関であるOECDが策定したコーポレート・ガバナンス原則であったため,研究者や実務家などは,コーポレート・ガバナンスの世界標準化が進み,世界統一のコーポレート・ガバナンス・システムが確立するのではないか,という期待を持ったのである[8]。このような活動を通じて,旧OECD原則の策定作業は継続されてきた。そして,新OECD原則を策定する前段階のドラフトを作成し,それに対して世界中のコーポレート・ガバナンスに関わりのある団体や機関だけではなく,研究者や企業経営者などの個人からパブリック・コメントを求めた。それをも参考にして,2004年に,『OECDコーポレート・ガバナンス原則（新OECD原則）[9]』は策定され公表されるにいたったのである。

話は少々戻り,旧OECD原則の策定から5年経過し,世紀をまたいだのであるが,いまなおコーポレート・ガバナンスは企業経営における議論の中心に位置している。その理由は,いくつかあるが,世界のあらゆる国で大型企業不祥事が続発したり,コーポレート・ガバナンスを構築することで,企業業績を劇的に改善した企業があることと無関係ではない[10]。

新OECD原則は,「Ⅰ　有効なコーポレート・ガバナンスの枠組みの基礎の確保」,「Ⅱ　株主の権利及び主要な持分機能」,「Ⅲ　株主の平等な取扱い」,「Ⅳ　コーポレート・ガバナンスにおけるステークホルダー（利害関係者）」,「Ⅴ　開示及び透明性」,「Ⅵ　取締役会の責任」から構成される[11]。

2 タイにおけるOECDコーポレート・ガバナンス原則の遵守状況

世界銀行グループは,OECD原則の遵守状況を評価することを,OECD

第12章 タイのコーポレート・ガバナンス

より任されている[12]。その評価は，ＲＯＳＣ報告書（Reports on the Observance of Standards and Codes）という形で公表されることになっている。図表12－3のＲＯＳＣ報告書によると，タイにおける新ＯＥＣＤ原則の遵守状況は，32の原則項目のうちで，調査不能の9項目を除いた23原則項目の中，17項目で全世界平均を上回っており，その割合は74％に達していることがわかる。この水準は，先進諸国を含めて高い確率であることがわかり，タイのコーポレート・ガバナンス構築の国を挙げた取り組みが行われている証左であるといえよう[13]。

ここで注目すべきことは，「Ⅰ　有効なコーポレート・ガバナンスの枠組みの基礎の確保」において，ＲＯＳＣ全体の平均は未だ集計されていないが，すべての項目で75％となっており，コーポレート・ガバナンスの全体的評価は高いものであるということができよう。

図表12－3　ＯＥＣＤコーポレート・ガバナンス原則の遵守の概要：タイと世界平均

原則番号	ＯＥＣＤコーポレート・ガバナンス原則	タイ	ＲＯＳＣ Average
Ⅰ	有効なコーポレート・ガバナンスの枠組みの基礎の確保		
A	コーポレート・ガバナンスの枠組みは，経済パフォーマンス全体への影響，市場の廉潔性，市場参加者へのインセンティブ，透明で効率的な市場の育成という観点を持って，策定されるべきである。	75	N.a
B	各国・地域のコーポレート・ガバナンス慣行に影響を与える法律・規制の要請は，法の原則と整合性で，透明かつ執行可能なものでなければならない。	75	N.a
C	各国・地域における異なる当局間の責任分担は，明確にされなければならないし，それが公共の利益のためになっていることが確保されなければならない。	75	N.a
D	監督・規制・執行当局は，その責務をプロに徹して，客観的に果たしうるだけの権限，廉潔性，人員・予算を有するべきである。さらに，その監督・規制・執行については，適時，透明かつ十分に説明されるべきである。	75	N.a

第VI部　その他の国のコーポレート・ガバナンス

II	株主の権利及び主要な持分機能		
A	株主の基本的な権利には，①持分を登録する手段を確保する権利，②株式を譲渡・移転する権利，③会社に関する重要情報を適時，定期的に得る権利，④株主総会に参加し，投票する権利，⑤取締役会メンバーを選任・解任する権利，⑥会社の利益の分配を受ける権利が，含まれるべきである。	75	69
B	株主は，①会社規則や定款あるいは会社を律する種類の文書の変更，②株式発行の授権，③会社の全ての，あるいは，ほとんど全ての資産の移転を含む，会社の売却と同様の結果となる特別な取引等の会社の基本的な変更にかかる意思決定に参加する権利及び，その意思決定について十分に情報提供される権利を有するべきである。	50	64
C	株主は，株主総会に有効に参加し投票をする機会を有するべきであり，投票手続きを含む株主総会を律する規則について情報提供されるべきである。	75	63
D	一定の株主が自信の株式持分に比して過大な支配力を持つことを可能にするような資本構造・取り決めは，開示されるべきである。	75	50
E	企業支配権のための市場は，効率的かつ透明な形で機能させられるべきである。	50	56
F	機関投資家を含む全ての株主による持分権の行使が，促進されるべきである。	75	28
G	機関投資家を含む株主は，本原則に定義されている自身の株主としての基本的な権利にかかる事項について，権利の濫用を防ぐための例外はあるとしても，お互いに協議することが許されるべきである。	75	N.a
III	株主の公平な取扱い		
A	同種の系列に属する株主は，全て，平等に扱われるべきである。	50	56
B	インサイダー取引や自己取引の悪用は，禁止されるべきである。	75	56
C	取締役会メンバー及び幹部経営陣は，会社に直接的に影響を及ぼすすべての取引や事項について，自身が直接または間接に，あるいは第三者のために，重要な利害関係を有するかどうかを取締役会に対して開示することが求められるべきである。	75	45
IV	利害関係者の役割		
A	法律または相互の合意により確立されたステークホルダーの権利	75	69

第12章 タイのコーポレート・ガバナンス

	は，尊重されるべきである。		
B	ステークホルダーの利益が法律により保護されている場合には，ステークホルダーは，その権利の侵害に対して有効な救済を得る機会を有するべきである。	75	68
C	従業員参加のための業績向上の仕組みは，その発展のために認められるべきである。	75	68
D	ステークホルダーが，コーポレート・ガバナンスの過程に参加する場合には，適切で，十分かつ信頼に足りる情報に適時かつ定期的にアクセスできるべきである。	75	75
E	ステークホルダーは，個々の従業員およびそれを代表する団体を含め，違法な慣行や非倫理的な慣行についての懸念を自由に取締役会に伝えることができるべきであり，そうした行動をとることで，ステークホルダーの権利が損なわれることがあってはならない。	50	N.a
F	コーポレート・ガバナンスの枠組みは，有効かつ効率的な倒産処理の枠組みおよび，債権者の権利の有効な執行により，補強されるべきである。	50	N.a
V	情報開示と透明性		
A	以下の事項（これに限定されるものではないが）についての重要情報は，開示されるべきである。	75	73
B	情報は，会計，財務・非財務開示のそれぞれについての質の高い基準に則って作成され，開示されるべきである。	50	77
C	財務諸表が会社の財務状況および営業業績をすべての重要な観点において適切に示しているとの，外部からの客観的な保証を取締役会および株主に提供するために，年次監査は，独立の能力・資格を備えた監査人によって実施されるべきである。	75	66
D	外部監査人は，株主に対して説明責任を負うべきであり，監査の実施に当たっては，専門家としての注意を払う義務を会社に対して負うべきである。	75	N.a
E	情報伝達の媒体は，利用者が有意情報に公平，適時，費用効率的にアクセスできるようにするべきである。	75	67
F	コーポレート・ガバナンスの枠組みは，投資家の意思決定にとって有効であるアナリスト，仲介業者，格付機関等による分析や助言が，その分析や助言の廉潔性を損ない得る重大な利益相反を生	75	N.a

	じさせることなく提供されることを実現・促進する有効なアプローチにより補強されるべきである。		
VI	取締役会の責任		
A	取締役会メンバーは，十分に情報を与えられた上で，誠実に，相当なる注意をもち，会社および株主の最善の利益のために行動するべきである。	50	55
B	取締役会の意思決定が，異なる株主グループに対して異なる影響を及ぼしうる場合，取締役会は，すべての株主を公平に扱うべきである。	75	49
C	取締役会は，高い倫理基準を適用するべきである。取締役会は，ステークホルダーの利益を考慮に入れるべきである。	50	68
D	取締役会は，以下を含む一定の重要な機能を果たすべきである。	50	46
E	取締役会は，会社の業務について客観的な独立の判断を下すことができるべきである。	50	41
F	取締役会メンバーは，自らの責務を果たすために，正確，適切，かつ提示に情報にアクセスできるべきである。	75	68

（出所） 小島大徳［2005a］およびCGCA THAILAND［2005］10ページ。

3 タイにおけるOECDコーポレート・ガバナンス原則の遵守状況の詳細

　OECD原則の再評価は，OECDと世界銀行グループとがタイアップし行っている。OECDは周知のように，コーポレート・ガバナンスに関して多大な影響を世界に与えた。そして，今まではOECD原則をいかにして各国のコーポレート・ガバナンス体制に浸透させていくかに力点が置かれていた。これについては，タイのコーポレート・ガバナンス体制にも，大きな影響をOECD原則が与えていることが明白である。OECD原則自体の進化（改訂作業）も視野に入れて，各国のOECD原則に対する遵守状況を調査していることには，今後も注目をしていかなければならない。

　なお，この調査結果の一環として，図表12－3のOECD原則の詳細な遵守の概要が出された。なお，この調査について詳しく述べるのは別の機会に譲る

第12章　タイのコーポレート・ガバナンス

ことにする。

第3節　おわりに

1　企業法制度の体系的整備

　タイ証券取引所（ＳＥＴ）は，2005年に，猶予期間を与えているものの新上場規則を公表した。新上場規則は，上場資格を維持および確保するために，資本金（最低1,000人の株主）を3億バーツにしなくてはならない[14]。このように，今もなおタイは，さらなるコーポレート・ガバナンスの確立に向けて注目すべき動向を見せている。

　企業法制度については，ここ数年で大きな進展を遂げた。タイの企業法制度において，最も重視されるのは株主の権利である。その株主の権利が守られていないならば，海外からの投資にも影響があると考えたこともあるだろうが，株主総会に出席する権利や原則として1株1議決権の確保から始まり，株主の権利が侵害されたときの訴訟の確保まで，一応の法体系を確立しつつあると考えられる。

　もともと，大陸法の影響を受けた法体系を築いていたのであるが，1997年に起こったアジア通貨危機により，資本市場の急速な世界標準化を求められることになった。そのため，証券取引所を中心とした監視体制の確立が行われ，今では上場規則により上場企業のコーポレート・ガバナンスに対して監視の眼を光らせるにいたっている。しかし，もともと大陸法の法体系に英米法の概念を導入したことにより，体系的ではないが世界標準化の方針の下に各企業にコーポレート・ガバナンス構築を求めていくという流れにはなっていないように考えられる。上記で取り上げた上場規則の公表の例もその一部であるが，各規制機関がそれぞれ規則や原則を公表するため，実効性の高いコーポレート・ガバナンス体制が構築できないでいる。タイにおけるコーポレート・ガバナンスの最大の弱点は，そこにあると考えられる。

2　ファミリー企業と情報開示・透明性

　また，見逃してはいけない点は，タイの多くの大企業がファミリー企業，もしくは少数の大株主によって支配されていることである。日本では，第2次世界大戦後の財閥解体などの諸施策により，実質的にファミリー企業という存在が少なくなった。現代において，このような急激な資本構造の変化を期待することはできない限り，この存在を前提としていかなる施策を行うかに焦点があつまる。それに関しては情報開示・透明性の機能に期待するしかない。つまり，タイ証券取引所が積極的に推し進めている大株主の開示要求などである。しかし，問題も多々存在する。本章で論じたように，少数の株主保護の制度などの企業法制度の整備が発展途上にあるということである。

　今後のタイにおけるコーポレート・ガバナンスの大きな課題として特に強調したいのは，ファミリー企業と情報開示を企業法制度の体系的整備の核として据え，タイのコーポレート・ガバナンス体制を再構築することである。

3　タイにおけるコーポレート・ガバナンスの展望

　なお，他にも細かい課題はいくつかある。その代表的なものとしては，企業倫理の確立とその実践である。近年になって資本市場が急速に発展したため，取締役などの企業経営者の担い手が少ない。また，企業を監視する側である公認会計士などの独立監査人の存在感が極めて小さい。コーポレート・ガバナンスの制度設計以前の問題であるともいえるが，グローバルに展開する世界規模の資本市場の一員として，これを言い訳とせず，倫理教育を核とした経営者教育の必要性が重視されるべきであろう。タイ取締役協会（TOD）の取り組みなど，これらを認識した面が少しではあるが芽生え始めている。

　ここで指摘した課題をクリアすることで，今後のタイにおけるコーポレート・ガバナンスの構築を行い，タイ企業の企業競争力の強化をはかることで，おのずと世界の資本市場で活躍するタイ企業が少しずつ現れてくることを期待したい。

第12章 タイのコーポレート・ガバナンス

（注）
1） 小島大徳［2006 d］
2） 15原則とは，タイ証券取引所（SET）が以前に公表した40原則の簡易バージョンとして公表したものである。
3） タイ証券取引委員会（SEC）は，法令違反が起こった場合，タイ警察などとともに刑事告発を提出する。タイ証券取引委員会（SEC）は違反そのものを遂行しない。そのため，タイ証券取引委員会（SEC）は，アメリカの証券取引委員会のような強大な権限を持つというよりも，日本の証券取引委員会の権限に似ていると評価することができよう。
4） 財務報告・発表について2006年までに完全に国際会計基準を採用する計画を発表している。
5） 世界のコーポレート・ガバナンスの基本構造については，小島大徳［2004］135ページを参照のこと。
6） 資本市場を定めている主要な法律は，証券取引法（SEA）と国営企業法（PCA）である。証券取引法は，主に資本市場を中心として，発行会社と証券業の監視，不公平な証券取引実行，乗っ取りと仕事の提供と関連して問題を解決する。国営企業法は，商務省によって実施され，大部分の国営会社に適用される。証券取引法は，おもにタイ証券取引委員会（SEC）によって運用されることになる。
7） OECD［1999］
8） 詳しくは，小島大徳［2004 a］を参照のこと。
9） OECD［2004］
10） 小島大徳［2005 a］93ページ。
11） 小島大徳［2005 a］94－95ページ。
12） 本章で「OECD原則」と記した場合は，旧・新OECD原則の両方，もしくは共通したコーポレート・ガバナンスに関する考え方という意味で使用している。
13） なお，後にOECD原則の遵守状況を詳細に検討するために，ここでは，OECD原則の全文をともに掲載することにする。
14） そして，少なくとも3年間は財務諸表を厳しく監査することなども義務づけている。

《参考文献》
（日本語文献）
菊池敏夫・平田光弘編著［2000］『企業統治の国際比較』文眞堂。
小島大徳［2007］『市民社会とコーポレート・ガバナンス』文眞堂。
小島大徳［2006 a］「コーポレート・ガバナンスと機関投資家－役割と責任を果たす制度整備に焦点をあてて－」『国際経営論集』第31号，神奈川大学経営学部，169－195ページ。
小島大徳［2006 b］「世界標準コーポレート・ガバナンス原則の誕生と概念－国際会議のコーポレート・ガバナンスに関する合意と役割－」『国際経営フォーラム』第17号，

第Ⅵ部　その他の国のコーポレート・ガバナンス

　神奈川大学国際経営研究所，109-126ページ。
小島大徳［2006 c］「アジアにおける企業統治－アジア・コーポレート・ガバナンス白書を中心として－」日本経営教育学会編『経営教育と経営の新課題－経営教育研究 9 －』学文社，131-153ページ。
小島大徳［2006 d］「コーポレート・ガバナンス原則」佐久間信夫編著『現代企業論の基礎－現代経営基礎シリーズ 2 －』学文社，114-136ページ。
小島大徳［2005 a］「新ＯＥＣＤコーポレート・ガバナンス原則」『国際経営論集』第29号，神奈川大学経営学部，93-118ページ。
小島大徳［2005 b］「国際機関におけるコーポレート・ガバナンス問題への取り組み－世界標準原則の構築に向けて－」『国際経営フォーラム』第16号，神奈川大学国際経営研究所，89-110ページ。
小島大徳［2005 c］「タイのコーポレート・ガバナンス」佐久間信夫編著『アジアのコーポレート・ガバナンス』学文社，168-193ページ。
小島大徳［2004］『世界のコーポレート・ガバナンス原則－原則の体系化と企業の実践－』文眞堂。
平田光弘［2006 a］「ＣＳＲ時代と松下幸之助」『論叢松下幸之助』第 5 号，ＰＨＰ総合研究所第一研究本部，25-53ページ。
平田光弘［2006 b］「新たな企業競争力の創成を目指す日本の経営者の 3 つの課題」『経営力創成研究』第 2 号，東洋大学経営力創成研究センター，59-71ページ。

（外国語論文）
CGCA THAILAND [2005], *REPORT ON THE OBSERVANCE OF STANDARDS AND CODES (ROSC)*, Corporate governance country assessment.
OECD [2004], *OECD Principles of Corporate Governance*, Organisation for Economic Co-operation and Development.
OECD [2003], *OECD White Paper of Corporate Governance in Asia*, Organisation for Economic Co-operation and Development.

　　　　　　　　　　　　　　　　　　　　　　　　　　　（小島　大徳）

編著者・執筆者紹介

佐久間信夫（さくま　のぶお）はしがき・第1章担当　【編著者】
　創価大学経営学部教授（経済学博士）
　明治大学大学院商学研究科博士課程修了
　専攻・経営学，企業論
　主著・『企業支配と企業統治』白桃書房，2003年
　　　　『企業統治構造の国際比較』（編著）ミネルヴァ書房，2003年

貞松　茂（さだまつ　しげる）第2章担当
　熊本学園大学商学部教授（経営学博士）
　西南学院大学大学院経営学研究科博士課程修了
　専攻・証券論，株式会社論
　主著・『コーポレート・コントロールとコーポレート・ガバナンス』ミネルヴァ書房，2004年
　　　　『株式会社支配の研究』ミネルヴァ書房，1994年

浦野　倫平（うらの　のりひら）第3章担当
　九州産業大学経営学部教授
　同志社大学大学院商学研究科博士課程（後期）修了
　専攻・企業財務論，ベンチャービジネス論，企業論
　主著・『現代企業の財務戦略』（共著）ミネルヴァ書房，2004年
　　　　『株式会社支配論の展開〔イギリス編〕』（共著）文眞堂，1991年

今西　宏次（いまにし　こうじ）第4章担当
　同志社大学商学部教授
　同志社大学大学院商学研究科博士課程（後期）修了
　専攻・経営学，コーポレート・ガバナンス，企業と社会，財務管理論
　主著・『株式会社の権力とコーポレート・ガバナンス』文眞堂，2006年

風間　信隆（かざま　のぶたか）第5章担当
　明治大学商学部教授（商学博士）
　明治大学大学院商学研究科博士課程修了
　専攻・経営学，比較経営論
　主著・『ドイツ的生産モデルとフレキシビリティ』中央経済社，1997年
　　　　『比較経営論』（共著）税務経理協会，2002年

菊澤　研宗（きくざわ　けんしゅう）第6章担当
　慶應義塾大学商学部教授（商学博士）
　慶應義塾大学大学院商学研究科博士課程修了
　専攻・組織の経済学・比較経営論
　主著・『組織の経済学入門』有斐閣，2006年
　　　　『比較コーポレート・ガバナンス論』有斐閣，2004年

文　載晧（むん　ちぇほー）　第7章担当
　富士常葉大学総合経営学部准教授（商学博士）
　明治大学大学院商学研究科博士後期課程修了
　専攻・経営学，経営戦略論
　主著・『企業倫理と企業統治』（共著）文眞堂，2003年
　　　　『スマート・シンクロナイゼーション』（共著）同文舘，2006年

勝部　伸夫（かつべ　のぶお）　第8章担当
　熊本学園大学商学部教授（経営学博士）
　立教大学大学院経済学研究科博士課程修了
　専攻・企業論
　主著・『コーポレート・ガバナンス論序説』文眞堂，2004年
　　　　『はじめて学ぶ経営学』（共編著）ミネルヴァ書房，2007年

金山　権（かねやま　けん）　第9章担当
　桜美林大学大学院教授
　日本大学大学院経済学研究科博士後期課程修了（経営学専攻）
　専攻・中国経営行動論，アジア企業経営
　主著・『現代中国企業の経営管理』同友館，2000年
　　　　『中国国有企業の改革と再編』（共著）学文社，2006年

汪　志平（おう　しへい）　第10章担当
　札幌大学経営学部教授（経済学博士）
　北海道大学大学院経済学研究科博士課程修了
　専攻・企業論，証券市場論，中国経済論
　主著・『日本巨大企業の行動様式』北海道大学図書刊行会，1995年
　　　　『企業論入門』中央経済社，2007年

出見世信之（でみせ　のぶゆき）　第11章担当
　明治大学商学部教授（商学博士）
　明治大学大学院商学研究科博士課程修了
　専攻・経営学，企業倫理
　主著・『企業統治問題の経営学的研究』文眞堂，1997年
　　　　『企業倫理入門』同文舘出版，2004年

小島　大徳（こじま　ひろとく）　第12章担当
　神奈川大学経営学部准教授（経営学博士）
　東洋大学大学院経営学研究科博士後期課程修了
　専攻・経営学，コーポレート・ガバナンス論
　主著・『世界のコーポレート・ガバナンス原則』文眞堂，2004年
　　　　『市民社会とコーポレート・ガバナンス』文眞堂，2007年

編著者との契約により検印省略

平成19年9月28日　初版第1刷発行

コーポレート・ガバナンスの国際比較

編著者	佐久間　信　夫
発行者	大　坪　嘉　春
印刷所	税経印刷株式会社
製本所	株式会社　三森製本所

発行所　東京都新宿区下落合2丁目5番13号　株式会社 税務経理協会
郵便番号 161-0033　振替 00190-2-187408　電話(03)3953-3301(大代表)
FAX(03)3565-3391　(03)3953-3325(営業代表)
URL http://www.zeikei.co.jp/
乱丁・落丁の場合はお取替えいたします。

Ⓒ　佐久間信夫　2007　　　　　　　　Printed in Japan

本書の内容の一部又は全部を無断で複写複製（コピー）することは、法律で認められた場合を除き、編著者及び出版社の権利侵害となりますので、コピーの必要がある場合は、予め当社あて許諾を求めて下さい。

ISBN978-4-419-04958-4　C1034